近代社会思想コレクション 37

大澤 麦 訳

Mugi Osawa

マーチャモント・ニーダム

「自由な国家」の卓越性

The Excellencie of a Free-State

京都大学学術出版会

凡　例

一　本書の底本は以下のとおりである。Marchamont Nedham, *The Excellencie of a Free-State ; Or, The Right Constitution of a Commonwealth*, ed. by Blair Worden, Liberty Fund, 2011.

二　底本には若干の編者による注が付されているが、これを直接訳出することはせず、訳注の作成にあたっての参考にした。

三　訳者解説に記したとおり、本書は週刊の政府広報誌'*Mercurius Politicus. Comprising the Summe of all Intelligence, with the Affairs, and Designs now on foot, in the three Nations of England, Ireland, and Scotland. In defence of the Common-wealth, and for Information of the People*'（以下ＭＰと略記する）の論説記事を編集したものである。本文に現れる記述の典拠となる同誌の号がわかるように、これを明記した。たとえば、【七一号、一六五一年十月九―十六日】は、同期間の記事を掲載した'*Mercurius Politicus*'第七十一号の論説記事であることを意味する。

四　（　）は原語の挿入を除けば、とくに断りのない限りすべて原文に付されているものである。

五　訳者挿入は［　］で示した。

六　文中における聖書からの引証は、日本聖書協会口語訳（「旧約」一九五五年改訳、「新約」一九五四年改訳）および新共同訳を参考にした。

七　訳注における人物についての説明は、とくに断りのない限り以下の文献を参考にした。H. C. G. Matthew and Brian Harrison, eds., *Oxford Dictionary of National Biography*, 60 vols., Oxford U. P., 2004. T. Robert S. Broughton, *The Magistrates of the Roman Republic*, 2 vols., Scholars Press, 1984. T. Robert S. Broughton, *The Magistrates of the Roman Republic : Supplement*, Scholars Press, 1986. ダイアナ・バウダー編（豊田和二・新井桂子・長谷川岳男・今井正浩訳）『古代ギリシア人名事典』原書房、一九九四年。ダイアナ・バウダー編（小田謙爾・兼利琢也・荻原英二・長谷川岳男訳）『古代ローマ人名事典』原書房、一九九四年。J・R・ヘイル編（中森義宗監訳）『イタリア・ルネサンス事典』東信堂、二〇〇三年。

八　人名、地名のカタカナ表記はなるべく原語の発音に近い表記にすることを心掛けたが、慣例に従ったものも少なくない。

目次

凡例　i
訳者からのメッセージ　v
読者へ……3
以下に続く論考への序論……11
共和国の正しい国制……33
人民の統治体制に向けられたすべての反対論に答える……75
すべての正しい権力の起源は人民に存する……113
統治の失策および統治術の準則……119

一七六七年版への序文……197
訳者解説 199
謝辞 238
索引

訳者からのメッセージ

本書の著者マーチャモント・ニーダムの活躍の舞台となったイギリス十七世紀中葉の動乱期は、「ピューリタン革命」「イギリス革命」「ブリテン革命」「大反乱」「三王国の戦争」等々、研究者のあいだでもなかなか呼び名が定まらないようである。歴史上の出来事の名称が歴史家の解釈の反映であるとすれば、このことはこの動乱が如何に多様な解釈の余地を残す、複雑な諸要因を含んでいるかを物語っていると言えよう。

私自身は「ピューリタン革命」をよく好んで用いてきた。それはその革命が国教会と国家の同時的な変革であり、しかも常に前者が後者に先行していた点を見失いたくなかったからである。この革命がピューリタン革命と呼ばれてきたのは、それが十六世紀のエリザベス朝においてピューリタンとあだ名されたカルヴィニスト聖職者たちによる国教会改革運動の延長線上に起きた出来事だと見られてきたからである。ヘンリ八世の宗教改革以降、イングランドの国制（constitution）は世俗的（civil）部分と教会的（ecclesiastical）部分の二つから成る複合体となった。ピューリタンはこの教会的部分、すなわち国教会に特化した改革を試みたが、それが世俗的部分に甚大な影響を与えることに無自覚であった。これは十七世紀に入っても基本的に変わらなかった。実際、長期議会（革命議会）は国教会の制度改革、すなわちカトリック時代から続いていた上意下達的な聖職者のヒエラルヒーを新しい制度（長老制）に変革する方針を打ち出すが、当初から世俗の国家制度（古来の国制）の構造を改変する気はなく、ましてや国王と一戦交えることなど夢想だにしなかったに違いない。しかし、事態は制御の利かぬまま内戦へと突入し、軍事クーデタ（プライド大佐の粛清）と国王処刑を経て、「国王も貴族院もない共和国にして『自由な国家』」の出現に至るのであった。J・G・A・ポーコックやB・ウォーデンが指摘するとおり、王制から共和制への体制変革は、国教会の改変とは違い、確たる理念と計画の下に推進されたものではなかったのである。

この新生・共和国政府の広報官であったニーダムの主要な任務は政府広報誌『メルクリウス・ポリティクス』の執筆と編集であり、これによって現行共和国体制の正当性を国民に広く認知させることにあった。本書が同誌に掲載された論説記事を編集してクロムウェル護国卿体制下に単行本として出版されたものであったことは、「訳者解説」で詳述したとおりである。本書を一読すればおわかりのとおり、そこに展開されるのは王制に対する共和制の政体としての優越性を、古典古代の都市国家の理念と先例とによって証明せんとする世俗的な共和主義思想である。ピューリタンという語が現れるのは一箇所のみ。共和国に相応しい教会制度についての具体的な提言は皆無である。本書に表出されるニーダムの思想をこの革命が生んだ体制イデオロギーと考えるならば、そこに「ピューリタン革命」の表象を見出すことは困難と言えるかも知れない。

しかし、本書には国制を世俗的部分と教会的部分に分ける国民教会体制を「統治術の失策」として激しく批判している論説が一編収録されている。彼は言う、「神の教会と民は、……キリストの御言葉と御霊が有する力と効能によって招き入れられる一団の人々である。……これまでほとんどの国々において、おこがましくも世俗権力をお供にした教会権力と呼ばれる権力を打ち立てて権勢を担い、正統と定められた諸概念を維持するため、思慮、良き秩序、異端の防止、キリストの王国の推進に託けて、世俗の刑罰によって人間の良心を縛ってきた手合いは、この目的のために、（彼らが呼ぶところの）霊的権力を国家の此岸的で世俗的な利益と撚り合わせてきた」（二二一頁）。ここで注意すべきは、彼の批判の矛先が宗教を利用した世俗権力の暴政にではなく、世俗権力を利用して権勢を伸ばす聖職者の方に向けられていることである。換言すれば、彼が批判するのはエラストス主義ではなくテオクラシー（神政政治）である。だから、彼が論駁する国民教会は国家教会ではなく、「教会国家」（State Ecclesiastical）なのである。

実は、右の議論の続編とも言うべき論考が『メルクリウス・ポリティクス』第一一四号の論説に掲載されていた。そこではこの教会国家推進派の典型がカトリックと長老派であることが明かされている。この論考の本書への収録が見合された理由は推測の域を出ないが、主教制に代わる国教会制度として長老制を導入しようとした計画が共和政体への改変によって頓挫し、批判としては時機を逸したと判断されたのかも知れない。それはともかく、この論考の内容は極めて急進的である。そこでは教会国家に抑圧され異端視されてきたアルビ派、ワルド派、フス派、ウィクリフ派などの諸セクトのなかに福音伝道における真理や光が見出され、信仰を口実にした迫害の不当性が厳しく糾弾されている。そのうえで、ニーダムは後にクロムウェルの教会体制の運営に協力する独立派牧師ピーター・ステリーの議会での説教を長々と引用して締めくくっている。

軍事政権として知られる護国卿体制であるが、良心の自由を自然権と呼ぶクロムウェルに相応しくその教会制度の構想は極めてリベラルである。同体制の成文憲法「統治章典」は教皇制、主教制、放縦の実践を除いたあらゆる信仰や宗教的実践の自由を保障している。この三者を除く諸教会のあいだの緩やかな連合を政府が維持することで全体の枠組み維持しつつ、信仰の自由を保障しようというのが、ジョン・オーウェンら独立派牧師を要にしたクロムウェルの国教会構想であった。よって、それは世俗政府の指導に服すエラストス主義であり、決してテオクラシーではない。それがニーダムの「自由な国家」の国教会制度であったと推定しても、おそらく誤りではないであろう。また、それは本書と同時期に出版された共和主義思想の傑作、ジェームズ・ハリントン『オシアナ共和国』に示された教会体制でもあった。

だとすれば、古典古代の都市国家に淵源を持ち、世俗主義を基調とする共和主義もまた、「ピューリタン革命」の枠組みのなかで働いていたと言えよう。「古来の国制」解体後の共和国を支えたのが共和主義であったとすれば、主教制解体後の教会構想をそこにおいて打ち出したのはピューリタニズムであった。両者は「自由な国家」のなかで一時期とはいえ共働していたのである。本書を紐解かれる読者諸氏には、このことを頭の片隅に留めおいていただければ幸いである。

「自由な国家」の卓越性

すなわち

共和国の正しい国制

ここにおいてすべての反対論に回答が与えられ、人民の諸権利を確保する最善の方法が、統治の失策および統治術の準則とともに、明らかにされる。

子孫の幸せを願う者による出版

ロンドン、トマス・ブルースター*刊、ポールのウェスト・エンド近くのスリー・バイブルズ、一六五六年

＊トマス・ブルースター（Thomas Brewster）はロンドンのセント・ポール大聖堂チャーチヤードにあった出版社兼書籍商で、オリヴァ・クロムウェルの護国卿体制を批判する多くの出版物を発行した。スリー・バイブルズは所在地である。Blair Worden, *Literature and Politics in Cromwellian England : John Milton, Andrew Marvell, Marchamont Nedham*, paperback edition, Oxford U. P., 2009, pp, 306-7.

読者へ

我が共和国の敵たちが公の文書や論説のなかで、「自由な国家」の関心事と宣言されているもののうちにあり、高い代償を伴って獲得されたところの人民の権利と自由を損なうことに力を注いでいる。私は最近その際の彼らの大変な厚かましさと（さらに遺憾なことだが）自信を顧みて、彼らに応戦することで、コカトリス(1)が猛禽に育たないよう卵のうちに潰す時期が来たと考えた。この目的で、私は以下に述べる論考を公刊したのである。すなわち、人民の眼を見開かせて、彼らの権利と自由を暴政による侵害や簒奪から最もよく守り、近年の戦いの真の目的に最も適っているのは、個人の持つ大権や無制限の王制についての喧しい諸論考（わけてもハウエル氏が最近出版し、恥ずかしげもなく世に出回っている論考(2)）なのか、それとも人民の代議院の手中にあ

(1) 雄鶏の頭部と蛇の尾を持つ伝説上の怪鳥。見つめられた者はすべて死ぬと言われている。トニー・アラン（上原ゆうこ訳）『世界幻想動物百科』原書房、二〇〇九年、二四―五頁。

(2) James Howell, *Som Sober Inspections Made into the Cariage and Consults of the Late-long Parlement*, London, 1655. ニーダムの欄外注には「精査」(Inspections) とある。ジェームズ・ハウエル（James Howell, 一五九四頃―一六六六）は当時を代表する歴史家、政論家。内戦中は議会の立場に理解を示すが、元来は穏健で平和志向の王制論者であった。それゆえに、一六四九年の国王処刑と共和制への統治の改変は彼の立場とは相容れなかった。

る最高権威の正当で秩序ある継承なのかを悟ってもらいたいのである。

本編はハウエル氏の当該書物への応答を特別に意図したものではないが、彼が「統治についての省察」[3]と呼ぶ部分の実現を未然に防ぐことになるかもしれない。というのも、彼の主たるねらいは長期議会[4]を中傷することよりも（それもあったであろうが）、（よって、そこでの様々な立場の支持者や信奉者たちを手当たり次第に傷つけることよりも、）無制約の王制の上に絶対的な暴政の基礎を築くことにあるからである。そしてそのために、彼は閣下に議会を捨て去り（あるいはよくてもそれを無能化して）、武力によって国民を統治するように助言している[5]。閣下の人格に伴っている名誉や尊敬に拠ろうというのではない。旧い家門の利益に対する人民の信用と尊敬の念を高めようとしているのである[6]。

彼の示す原理や先例は全くもって彼独特のものである。私は確信している。先王[7]のために戦った人々のほぼ大半は彼の教条を全く認めていないため、彼が懇願するような絶対的な暴政によって軛をかけられて奴隷化されることに耐え忍ぶよりも、むしろステュアート家の家門の利益を捨て去り、「自由な国家」に賛意を表明することであろう。私の考える理由はこうである。この国の貴族と郷紳のほとんどは王権に依存しない自分たちの自由な所領を相当程度持っている。彼らは自らの所領や子孫を、よもや獅子の足下に置こうとはすまい。それは平民たちとて同じなのである。

彼の示す原理が劣悪なのと同様に、彼の示す先例は間違っている。その証明として、すべてを挙げずに一例（それも主要なもの）を取り上げてみよう。彼は、ヘンリ一世[8]の治世までイングランドの下院は議会に全く召集されず、つまり立法において同意を与えることはなかったと述べている[9]。

(3) 同書の表紙に現れる言葉であるが、それについてのまとまった章節が設けられてはいない。ニーダムがここで言及している内容に関わる箇所としては以下を参照せよ。*Ibid.*, esp. pp. 19-20, 23-4, 179-82.

(4) 長期議会（Long Parliament）は、スコットランド盟約派との主教戦争に敗れた国王チャールズ一世が、課された賠償金を調達する目的で一六四〇年十一月に召集した議会の通称である。同年四月に召集されてわずか三週間で解散された「短期議会」（Short Parliament）との対比でそう呼ばれる。実際、それは次注で述べるとおり一六五三年四月に解散されるまで、十二年以上の長きにわたってピューリタン革命のいわゆる革命議会として存続し、国制や教会制度に関する数々の改革を断行した。

(5) 閣下とは一六五三年十二月に護国卿に就任したオリヴァ・クロムウェル(Oliver Cromwell, 一五九九—一六五八）を指す。ハウエルの書はクロムウェルに献呈されたものであった。ここでの記述の背景になっている歴史的経緯は以下のとおりである。国王軍との内戦に勝利した議会軍は、国王チャールズ一世との和睦を望む長期議会の多数派（長老派）と対立する。そこで議会軍は一六四八年十二月、「プライド大佐の粛清」として知られる軍事クーデタを断行し、長期議会の下院から長老派を追放した。これ以後、長期議会は軍に忖度する「残りかす」(Rump) の議員たち（独立派）だけで構成されるようになり、「ランプ議会」という蔑称で呼ばれるようになる。一六四九年一月の国王処刑と同年五月の共和制宣言はこのランプ議会によって遂行されたものであった。だがその後、議会は軍と再び対立するようになり、一六五三年四月に当時の軍総司令官クロムウェルによって武力解散される（二度目の軍事クーデタ）。それは彼が成文憲法「統治章典」に基づいて護国卿の地位に就任する八か月前のことであった。詳細は訳者解説ならびに以下の文献を参照せよ。Blair Worden, *The Rump Parliament 1648-1653*, Cambridge U. P., 1974. クロムウェルの暴政の始まりとして共和派から厳しく糾弾されたこのランプ議会の武力解散を、ハウエルは同書の献辞で賛美している。Howell, *Som So-*

これが誤りであることを証明しよう。エゼルレッド王治下の議会について記されている古いラテン語の写本が現存している。いわく、その議会には「エゼルレッド王の布告による全イングランド貴族」と「王の布告によって召集された多数の平民の一団」がいた。これは全貴族と平民の選りすぐりの者たちとに対する召集令状である。つまり、十全たる明確な議会があったのである。私の読んだ書物の著者は次のように記している。「クヌートの時代には議会についての飽き飽きするほどの夥しい数の証拠がある。マームズベリの修道士によって記録された、クヌートの注目すべきローマからの書簡には次のように書かれている。『大司教、司教などの最高位の方々ならびに貴族と平民を含む全イングランド国民へ』。ホーデンの書にもこうした事例が豊富である、いわく『その方（エドマンド）の崩御の後、クヌート王はすべての司教と公のみならず君侯やイングランド国民のなかの高貴な者がロンドンに参集することを命じた』。明瞭な議会召集である。（私の読んだ書物の著者が言うには）議会というまさにその名称が、クヌートの時代のエドマンズベリの古書のなかに見出される。『クヌート王は治世第五年に彼の王国の高位聖職者、指導者、有力者のすべてを自らの許の議会に召集する』。そしてそれが十全たる議会であったことは、その修道院に設立特許状を与える際にその場に見出される人々から信用してよかろう。ハーザクヌートによって確認され、クヌートによって承認されたのは、『それぞれの許での公の議会においてであった。そこには人物としては、以前からの大司教、司教、大司教補佐、公、伯、大修道院長とともに、あらん限りの軍人たちの大集団（州選出の議員たちのようである）と夥しい数の人々（その他の下院議員たち）がすべてその同じ議会にじかに出席しているのである』」。エドワード証聖王はウェストミンスターの修復を議会に委託している。「そして結局のところ彼は、『王国全体の選択を伴って』

ber Inspections, The Epistle Dedicatory to His Highnes the Lord Protector. このことをもってニーダムは、護国卿体制下においても議会に対して同様の対応をするように、ハウエルがクロムウェルを嗾けていると解釈している。

(6) ハウエルは一六五四年に、先王の皇太子チャールズのイングランドでの戴冠を望む亡命貴族たちと和解することを、クロムウェルに提案していた。ハウエルの真意はクロムウェルの権力を利用したステュアート王朝の復活にあると、ニーダムはここで主張している。J.H.[James Howell], *An Admonition to My Lord Protector and His Council,* London, 1654.

(7) チャールズ一世（Charles I, 一六〇〇―一六四九）。前期ステュアート朝のイングランド、スコットランド、アイルランド王（在位 一六二五―一六四九）。前注にあるように、内戦において議会軍に敗れ、一六四九年一月二十七日に特別法廷で反逆罪による死刑判決を受け、三十日に処刑された。

(8) ヘンリ一世（Henry I, 一〇六八／九―一一三五）。ノルマン朝のイングランド王（在位 一一〇〇―一一三五）にしてノルマンディ公アンリ一世（Henri I, 在位 一一〇六―一一三五）。

(9) Howell, *Som Sober Inspections,* pp. 19-20.

(10) エゼルレッド二世（Æthelred II, 九六六～八頃―一〇一六）。ウェセックス朝のイングランド王（在位 九七八―一〇一三、一〇一四―一〇一六）。

(11) 以下、「～十全たる明瞭な議会があったのである。」まで、ニーダム自身がラテン語の写本を参照したかのように読めるが、この部分は実際にはすぐ後に言及される「私の読んだ書物の著者」すなわちジョン・サドラー（John Sadler, 一六一五―一六七四）の著作からの引用である。John Sadler, *Rights of the Kingdom: OR, Customs of our Ancestours,* London, 1649, p. 96. サドラーは政論家にしてクロムウェルの顧問官でもあった。一六五三年には指名議会議員として法改革に当たり、次いで国務会議員にも任命されている。護国卿体制樹立後はクロムウェルの教会体制の要のひとつであった聖職者審査委員会（Triers）の委員を務めた。

（これが彼自身の言葉である）朽ちた大聖堂［の修復］に着手するのである[21]」。

しかし、この国の慣習や国制についてもっと知りたい人は、しばしば出版されるその主題についての大型の刊本を参照してほしい。とくに、『王国の諸権利[22]』は名著である。以上で、下院がヘンリ一世の遥か以前から議会に召集されていたことが十分に証明されたであろう。

以下に続く論考に立腹する者がいるとすれば、公共の福祉の敵たちだけだと信じている。そういう者は怒らせておけばいいのだ。私が以下の論考を出版するのはそういう連中のためではなく、高貴な愛国者にして戦友であるあなた方のためなのだ。あなた方はまた、祖国の権利と自由のために苦悩している。それは、後の世の子孫たちが（神が許される限り）引き続き現れてくる暴君たちに対して、何故己の父祖たちは自らの生命や大切なものすべてを犠牲にしたかについて何事かを語り、示せるようにしておきたいからである。それは為政者を破壊するためでなく、規制するためであった。所有権を損壊するためでなく、拡大するためであった。人民だけでなく君主もまた法によって統治されるようにし、正義が人の分け隔てなく公平に分配されるようにしたかったのである。イングランドを獅子と羊がともに横たわって餌を食む静かな居住地にし、人民を恐れさせるものをなくしたかったのである。あなた方が戦い、死んでいったのはこうしたことのためであった。しかも、それは私人としてではなく、国の最高権力、すなわち議会における人民の代議院の公的な命令と指揮によるものであった。これまで流されてきた血と費やされてきた財産をすべて埋め合わせ、イングランドを栄光ある共和国にし、すべての反対者の口を噤ませるのは、人民の代議院の手中にある最高権威の正当で秩序ある継承以外にはないであろう。

(12) クヌート（Cnut, 一〇三五没）。ノルマン系デーン人で、イングランド王（在位 一〇一六—一〇三五）、デンマーク王（在位 一〇一八—一〇三五）、ノルウェー王（在位 一〇二八?—一〇三五）を兼ね、いわゆる「北海帝国」を建設した。

(13) エドマンド二世（Edmund II, 一〇一六没）。ウェセックス朝のイングランド王（在位 一〇一六年四—一一月）。

(14) Roger of Hoveden, *Chronica Magistri Rogeri de Houedene*, ed. by William Stubbs, vol. 1, London, 1868, p. 85. ロジャー・オヴ・ホーデン（Roger of Howden, 一二〇一／二没）はイングランドの年代記者。

(15) ホーデンではなく、サドラーのこと。ここの丸括弧内の言葉はニーダムによる挿入である。

(16) ニーダムの欄外注には次のようにある。「ハウエルはウィリアム征服王が最初に議会という語をもたらしたと述べている」。Howell, *Som Sober Inspections*, pp. 23-4.

(17) ベリー・セント・エドマンズ修道院（Bury St Edmunds Abbey）のこと。

(18) ハーザクヌート（Harthacnut, 一〇一八頃—一〇四二）。クヌートの息子でデンマーク王（在位 一〇三五—一〇四二）、イングランド王（在位 一〇三五—一〇三七、一〇四〇—一〇四二）。

(19) Sadler, *Rights of the Kingdom*, p. 100.

(20) エドワード証聖王（Edward the Confessor, 一〇〇三~五頃—一〇六六）。ウェセックス朝のイングランド王（在位 一〇四二—一〇六六）。

(21) *Ibid.*, p. 105. 大聖堂とはセント・ポール大聖堂（St Paul's Cathedral）を指す。ニーダムの欄外注には次のようにある。「ハウエル氏はポールの修復のための査定を議会の同意なしに閣下に行わせたがっている」。Howell, *Som Sober Inspections*, pp. 179-82.

(22) Sadler, *op. cit.*

以下に続く論考への

序論

ローマの元老院議員たちが公の布告や演説の中で人民を[1]「世界の主《あるじ》」と呼んで人民に従い、その機嫌を取り始めたとき、グラックスが[2]元老院を主の座から引きずり下ろすように人民を説得することはどんなに容易

(1) 原語は'People'である。ピューリタン革命期の古典的共和主義は、チャールズ一世処刑後の「国王も貴族院もない共和国にして『自由な国家』」を古典古代の歴史や事例から抽出される理念や教訓で基礎づけようとする思想である。以下の論考のなかでニーダムは、古典古代やルネサンス期の都市国家あるいは中世封建制社会において王や貴族と対立する「平民」や「民衆」のなかに共和国全体の主権者としての「人民」を読み込んだり、平民の代表機関である民会や下院を共和国の最高立法機関としての「人民の代議院」と同一視したりする叙述を展開する。本書においては'People'およびその派生語については原則として「人民」の訳語を当てることにした。その理由の詳細は訳者解説(二三一—二頁)を参照せよ。

(2) ティベリウス・センプロニウス・グラックス(Tiberius Sempronius Gracchus, 前一六三頃—一三三)。彼は前一三四年に護民官に選出されると、奴隷労働を礎にした大土地所有の拡大と中小自営農民の没落に歯止めをかけるための農地(改革)法を強引に成立させ、共和政体の維持に努めた。当然ながら、この政策は富裕層を中心とした元老院の反発を招いた。同じ時期に、ペルガモンの王アッタロス・ピロメトロが死去した際に遺産相続人をローマ国民にするという申し出があったが、グラックスはその遺産を農民のための道具や資

なことであっただろうか。同じようにアテナイが王たちを見限ったとき、権力が人民に存すると宣言するや否や、すぐさま人民は権力を奪い、かの卓越した立法者ソロンの助言によりそれを確実に掌中に収めた。キケロが言うように、誰のなかにも権力や主権に対する自然の欲望はある。よって、ひとたびこれを奪い取る機会があれば、それを等閑に付すことは稀である。それが自分にとって正当なものだと言われれば、命がけでそれを取りに行くのである[3]。

一国の人民が自分たちは自由であるべきだとひとたび考えれば、この考えはただちに実践に移され、自らを解放する。彼らの最初の留意点は、彼らの法、権利、代理人、官吏、そして扶養する者のすべてが自由の状態に確立されているかどうかである。この自由の状態は瞳のようなものになる。ごく僅かな籾殻、粒子、接触があっても涙が出てこよう。それは妻に迎えた乙女なのだ。人民はそれに対しては一分の隙も見せないのである。

ローマ人民はかように奇妙な感情を懐いているので、彼らのうちの何者かが（それに値しないにもかかわらず）大志を懐いていることがわかれば、彼らは華やかなマエリウス[4]やマンリウス[5]に対してしたように、すぐさまその者を引きずり下ろした。まさに然り。彼らの警戒心は非常に強いので、隣人たちのあいだで自由の友として歩み、語らい、暮らしているかどうか、すべての人の外見、会釈の仕方、身なり、足取りを観察した。傲慢な目つき、高慢な眉、荘厳な筆跡が非道な者と、そして自由の性質を持たぬ者とみなされた。よって、嫌疑を避けるために、慎み深く謙虚な姿勢を保つことは賢明な愛国者たちがとくに配慮した点であった。たとえば、彼らの自由の創設者にして最初の執政官のひとりであったコラティヌス[6]は、人並み以上の威厳を保っ

材の資金に充てることを民会に提案した。これは外国から得た資産の処分を伝統的に所轄してきた元老院の権限を侵すものであった。その後も両者の溝が深まるなかで、ついに元老院はグラックスとその一派を殺害するに及んだ。プルタルコス「グラックス兄弟」八―一一、城江良和訳『英雄伝5』京都大学学術出版会、二〇一九年、五二八―五〇頁。

（3）キケロー（高橋宏幸訳）『義務について』第一巻一九、『キケロー選集9』岩波書店、一九九九年、一六六頁。

（4）スプリウス・マエリウス（Spurius Maelius, 前四三九没）。共和制ローマの騎士階級の大富豪であり、前四四〇年の飢饉の際、自費で穀物を調達して無料で人々にこれを配るという私人としては先例のないことを行った。平民はこの振舞いに心酔して、彼に付き従うようになった。しかし、これが平民の支持によって王位を狙う陰謀と元老院に認定され、独裁官ルキウス・クインクティウス・キンキナトゥス（本書三五頁訳注（5）参照）配下の騎兵長官セルウィリウスに殺害された。リウィウス（岩谷智訳）『ローマ建国以来の歴史2』京都大学学術出版会、二〇一六年、第四巻第一三―一五章、一八〇―七頁。

（5）マルクス・マンリウス・カピトリヌス（Marcus Manlius Capitolinus, 前三八四没）。共和制ローマの軍人で、執政官。前三九〇年、アリア河とティベリス河の合流点付近におけるガリア人との戦闘に敗れたローマ人は、ガリア人からの略奪を受けるとともに、元老院議員たちのカピトリヌスの丘への立て籠もりを余儀なくされた。そして、ガリア人たちが夜の暗闇に乗じて丘に登ろうとした際、ユノ女神の聖鳥であるガチョウが鳴き叫んだためにマンリウスが目を覚まし、ガリア人たちを撃退した。この功績により、彼は英雄として賞賛され報償を与えられた。リウィウス『ローマ建国以来の歴史2』第五巻第三七―三九、四七章、三五七―六三、三七六―七頁。しかしその後、マンリウスは貴族でありながら平民を味方につけて勢力を伸ばすことを考え、債務に苦しむ人々に肩入れしつつ元老院議員の横領を公然と非難するのみならず、執政官と独裁た暮らしをし、人民から殊のほか距離を置くことで、彼のこれまでの功績を忘れたらどうなるかを、ほどなくして人民に思い知らせた。その結果、人民は彼を執政官職から追いやっただけでなく、ローマ市から追放したのであった。しかし、彼の同僚のブルトゥス[7]と賢人ウァレリウス・プブリコラ[8]は、逆の方針を取ることで、自らと自らの評判を守った。というのも、前者はある違法行為についてのこれ見よがしの償いをするために、彼の家の生々しい記念碑となった自分の子供たちを犠牲にした[9]。後者は尊称を用いて人民の機嫌を取り、権威の象徴である儀鉞《ぎえつ》を人民の足元に置き、人民の法廷でのすべての訴えを解決し、城と間違えられないように自らの堂々とした邸宅の聳え立つ外壁を取り壊した。メネニウス・アグリッパ[10]、カミルス[11]など、その民衆国家の他の傑出した人物たちも同様であった。結果、こうした手段によって彼らは人民のお気に入りになったのに対し、より尊大な気質を持ったその他大勢の者たちはすぐに自らの利益と名声を失ったのである。

おわかりであろう。人民の権利がひとたび人民に宣告されると、それを人民から遠ざけたり奪ったりすることはほぼ不可能なのである。

遺憾ながら、イングランド人民は世のいかなる人民にも劣らず自由なのに、恣意的な暴政の下劣な圧力に屈する従順な気質と傾向にあり、よって真の自由なるものの飲み込みが遅い。真の自由はあなた方の財産や生命よりも値打ちのある、見積もり不能の宝石である。それはしたいことが何でもできる放縦のなかにあるのではなく、以下の諸点に存している。第一に、すべての人間の状態と条件に適合した健全な法を持つこと。第二に、悪の改善措置が楽々と速やかにとれるための、法や裁判に関する正当で容易な運用手続き。第三に、官の廃止までも訴えた。これに対し元老院は、マンリウスが護民官を使って王位を狙う者であると告発し、裁判の結果、彼は死刑に処されることになった。リウィウス（毛利晶訳）『ローマ建国以来の歴史3』京都大学学術出版会、二〇〇八年、第六巻第一一、一四―二〇章、二五―七、三一―四八頁。

（6）　ルキウス・タルクィニウス・コラティヌス（Lucius Tarquinius Collatinus 生没年不詳）。彼は、前五〇九年、王制ローマ最後の王であるタルクィニウス・スペルブス（本書一七頁訳注(13)参照）とその一族を、ルキウス・ユニウス・ブルトゥス（次注参照）に協力して追放し、ローマに共和制をもたらすことに貢献した。そして、彼はブルトゥスとともに初代執政官に選出された。しかしその後、市民たちはタルクィニウスという彼の名と血筋（彼はタルクィニウス・スペルブスの甥であった）が追放した暴君を連想させるという理由で彼を忌避するようになり、結局彼は執政官の辞任に追い込まれただけでなく、全財産をラウィニウムに移し、ローマ市から退去することを余儀なくされた。間もなくブルトゥスは元老院決議に基づき、タルクィニウス一族をすべて国外追放にすることを市民に提案した。リウィウス（岩谷智訳）『ローマ建国以来の歴史1』京都大学学術出版会、二〇〇八年、第一巻第五九―六〇章、一二二―五頁、第二巻第二章、一三〇―二頁。

（7）　ルキウス・ユニウス・ブルトゥス（Lucius Iunius Brutus 前五〇九頃没）。彼は暴君タルクィニウス・スペルブスとその一族を追放して共和制をローマにもたらした際の最大の功労者であった。しかしその後、復辟を企むタルクィニウス一族の陰謀に自分のふたりの息子が関与していたことが発覚する。ブルトゥスは執政官として息子たちに救いの手を差し伸べることはせずに、彼らの処刑を見届けた。リウィウス『ローマ建国以来の歴史1』第二巻第三―五章、一三二―六頁。

（8）　プブリウス・ウァレリウス・プブリコラ（Publius Valerius Publicola, 前五〇三没）。「民衆の友（あるいは世話をする人）」（プブリコラ）という称号を持ち、共和制ローマの執政官を四度務めた。ブルトゥスとともにタルクィニウス一族を追放したことで有名である。

折に触れて統治体制や統治者を変更する権力。第四に、議会すなわち人民の会議を途切れることなく継承していくこと。第五に、ひとたび選挙の規則が確立された際には、いずれの議会においても議員の自由な選挙を行うこと。以上のことさえ享受できれば、人民は自らの権利を享有し、安全と自由の状態にあると真に言えるのである。【七一号、一六五一年十月九―十六日】

今や、自由がこの世で最も貴重な宝石であるとすれば、ひとたびそれが所有されるや、それを保全するには並々ならぬ技と勤勉さが必要になる。だが、最も安全な方法は何であるかが大問題である。自由を常設の権力の手に委ねることであろうか、それとも人民の最高会議を不断に継承していくなかで、人民の手中に守護者の権限を置くことであろうか。これを決める最善の方法は、ローマ人についての所記を注視することである。そうすれば、次のことは明らかとなる。すなわち、人民は最高会議を召集・解散したり、統治を変更したり、法を制定・廃止したりする権力とともに、自らの福祉と公共善のために都合がよいと判断するたびごとに、こうした仕事に就く人を好むままに選任する権力を持つまでは、真の自由を決して所持することはなかったのである。この権力はその人民の自由の初子だと言われている。それが世に生み出される前、この共和国は数々の酷い発作、数々の七転八倒の激痛を経験した。(グラックスが人民に語った)[12] 以上のことは、彼らの祖先たちの無知と怠惰の分だけ人民が苦しむようにと、神々がもたらした辛い難儀であった。つまり、祖先たちが王たちを放逐したとき、王的権力の奥義と不都合を放逐するのを忘れたため、それらがすべて元老院の手中に留め置かれたのである。これによって、自分たちの自由を確立する最初の機会を逸した気の毒な人民は、すぐにまた自由を喪失した。彼らは「自由な国家」と言われていた。それはなぜか。（いかにも）彼らには王がいなかったので、彼らはタルクィニウス[13]のような者についぞ煩わされることはなかったからである。

プルタルコス「プブリコラ」一―一〇、柳沼重剛訳『英雄伝1』京都大学学術出版会、二〇〇七年、二八〇―九四頁。

（9）先の注（7）に記した事件で処刑されたふたりの息子が、逆説的にも、ブルトゥス家の高潔さを後世に顕彰する記念碑的意義を持ったということ。

（10）アグリッパ・メネニウス・ラナトゥス（Agrippa Menenius Lanatus, 前四九三没）。共和制ローマの執政官。前四九四年、多額の債務を負った平民が債務の取り消しを認めない元老院への不満から聖山に立て籠もるという事件（聖山事件）が起きた。元老院は弁の立つアグリッパを使者として聖山に派遣し、平民の説得にあたらせた。間もなく、平民が執政官に対抗するための官職、すなわち護民官を新設することで合意が成立した。アグリッパは貴族と平民双方から慕われた仲裁者とされた。リウィウス『ローマ建国以来の歴史1』第二巻第三二―三三章、一八五―九〇頁。

（11）マルクス・フリウス・カミルス（Marcus Furius Camillus, 前四四六頃―三六五）。共和制ローマの独裁官に五度選出され、第二のローマ建設者と言われる。ウェイイ攻略やローマ・ガリア戦争で活躍した。プルタルコス「カミルス」一以下、『英雄伝1』、三七三頁以下。リウィウス『ローマ建国以来の歴史2』第五巻第一九章以下、三二一頁以下。

（12）プルタルコス「グラックス兄弟」一五、『英雄伝5』、五三九―四〇頁。

（13）ルキウス・タルクィニウス・スペルブス（Lucius Tarquinius Superbus, 前四九五没）。王制ローマ最後の（第七代）王（在位 前五三四―五〇九）。暴君として知られ、ルキウス・ユニウス・ブルトゥスらに一族ともども追放される。その後も復辟を目指して陰謀を企てるがことごとく失敗し、クマエの地で没する。リウィしかし、ガイウス［・ユリウス・ユッルス］[14]やアッピウス・クラウディウス[15]のような者やその一味同心がいた限りにおいて、そのことには目下の論点にとってどんな意味があったのだろうか。彼らは何世代にもわたって元老院議員たちに王のように振る舞う気質を染み込ませた。いやはや、ローマ人たちがこんな状態にあったとき、彼らはまさに在りし日のスパルタのような別種の「自由な国家」であったのだ。当時のスパルタも、王たちの自惚れを挫く元老院を備えていた。だが、人民には元老院の自惚れを挫くための権力や手段を持たされてはいなかった。これによって、実際、元老院が自らの望むことを自由にできるようになった一方で、人民はかつてより狭い範囲のなかに制限された。今日におけるこうした別種の「自由な国家」はヴェネツィアである。そこにおいて人民は君侯すなわち統領［ドージェ］の支配からは自由であるが、元老院の権力の下で奴隷同然である。[16]しかし他方、アテナイ共和国では、事情は全く違っていた。そこでは、人民に至高権の行使と利益の両方を握らせることが、かの名高き立法者ソロンの配慮であった。その結果、人民の同意と権威によって認められたもの以外は、公共の利益によるものとして課すことができなかった。彼はアレオパゴスと呼ばれる有名な評議会を国事の処理のために設立したが、立法権力、すなわち法制定の権力は継承されていく人民の会議に残した。こうして、一方において王の暴政を、他方において元老院の侵害行為を避けることで、彼は全世界が見倣うに相応しい「自由な国家」の無二の雛型を残した人物として、すべての子孫から称賛されているのである。【七三号、一六五一年十月二十三―三十日】

次のこともまた、看取されるべきである。王たちがローマから追放されたとき、ローマ人たちは「自由な国家」と宣言され、そう呼ばれたものの、実際に自由になれるまでには長い年月がかかった。ブルトゥスが自由の単なる影や見せ掛けを用いて、彼らを騙したからである。実際、彼は王冠を手中にするに十分な野心を持ち、また十分な機会に恵まれていた。だが、彼はさんざん熟慮した挙句にそれを思い止まった。というのも、王という名称が極めておぞましいものになっていたことに、彼はよく気づいていたからである。さらに、もし彼が王位に就こうとしたならば、彼に武器を取らせたのは祖国愛でなく支配欲であったと人々は判断したことであろう。危険な王位よりも静かな隠遁を選ぶべきだということも、頭から離れなかった。暴政に反対する理論と実践の双方を人民に身をもって教えた人が、何を望んで、その位に居座らねばならぬとい

ウス『ローマ建国以来の歴史1』第一巻第四九章—第二巻第二一章、一〇五—六六頁。
(14) ガイウス・ユリウス・ユッルス (Gaius Julius Iulus 生没年不詳)。前四八二年に執政官、前三五二年に独裁官を務めた。
(15) アッピウス・クラウディウス (Appius Claudius, 前四四九没)。共和制ローマの執政官。前四五二年、新法制定のための法律調査のためにアテナイに派遣されていた調査団が帰国すると、護民官たちの熱心な要請により新法を制定するための十人委員会 (Decemviri) が設立された。貴族からなるこの委員会の中心になったのがアッピウスであった。彼らは十二表法の制定などの成果をあげたが、執政官に代わって国政全般を取り仕切る寡頭制政権を形成した。前注のガイウス・ユリウス・ユッルスもこの十人委員会の構成員であった。リウィウス『ローマ建国以来の歴史2』第三巻第三二—五八章、六六—一二二頁。
(16) Frederic C. Lane, *Venice: A Maritime Republic*, Johns Hopkins U. P., 1973, pp. 95-8.

うのか。だから、彼にはもっと納得の得られそうな別の道を考える必要があった。彼自身の目的に役立ち、なおかつ人民からの愛を維持できる道である。人民は自由に慣れていなかったため、自由というものがほとんどわかっていなかった。そのために、彼らは難なくその実質を騙し取られ、影に満足させられたのである。

この計画を実行するために、衆に優れたすべての貴顕たちが知恵を集めた。この点についてある人が述べるように、'*Regnum quidem nomen, sed non Regia potestas Româ fuit expulsa*'［ローマから実際に王という名称は放逐されても、王的権力は放逐されなかった］[17]。すなわち、王という名称は即座に一蹴されたものの、王的権力は巧妙な技巧の限りを尽くして維持され、ローマ市の重鎮たちのあいだでは別の概念のもとで共有された。というのも、あらゆる権威は常設の元老院の壁のなかに閉じ込められ、毎年そこから二名の執政官が選出されたからである。こうして、元老院議員たちは代わる代わる順番に新種の王位を授かった。人民はこの統治の改変からは何も得るものはなかった。ただ（ロバのように）新しい奴隷制の荷籠を鞍に据えつけられただけであった。

だが、その後はどうなったのか。すべての権力を手中に収めた元老院は短期間のうちに彼らの当初の徳と慣習を堕落させて、強欲、放蕩、贅沢の実践に向かった。これによって、彼らの祖国愛は野心と党派の研究へと変質した。その結果、彼らは人民を抑圧するだけでなく、彼ら自身のあいだの分裂に陥った。この分裂により、他に抜きんでた勢力を持つ先導的な貴顕たちは好機を捉え、同僚たちを出し抜いて権力を自分たち十人の手のなかに収めた。この統治形態は十人委員会の名称で知られた。そこではこの新しい簒奪者たちが力を結集させて、人民からの略奪品で私腹を肥やした。自分たちが利益と享楽を獲得した際に、どんな不法な手段を用いたかなどは気にも留めなかった。挙句、それが日々耐え難いものになっていき、最後には武力によってその暴政は放逐されたのであった。(18)

だが、それでどうなったのか。(19) 人民はこの勝利で戦うことに慣れ、父祖たちが同じやり方でいかに勇敢に王たちを追放したかを思い起こした。そしてついに人民は、自らの力を知り始め、国の屋台骨を肩で支えている（、また国家が設立される際には常に受益者に措定されている）人民自身が他者の意志にこれほどまで従属せねばならないこと、外国では主人である自分たちが自国では奴隷にならねばならないことへの忍耐が極限に達した。その結果、彼らはこんりんざい自由の美しい見せ掛けの下に制圧されまいと決意した。彼らは護民官カヌテイウス《ママ》の指揮の下で騒乱を引き起こし、自らの権利と特権を持てるまではいかなる説得によっても武器を置こうとはしなかった。(20) 人民は独裁官に至るまでの政府の官職に就けるようになった。(21) また護民官と呼

---

(17) マキァヴェッリ（永井三明訳）『ディスコルシ』第一巻第二章、『マキァヴェッリ全集2』筑摩書房、一九九九年、二〇頁。ただし、ここでの訳文は上記の訳書に拠っていない。

(18) リウィウス『ローマ建国以来の歴史2』第三巻第五八章、一二〇―二一頁。

(19) ニーダムの欄外注には次のようにある。「ローマ人たちがどのようにして彼らの権利と特権を獲得したか」。

(20) ガイウス・カヌレイウス（Gaius Canuleius, 生没年不詳）。原文はカヌテイウス（Canuteius）と表記されているが、MPではカヌレイウスとなっており、明らかな誤記であろう。護民官カヌレイウスが前四四五年に貴族と平民とのあいだの婚姻を認める法案を提出した際に、ほかの九名の護民官は二名の執政官のうち一名を平民から選出してはどうかと提案した。護民官たち

ばれる彼ら自身の官職を持った。護民官は平民の守護者として神聖不可侵とされ、平民の大会議において全く自由に参集して活動する権力を保持した。[23] このとき、このときになって初めて、彼らは「自由な国家」にして共和国と呼ばれることができた。そう宣言されたのは久しい以前であったにしても、である。[24] というのも、道がすべての者に例外なく開かれ、徳と学識と優れた能力があれば、高貴な出自にあることに引けを取らずに、名誉の階段を駆け上がることができたからである。[25] 善き人間は偉大な人間と全く同じように尊敬された。それは新しい黄金時代の幕開けにでもならない限り二度と期待すべくもない、その時代の稀に見る至福の時であった。

さて、以上の論議から得られる主な所見は以下のとおりである。すなわち、ローマ人たちの権利と自由が十分に確立されるまでには、王という名称のみならず王の実質が（ひとりのうちにあろうが多数者のうちにあろうが）根こそぎ摘み取られていたのである。【七二号、一六五一年十月十六―二十三日】

さて、ローマがこうして「自由な国家」と宣言されたとき、次の仕事は彼らの自由を何らかの確実な方法で確立することであった。[26] そして、このために彼らが取り組んだ最初の仕事は、タルクィニウス家の王国への帰還に反対するだけでなく、王に類する官職の容認に永久に反対する誓約で人民の言質を取ることであった。[27] なぜなら、共和国の基礎を築いたことを誇りにする勇敢な人たちは、短期間の革命のなかで公共の精神に劣る者たちが彼らに代わって台頭し、再び王国を熱望するであろうことを熟知していたからである。それゆえに、そうした立派な愛国者たちは、以前の権力に揺るぎない憎悪を懐いて行動させる諸原理を人々の精の両提案に対して元老院は反発するが、一番目の提案は結局カヌレイウス法として成立することになる。ただし、カヌレイウスは平民の熱狂的支持を受けたものの、ここでのニーダムの記述が示唆するような平民の武力闘争を扇動することはしていない。要求を呑まなければ平民が徴兵に応じることはないと示唆するにとどめている。また二番目の提案は受け入れられず、代わりに平民も選出可能な准コンスル三名を新設することで妥協が図られた。リウィウス『ローマ建国以来の歴史2』第四巻第一—六章、一五二—一六八頁。

(21) リキニウス＝セクスティウス法のこと。前三六七年に護民官ガイウス・リキニウス・ストロ（Gaius Licinius Stolo, 生没年不詳）とルキウス・セクスティウス・ラテラヌス（Lucius Sextius Lateranus, 生没年不詳）によって制定された法であり、(1) 執政官一人を平民から出すこと、(2) 公有地の五〇〇ユゲラ以上の占有の禁止、(3) 支払った利息を元金から差し引いた残りを三年分割払いとすること、を規定している。平民は執政官になれるのであるから、独裁官への道も開かれたことになる。リウィウス『ローマ建国以来の歴史3』第六巻第三四—四二章、七三—九六頁。

(22) 原語はクロムウェルの就任した「護国卿」（Lord Protector）と同じ '*Protectors*' である。強調（傍点）は原文イタリックス。また、ここでの「平民」の言語は 'Commoners' である。

(23) 本書一七頁訳注(10)で触れた聖山事件の際に護民官の選出を要求し実現させた平民会（*Concilium Plebis*）は、従来の氏族原理に対抗して地区（*Tribus*）単位で組織された平民の集会（*Comitia Plebis Tributa*）であった。その意味で、護民官とは '*Tribunus Plebis*' すなわち「平民の地区長」であった。以後、護民官は平民の指導者として平民会に提案を行い、また政敵を裁判にかけるなどして平民の立場を擁護し、神聖不可侵な地位を生かして執政官の横暴から平民を守った。その後状況を大きく進展させたのは、前二八七年のホルテンシウス法の制定により、平民会が国の正式な民会（トリブス民会）と認定されたことであった。これにより、護民官は全国民を拘束する法を平民会におい

神に刻印することに特別な注意を払った。その結果、王という名称はローマ人民にとって鼻持ちならないものになったのである。まさに然り、彼らはこの点において極めて熱心であったため、時の経つうちに、カエサルが国内不和に乗じて主権を一手に担う機会を捉えたとき、彼は敢えてそれを王という命取りになる名称の下で考えず、命令権保持者(28)というもっと納得されやすい称号を身に纏ったほどであった。それなのに、彼は人民のために報復するブルトゥスの致命的な一突きから身を守ることができなかったのである。我々の隣国のオランダ人たちは、スペインから彼らの自由を回復するとき、フェリペ王の統治のみならずすべての王の統治を永久に捨て去る誓約で自らを縛ったが(29)、その際、すぐにこの先例を探し出したのであった(30)。

王たちがローマから追い払われた後、自由の権利は統治の権利とともに貴族すなわち元老院の貴族団が専有し、人民には一切の分け前はなかった。だがついに人民は、一部は反抗によって、また一部は執拗な要求によって、以前は元老院の領分に制限されていた官職と立法権への参与を元老院に認めさせた。こうして、護民官と呼ばれる官吏と［トリブス］民会と呼ばれる集会が、元老院すなわち貴族の権力と野心を抑制する轡として生まれたのである。それらが設立される以前はすべてが元老院の手に握られていたのに、国民は唯一人の意志に従属していないという理由で自由であるとみなされていた。しかし、実際に彼らが自由になったのは後のことである。すなわち、いかなる法も［トリブス］民会で最初に同意されないうちは国民に課されなくなったときのことである(31)。その結果、統治は最終的に貴族と人民双方の利益の平等な混合において確立されるようになった。この形態の下で、彼らはすべての栄光と偉大さの高みに達した。この「自由な国家」の形態のなかには、貴族が支配的で人民がやや管理下に置かれ過ぎているヴェネツィアがある。同じ形態がて制定させる権利や、元老院を召集する権利を持つことになった。ここにおいて貴族と平民との間の身分対立は一段落し、両身分の格差は大幅に縮められた。J・ブライケン(村上淳一・石井紫郎訳)『ローマの共和制』山川出版社、一九八四年、九〇—一、一〇四—五頁。

(24) 一六四九年五月十九日のいわゆる共和国宣言に擬えている。

(25) ニーダムの欄外注には次のようにある。「善良さは偉大さに優先された」。

(26) ニーダムの欄外注には次のようにある。「彼らは自由を保全するために何をしたか」。

(27) 一六五〇年一月二日、イングランドの共和国政府(ランプ議会)は前年五月十九日に宣言した国王も貴族院もない「共和国にして自由な国家」の正当性を獲得する目的で、十八歳以上の全男性に以下のような「共和国臣従契約」(Engagement)への署名を求めた。「私は、現在樹立されている国王や貴族院のないイングランド共和国に対して、誠実にして忠実であることを宣言し約束する」。Samuel Rawson Gardiner, ed., *The Constitutional Documents of the Puritan Revolution 1625-1660*, 3rd ed., Oxford U. P., 1979 (first published 1906), p. 391. おそらくニーダムはここで、この事実を意識していたに違いない。この点の詳細については訳者解説(二〇六—七頁)とともに、以下の文献を参照せよ。Worden, *Literature and Politics in Cromwellian England*, pp. 84-5, 188-9.

(28) 原語は'Emperor'である。

(29) フェリペ二世(Felipe II, 一五二七—一五九八)は、ハプスブルク家のスペイン王(在位 一五五六—一五九八)、ポルトガル王(在位 一五八〇—一五九八)、イングランドおよびアイルランド王(メアリ一世と共同統治、在位 一五五四—一五五八)。ここで言及されている「誓約」は一五八一年七月のオランダ独立宣言とされる「統治権否認法」のことである。以下を参照せよ。http://www.age-of-the-sage.org/history/dutch_independence_1581.html [accessed 21 January 2024].

(30) ニーダムの欄外注には次のようにある。「当時の誓約は古い暦書のようなものではなかった」。暦書(Al-

我々の隣国の［ネーデルラント］連邦共和国によっても採用されているが、彼らの利益の大部分は人民の手中に置かれている。ローマは英知と経験を要する国事の運営のための常設の評議会として元老院を保持したが、立法と至高権に関わる主要な法規とについては大会議に権限が留保された。こうして、人民が統治のための規則を与え、統治の機密は元老院の手に信託されたのである。そして、この共和国は人民が最も大きな権力を持ち、最も節制に努めたときに、最も繁栄した。人民はときに権力を用いて途方もない進路に飛び出したこともあったが、それは元老院議員たちの野心によって発症した病気とは違い、持続的な発作ではなかった。さらに、我々が気づかざるをえないのは、人民の利益が常態化し続け、もう一方の［貴族の］利益よりも優勢であるとき、その限りにおいて人民は自由を確保したということである。自由の享受は、それが御しがたく不規則であったときに起きた多くの過酷な不都合に対する良き癒しであり償いであった。ところが、元老院が後に人民の権力を掠め取ったとき、その計画が徐々に進行するにつれてローマは自由を失っていった。元老院が人民に対して、そして特定の諸派閥が元老院に対して、暴威を振るった。そしてついにその諸派閥がお互いをズタズタにし合うと、仕舞には生き残った頂点の派閥の頭であるカエサルという名の男がすべてを簒奪する機会を捉え、ローマ人の権利と自由をひとりの暴政のなかに丸飲みしてしまったのである。(32)

【七〇号、一六五一年十月二―九日】

（マキァヴェッリのものではあるが）気高い言葉がある。「立派な統治体制を自らや自らの家門の手中に置く者でなく、人民の恒常的な安全のために自由で持続的な［統治］形態を確立する者が最も称賛されるべきであ

る」。[33]こういう機会を得る者はみな、君主国を手中に収めた野心溢れる英雄の名声を追いかけてきた者たち以

manack）は天文学や占星術の知識が取り入れられた生活暦（年鑑）であるとともに、予言の書としての性格を持っていた。十六世紀フランスのノストラダムスのそれはとくに有名である。イングランドにおいても十六世紀後半から出版され始め、十七世紀には夥しい数の暦書が出版されている。革命期には、各派が自らの政治行動の成功や敵対する陣営の没落をこれによって予言するという形で、政治利用されるケースが頻出した。一六四九年以後の共和制期には、イングランドの王制廃止を天文学や占星術の観点から必然視することで、これを正当化する暦書も現れている。ここでニーダムが敢えて暦書に言及しているのは、ここでの「誓約」がこのような呪術的なものとは全く性質の異なるものであることを確認するためであろう。以下を参照せよ。Bernard Capp, *Astrology and the Popular Press : English Almanacs 1500-1800*, Faber and Faber, 2008（1st published 1979）, chap. 3, pp. 67ff. 同書の補遺には十六世以後に発行された英語の暦書の有益なリストが掲載されている（pp. 347ff.）。また、併せて以下を参照せよ。Joad Raymond, *The Invention of the Newspaper : English Newsbooks 1641-1649*, paperback edition, Oxford U. P., 2005, pp. 193-6.

（31）ニーダムの欄外注には次のようにある。「[トリブス］民会での人民の同意なくして法は課されない」。

（32）ニーダムの欄外注には次のようにある。「ローマ人たちは彼らの権利と自由を失う」。

（33）マキァヴェッリ『ディスコルシ』第一巻第一一章、四八頁。この「言葉」は当該箇所からの直接の引用ではなく、マキァヴェッリの趣旨をニーダムが独自にまとめたものである。また、この「言葉」はニーダムの『イングランド共和国の主張』にも記されている。Marchamont Nedham, *The Case of the Commonwealth of England, Stated*, 1650, ed. by Philip A. Knachel, The University Press of Virginia, 1969, p. 118. またニーダム

上に、自らの行動を栄光の高みへと向上させるかもしれない。というのも、『プルタルコス英雄伝』の［大］カトーが言うように、[34] 最大の王や僭主でさえも「自由な国家」や共和国の高名な人々に遥かに劣るのである。いにしえの強大な君主たちは、国家の自由を守ることで自ら名声を獲得したエピパノンダス《〔ママ〕》、[35] ペリクレス、テミストクレス、[36] マルクス・クリウス《〔ママ〕》、[37] ハミルカル、[38] ファビウス、[39]［大］スキピオ[40] その他の「自由な国家」の卓越した指導者たちに比べるべくもない。また、ほかならぬ自由という名辞は、あちこちの地域で長らく無縁となっていたこともあり、一時期我々のあいだではおぞましく馬鹿げたものになっていた。しかるに、古代において諸国民は、王権の軛から自由であればあるほど自分たちを高貴なものとみなすのが常であった。当時、世界各地にかくも多くの「自由な国家」が存在したのは、このためである。

　自由への愛に人々を駆り立てるものは精神の気高さだけではない。経験が保証するところによれば、それはあらゆる点で人民の富と支配権力の増大に資する、最も便宜がよく最も有利な統治方式なのである。（サルスティウスが言うには、）「ローマ共和国が自由を獲得した後、短期間でどれほどめざましく拡大したかは、言ったところで信じてもらえないような話である」[41]。そして、グイッチァルディーニは次のように断言する。『自由な国家』はほかのいかなる［統治］形態よりも神に気に入られるものとならざるをえない。なぜなら、そこではほかのいかなる統治体制におけるよりも共通善に対して懐かれる尊重や、正義の公平な分配に対する配慮が大きく、そのことによって人間の精神はいっそう栄光と徳への愛に燃え、宗教への愛に対して遥かに強い熱意を持つようになるからである」[42]。

　アテナイ人たちがペイシストラトスの僭主制からの解放後の数年で、どれほどの勢いで富と権力を増大さが使用している『ディスコルシ』のテキストは以下の英訳版である。*Machiavels Discourses, upon the First Decade of T. Livius*, trans. by Edward Dacres, London, 1636.

(34) プルタルコス「マルクス・カトー(大カトー)」八、柳沼重剛訳『英雄伝3』京都大学学術出版会、二〇一一年、六四―五頁。

(35) エパメイノンダス(Epameinondas, 前三六二没)。原文はエピパノンダス(Epipanondas)と表記されているが、MPではエパメイノンダスとなっており、明らかな誤記であろう。彼はテバイの将軍で、前三七九―三七八年にスパルタからのテバイの解放に貢献した。ネポス「エパミノンダス」、山下太郎・上村健二訳『英雄伝』国文社、一九九五年、九四頁以下。

(36) 本書九九頁訳注(30)を参照せよ。

(37) マニウス・クリウス・デンタトゥス(Manius Curius Dentatus, 前二七〇没)。原文はマルクス(Marcus)と表記されているが、明らかな誤記であろう。彼は共和制ローマの執政官で第三次サムニウム戦争を勝利に導いた。

(38) ハミルカル・バルカ(Hamilcar Barca, 前二二九/八没)。第一次ポエニ戦争で活躍したカルタゴの将軍でハンニバルの父。ネポス「ハミルカル」、『英雄伝』、一四二頁以下。

(39) クィントゥス・ファビウス・マクシムス・ウェルコスス(Quintus Fabius Maximus Verrucosus, 前二七五頃―二〇三)。共和制ローマの将軍。第二次ポエニ戦争で持久戦略を用いて、カルタゴの将軍ハンニバルを苦戦に追いやった。プルタルコス「ファビウス・マクシムス」五以下、柳沼重剛訳『英雄伝2』京都大学学術出版会、二〇〇七年、七二頁以下。

(40) 本書三九頁訳注(10)を参照せよ。

(41) サルスティウス『カティリーナの陰謀』(栗田伸子訳『ユグルタ戦争/カティリーナの陰謀』岩波文庫、二〇一九年、所収)第七章、一九三頁。なお、鍵括弧内の訳文はニーダム自身のテキスト(英文)からの訳出であり、右の訳書に必ずしも依拠してはいない。

(42) F・グイッチァルディーニ(末吉孝州訳)『イタリ

せたかは、考えてみれば驚くべきことである。ローマ人たちは王たちや王制的統治の排除の後、想像を絶する高みにまで到達した。これらのことは特別な理由なくして起こらない。「自由な国家」では、すべての法令において特殊利益よりも公共性に配慮がなされるのが普通である。しかるに、王制ではそうはいかない。この形態では、君主の好みが共通善のあらゆる考慮を押し潰してしまうからである。ある国民が自由を失ってひとりの暴君の軛の下に屈従するや否や、以前の輝きを失って身体に悪い体液が満ち、称号は増大するかもしれぬが権力の点でも富の点でも以前のような調子で繁栄できないのは、ここに起因している。すべての新たな獲得物が君主の私物として専有され、公共体の安寧や利益に資することが決してないからである。【六八号、一六五一年九月十八—二十五日】

王たちを意のままに即位・退位させたことで黒幕と呼ばれることは（実際、彼はそうであったが）、ウォリック大伯爵リチャード・ネヴィル(43)の誇りであり、彼はそれを地上の最大の栄光とみなした。我々の年代記を読む限り、彼は最初にランカスター家を倒して国王ヘンリ六世(44)を玉座から監獄へと送り、国王エドワード四世(45)においてヨーク家の王位継承権を樹立した。そして後になって、彼はこのエドワードを廃位してイングランドから追放し、以前に挫いたヘンリを復辟させている。しかし、大きな疑問は、なぜどういう理由でこんなことをしたのかということである。彼とランカスター家とのあいだには和解の望みなどなかった、と考えられていたことであろう。ヘンリの身を引きずり降ろして投獄したことで、ランカスター家をひどく怒らせていたからである。しかしそれでも、このウォリックという男については、次のことが十分に見て取れる。すなわち、彼は自分の行った変革に突如として不満を持ったのである。その理由は自身がもたらそうと目論んだ目的の達成にしくじり、(自分より劣っていると思った)ほかの人々がエドワードの勢力や恩顧に与っていることに気づいたからである。それゆえに、彼は負けず嫌いの精神の焦燥から、自分がそれまでになしたすべてのことを直ちに取り消す方向転換を行った。つまり、彼は以前の統治体制を勧奨するために、新しい統治体制を抑圧したのである。

この一編の所記から、我々は以下のことを十二分に結論づけることができよう。すなわち、新たな改変に際して何者かを統治に、すなわち信託を受ける立場に過度に与らせることは極めて危険である。というのも、そういう者たちは(あのウォリックのように)不満や自己利益の機会があるときには、いつでも統治体制を裏切ったり改変したりする用意を常にしているからである。とくに彼らにウォリックのような十分な備えがあ

ア史V』太陽出版、二〇〇三年、第一〇巻第六章、六七頁。なお、鍵括弧内の訳文はニーダム自身のテキスト(英文)からの訳出であり、右の訳書に必ずしも依拠してはいない。

(43) リチャード・ネヴィル(Richard Neville, 一四二八―一四七一)。第十六代ウォリック伯爵、第六代ソールズベリ伯爵。彼は薔薇戦争において活躍した有力貴族のひとりである。

(44) ヘンリ六世(Henry VI, 一四二一―一四七一)。ランカスター朝のイングランド王、アイルランド領主、アキテーヌ公。イングランド王およびアイルランド領主の在位 一四二二―一四六一年、一四七〇―一四七一年。

(45) エドワード四世(Edward IV, 一四四二―一四八三)。ヨーク朝のイングランド王、アイルランド領主。在位 一四六一―一四七〇年、一四七一―一四八三年。

れば尚更である。すなわち、(ウォリックのしたように)以前に怒らせた君主を思いどおりに、そして轡を嵌められるような条件で招き入れ、王は称号の点でのみ君臨し、彼ら自身が事実上の君主になるような形で権力を掌握でき、また(ウォリックのしたように)その暴君と彼ら自身の暴虐な野心を満足させるために古い友人たちを窮地に陥れたり、意のままに捨てたりできるのであれば、ということである。

それゆえに、ウォリックの亡霊が何らかの新しい悲劇のなかで役割を演じるために再び呼び出されないように注意し用心すること。このことは、そうした状況にある共和国にとって、何と重要なことであることか。(46)

【三七号、一六五一年二月十三—二十日】

(46) ウォリック伯爵は十七世紀の「君主の鑑」の重要な題材であった。Lily B. Campbell, ed., *The Mirror for Magistrates*, Cambridge U.P., 1938, pp. 203-10.

共和国の正しい国制

ローマ人たちは王たちの暴政から自らを正々堂々と解き放ち、やがて自由という関心事が最高会議の正当で秩序ある継承に存することを理解するようになった。それから彼らは良き手段と方法の限りを尽くして共和国を強化し、その関心事を惜しみなく享受できるように共和国を確立することに気を配った。それが王たちの復帰を妨げる唯一の防柵であり、王制的な気質と簒奪の巧妙な侵入に対する自らの主要な防備であると解したからである。ロストラ、すなわち公の演壇からは自由の称賛が響き渡った。彼らのアウグルすなわち予言者たちは獣の臓物に書き込まれた自由を見つけ、吉兆の鳥すなわちカピトリヌスの丘の上空で翼を広げる、太陽も恐れぬ鷲の飛翔から自由を手にした。平民もまた、彼らの通常の談義のなかで自由以外のことを口にしなかった。自由への頻繁な言及は、暴政の再来を防ぐ魔除けとして用いられたのである。

自由は正当な範囲と秩序のうちに収められている限り、ほかのすべての統治形態よりも遥かに安楽で卓越していることを考えれば、この勇敢で活動的な人民がひとたび自由を獲得したとき、その保全に極めて熱心に取り組んだことは理由のないことではなかった。「人民（つまり、人民を代表するために継続的に選出される者たち）は自らの自由の最善の番人である」は、否定できない準則である。[1] それは以下の諸理由による。

（1）ニーダムの欄外注には次のようにある。「人民は自らの自由の最善の番人」。

第一に、人民は他人の権利を簒奪することを決して考えず、自分の権利を保全する方法に注意を払うからである。[2] 他方、王や貴顕の場合は、世のすべての国民が相応に感じてきたとおり、事情が全く異なる。というのも、彼らは当然のことながら本来の活動拠点にいる際には支配集団のなかで活動しており、人民に対してそれを誇示することが英知や統治術であるばかりか安全保障であるともみなしているからである。こうしてスエトニウスが言うように、カエサルとクラッススともうひとりは「彼らのなかで取引し、共和国において三人の誰かが不利益を被るようなことはなされないようにした」（*Societatem iniere, nequid ageretur in Repub. quod displicuisset ulli e tribus.*）。[3] こうした貴顕たちの三頭政治のもうひとつが、アウグストゥス、レピドゥス、アントニウスのそれであった。彼らは自分たちのあいだで世界を分け合うことに合意し、それぞれの地方の自由を破滅させながら、先駆者たちと同じ道を進んで世の暴政の頂点に行き着いた。彼らは誰を救うも滅ぼすも、誰を押し潰すも持ち上げるも、全くお気に召すままであった。しかし、統治権が人民のなかに手付かずで残されていたあいだは、（野心家を除いて）個々の人間は誰もが安全に暮らしていた。その身が破滅させられることなど、それについての正しく満足のいく理由が世に示されない限りはありえなかったのである。

第二に、人民が自らの自由の最善の番人であるのは、人民が常に次のことに気を配っているからである。すなわち、権威はそれを請け負う者には便益というより重荷となり、貰ってもほとんど得にならないほどの些少な利得や満足しか得られないように構成されることである。[4] その喜ばしい帰結は、正直で寛大で公共性を重んじる人物以外は権威の座に、それも公共善のみを目的とする権威の座に就きたがらなくなることである。ローマの自由の黎明期に遊説演説がなかったのはこのためである。職務に就いた後に来る多大な労苦を考慮して、純真で素朴な心の持ち主たちが統治の舵取りへと招聘され、懇願され、ある意味では執拗に強要されたのである。こうしてキンキナトゥス[5]は畑にいるところを戦場から呼びに来られて、(彼の意志に全く反して)独裁官という崇高な高位に就かされた。同様に、気高いカミルス、ファビウス、クリウスは園芸の娯楽から骨の折れる統治の営みに大変な騒ぎで引っ張り出された。そして、執政官の任期が終了するや、彼らは再び大喜びで私的な活動に戻ったのである。【七七号、一六五一年十一月二十—二十七日】

---

(2) ニーダムの欄外注には次のようにある。「第一の理由。人民は他人の権利を簒奪することを決して考えないため」。

(3) スエトニウス「カエサル」、国原吉之助訳『ローマ皇帝伝(上)』第一巻第一九節、岩波文庫、二七頁。なお、ここでの「もうひとり」はポンペイウスである。鍵括弧内の訳文はニーダム自身による英訳に基づく。

(4) ニーダムの欄外注には次のようにある。「人民が配慮しているのは、公的な権威を公的な目的のために構成することである」。

(5) ルキウス・クインクティウス・キンキナトゥス(Lucius Quinctius Cincinnatu, 生没年不詳)。共和制ローマの執政官。前四五八年、サビニ人の侵攻を受けて、元老院はキンキナトゥスを独裁官に任命することを決定した。元老院の使者たちが「ティベリス河の向こう側にある四ユゲラほどの土地」で農作業をしていたキンキナトゥスにその旨を告げると、彼はこの命に従ってローマ市に向かった。リウィウスの記述を見る限り、彼が独裁官就任をとくに厭っていた様子は伺われない。しかし、彼は独裁官として戦況を逆転させてローマに勝利をもたらすと、就任後わずか十六日で独裁官の職を辞したのであった。リウィウス『ローマ建国以来の歴史2』第三巻第二六—二九章、五六—六三頁。

継続的に選挙が行われる人民の最高会議に存する人民が自らの自由の最善の番人である第三の理由は、自然的身体における運動同様、政治的［身体］における継承が腐敗の主要な予防薬であることにある。(6) これが真実であることは、ローマ人の国家において常設されていたすべての権威の影響を最初から最後まで比較検討してみれば、極めて明瞭になるであろう。というのも、人民はひとつの同じ主体のなかに置かれた持続的な権力に統治されていたあいだ、常に自由を喪失する危険にあったからである。ときに王位を熱望する者たちに席捲される危険に置かれたこともあった。マエリウスやマンリウスなどの計画がその証拠である。ときに貴顕たちの密室会議、つまり徒党による奇襲の危険に遭うこともあった。彼らは人民との共通の利益とは異なる特殊利益を請け負うことにより、やがては次のような措置を講じた。すなわち、一部は自分たち自身の勢力で、一部は権力を利用することで、喜ばせたい者を喜ばせ抑圧したい者を抑圧して、ほかの会合や党派を自派に抱き込んだ。こうして彼らは小さな勢力を服従させ続け、最後にはすべての者を自分たちのなすがままに屈服させて潰したのである。これらの実践によって、彼らはあの成り上がりの十人委員会の暴政を生み出した。十人の男が人民だけでなく元老院をも奴隷化する算段を立てたときのことである。結局、彼らは特定の者たちの手のなかに権力を長く置き過ぎたために、命令権保持者たちによる二度の三頭政治に順々に飲み込まれていった。(7) その命令権保持者たちもお互いの突っ突き合いを止めなかった。そしてついに、ユリウスとアウグストゥスが全競争相手を舞台から叩き出し、単独の命令権保持者の意志にすべてを服従させたのであった。これがローマ人たちに起きたことであるとすれば、人民の手中にある最高権威の継承が宣言され、その継承によって現存の権力に一定の制限と範囲が備えられている国民は何と幸せなことであろうか。

彼らの受託者たちの英知と正義をどれほど喜ぶべきであろうか。【七八号、一六五一年十一月二十七日―十二月四日】

第四の理由は、最高権力の継承が腐敗を防ぐだけでなく、共和国のあの大シャクトリムシ、すなわち派閥を殺してくれることにある。(8) 派閥は国家の公然たる真の利益とは異なる利益に固執し、これを推進する。よって、派閥を動かす者たちには、自らの計画を覆い隠したり、手先や味方になってくれる人々を引き入れたり、反対者たちを探り出したりするにあたって、策略や企てを練り上げる時間がなければならないのは必定である。このすべてを達成するには、ある程度の長さの時間を要する。それゆえに、唯一の防止策は人民の手中にある権威の正当な継承と交代なのである。

これが何よりも真実であることは、理性だけでなく実例によっても明らかである。ローマ人の統治体制内のいくつかの派閥の動向に目を向けてみればよい。彼らの王たちをして、人民を侵害し暴政を敷くほどまでに大胆にせしめたものは何だったのか。イングランドのこれまでの王たちの地位を高めたのと全く同じ経過、すなわち王個人や王家に持続的な権力を置いたこと以外にあったであろうか。それから、ローマが共和国に

(6) ニーダムの欄外注には次のようにある。「権力における継承は腐敗の主要な予防薬である」。

(7) 原語は'Emperors'である。

(8) ニーダムの欄外注には次のようにある。「最高権力の継承は共和国のあのシャクトリムシ、すなわち派閥を殺してくれる」。

なった後、元老院が彼らのあいだでそのような発熱と発作に見舞われたのは同じ理由からではなかったのか。アッピウス・クラウディウスとその一党は、同じ手段によって元老院に対して専横に振る舞ったのではなかったのか。スラとマリウスがローマでかくも多くの法外措置、残虐行為、大騒動を起こしたのは、彼ら自身が持った異常なほどの持続的権力による以外の何であったろうか。同様に、ユリウス・カエサルが命令権[9]を熱望し、最終的にそれを手に入れたのは、如何にして起こったか。ローマの人民が自らの自由を丸々と失ったのは、同じ手段によったのではなかったか。というのも、もし元老院と人民がポンペイウスとカエサルの権力をこれほど長く延長していなければ、もしポンペイウスのアジアにおける指揮権とカエサルのガリアにおける指揮権がもっと小さければ、ローマは遥かに長く自由を所持し続けていたであろう。

カエサルの死後、ローマ人たちはそのときほぼ間違いなく自由を回復したであろうが、再び以前と同じ過ちに陥ってしまった。というのも、オクタウィアヌス、レピドゥス、アントニウスの手に置かれた権力の持続によって、共和国は三つの別々の派閥に引き裂かれ分割されるようになったからである。このうちのふたりは相互に疲弊させ合い、オクタウィアヌスのみが残った。彼は終身独裁官の称号が父ユリウスの破滅の基になったことを考慮して統治権の持続は一定期間のみにし、それを十年間だけ自分のもとに据え置く手配をした。しかし、この権力の持続はどんな効果を持ったのか。まさにこうである。以前の［権力の］延長は派閥の原因となったが、今回は暴政を生み出した。というのも、オクタウィアヌスは十年が終わるたびごとに、統治権の借用契約を更新する口実に事欠かなかったからである。彼はこの手段によって巧みに立ち回り、ついにはローマの自由の残滓をいとも容易く徹底的に消滅させたのである。

以上のことから得られた知見は以下のとおりである。人民が自由を享受して自らを保全し、派閥と暴政の致命的な不都合を避ける唯一の方法は、権力と人の正当で秩序ある継承を維持することである。これは昔も今も良き共和国の言辞である。この準則なくして、いかなる国民も自由の国家で生き長らえることはできない。よって、「自由な国家」の統治者たちの知恵と敬虔と正義と自制は、あらゆる名誉と称賛に値する。彼らは信託を受けている。また、その信託を放棄する際には、常にそれを引き受けたときと同じように厭うことなくこれを放棄するのである。彼らは自身の権威にあらかじめ制限と範囲を設けるほどまでに自制的である。ローマ共和国の黎明期に、ブルトゥスをかくも有名にしたのはまさにこれであった。歴史が［大］スキピオ[10]やカミルスやウィルギヌス《［ママ］》[11]の記憶を、同様に［小］カトー[12]がポンペイウスの記憶を、かくも尊敬の対象にし

（9） 原語は'Empire'である。

（10） プブリウス・コルネリウス・スキピオ・アフリカヌス（Publius Cornelius Scipio Africanus, 前二三六—一八三頃）は共和制ローマの将軍、執政官。通称、大スキピオ。第二次ポエニ戦争におけるヒスパニア遠征においてカルタゴ人を駆逐して、当地におけるローマの支配権を確立した。彼はカルタゴの支配から解放された現地の部族から尊敬され、王の称号を提供されるが、これをきっぱりと辞退したと言われている。これは彼の高潔さを示すエピソードのひとつである。ポリュビオス（城江良和訳）『歴史3』京都大学学術出版会、二〇一一年、第十巻四〇節、一三三—四頁。H. H. Scullard, *Scipio Africanus: Soldier and Politician*, Thames & Hudson, 1970, pp. 175-6.

（11） ルキウス・ウェルギニウス・ルフス（Lucius Verginius Rufus, 一四／五—九七）。原文はウィルギヌス（Virginus）と表記されているが、明らかな誤記であろう。前四四九年、任期が切れても権力の座に居座っ

てきたのもこのためであった。他方で、スラやカエサルとともに十人の貴顕の簒奪者たちは、そして逆のことを実践してローマの記録上リチャード三世[13]並みにおぞましいとされている者たちの名前は、我々の現在の年代記のなかに記されて、全子孫に伝わるであろう。【七九号、一六五一年十二月四―十一日】

自由の生命が権力と人の継承のうちにあるとわかる第五の理由は、それが自己利益のあらゆる強力な誘惑と魅惑を伴った利己主義に対する唯一の療法だということにある[14]。というのも、特定の目的を達成するのには長い時間を要するが、それは派閥の形成と推進がそうであるのと同様だからである。どちらを企てるにしても長く熟成させなければならず、さもないと事を完遂するための絶好の機会は得られない。これが真実であることは、同じくローマ人の国家についての所記から明らかである。あらゆる権威が常設の元老院の壁のなかに閉じ込められているあいだ、元老院は共通善よりも自分たちのことに熱心であったため、共和国は短期間のうちにことごとく私的なものに変えられた。その結果、人民は名誉と権威に少しも与れなくなったばかりか、全くの物乞い状態に陥りかけてしまった。かくも多くの諍いや騒動が次々に起きたのはこのためである。というのも、重鎮たちが在任期間を利用してすべてを我が物にしたのに対し、人民は借金生活を強いられたからである。彼らはこれ以上の借り入れがかなわなくなったときに全面的な反抗に出て、ローマ市を見捨てた。すべての勘定書が破棄されるまで、彼らが宥められることはなかった。そしてそのとき、大変な騒ぎを伴いながらも、メネニウス・アグリッパの雄弁が、すなわち自然的身体において生じた腹部に対する諸器官の反抗という卓越した寓話が効果を発揮したのであった[15]。

こうして最初の蜂起は、重鎮たちの高利貸しや借金の取り立てが誘因となった。彼らは自らの権力が長く

た十人委員会の領袖アッピウス・クラウディウスは、婚約者（元護民官ルキウス・イキリウス）のいたウェルギニウスの娘ウェルギニアを権力に物を言わせて強引に奪おうとした。これに抗し切れぬと判断したウェルギニウスは、娘の貞節を守るために自らの手で娘を殺害してしまう。この出来事はアッピウスに対する平民や兵士の反感を増大させ、十人委員会追放の機運を高めた。兵士たちはウェルギニウスに「軍団指揮官」という肩書を与えようとしたが、彼は発端となった事件の当事者を指導者にすることは有益でないという理由で辞退した。この紛争はその後、元老院の調停により十人委員会の解散という形で終息するが、その際にはウェルギニウスは護民官に選出されている。リウィウス『ローマ建国以来の歴史2』第三巻第四四―五四章、九〇―一一二頁。

(12) マルクス・ポルキウス・カトー・ウティケンシス（Marcus Porcius Cato Uticensis, 前九五―四六）は共和制ローマの護民官であり、曾祖父の大カトーに対して小カトーと呼ばれる。彼は共和制堅持の立場からカエサルのみならずポンペイウスに対しても批判的であったが、内戦が起こるとポンペイウスとともに元老院派に与した。小カトーはポンペイウス陣営に略奪をしないこと、戦場以外でローマ市民を殺さぬことなどの助言を与え、ポンペイウスの声望を高めたとされる。プルタルコス「小カトー」五二―五三、城江良和訳『英雄伝5』京都大学学術出版会、二〇一九年、三九九―四〇二頁。

(13) リチャード三世（Richard III, 一四五二―一四八五）。ヨーク朝のイングランド王、アイルランド領主（在位 一四八三―一四八五）。

(14) ニーダムの欄外注には次のようにある。「権力と人の継承は利己主義に対しての唯一の療法である」。

(15) リウィウス『ローマ建国以来の歴史1』第二巻第三二章、一八六―七頁。なお、本書一七頁訳注(10)を参照せよ。

持続することですべてを我が物にしたのである。それに対し、第二の蜂起はあの十名の人物の尊大な態度が誘因であった。彼らは法に従って正義を行うために選出されたのに、自分たちの金庫を満たし、官職を独占し、親族や同盟者を選り好むことを通じて、在任期間をただ自分たちの権力を固めて、自分たちを大物にするためだけに利用した。そしてついに、彼らは絶対的な暴君さながらに、利点も欠点も、悪徳も美徳も考慮することなく、自らの好き放題に人々を昇進させたり抑圧したりして暴威を振るうほどまでに私利を増大させた。その結果、彼らはすべてを掌中に収め、人民だけでなく元老院の同僚たちをも意のままに牛耳ったのである。

後の時代の事例をもっと挙げてもよいが、次の知見を根拠づけるにはこれで十分である。すなわち、ローマの自由の最初の創設者たちは王たちを追放した点では巧くやったが、他方で、自分たちのなかに常設の権威を確立したことでは大変拙いことをした。というのも、これにより、彼らは名誉と利得（それらは人間のどんな積荷にも大き過ぎる帆である）への誘惑を受け易くなり、すぐに自我に飲み込まれたからである。そして彼らは持続的な権力を持つ機会に恵まれて出世しながら、公的なものを自分たちの私的なものの増進のためにのみ利用し、これによって共和国をしばしば不満と暴動の火中に誘った。もし彼らが最初に自制し、最高権威の秩序ある継承を人民の手に委ねることで国家を（あるべきごとくに）自由な形に確立することが実際にできていたなら、このようなことはすべて避けられたであろう。【七九（八〇）号、一六五一年十二月十一—十八日】

「自由な国家」が貴顕たちや王たちによる統治体制よりも遥かに卓越しており、しかも人民が自らの自由の最善の番人である第六の理由は、以下のとおりである。すべての統治の目的は人民の善と安心である（し、そうあるべきである）。それらは、人民が圧力や抑圧を受けずに自らの権利を安全に享受できるときに得られる。だから、自らの負担を最もよく知っている人民がひとたび行動する権能と自由を持てば、彼らこそが自らの救済のための療法を提供する可能性が最も高いことに疑いはない。彼らだけが靴擦れをおこして痛い個所を知っている。[16] 一番大きな不満の種は何か、自分たちの上にいる権力者たちの有害な攻撃から保護してくれるどんな柵が将来必要になるのかを知っている。それゆえに、人民は自らが選んだ人物以外には、そして短期間のうちに再び自らと同じ条件に戻り、制定された法によって残りの人たちに及ぶのと同じ利益と負担を受けねばならぬ者以外には、最高権威への興味を持たせないように注意すべきなのである。これは無二の道理である。だとすれば、そのような国制の核心は、次のことにならざるをえない。すなわち、万人に共通であり、かつ常に全体の同意によること以外は何人にも負担をかけてはならないのである。負担は何者かの欲望に奉仕するためでなく、ただ自らの国に必要なものを供給するためにのみあるからである。

しかし、最高権力が或る人、或る人々の手に長く持続することが起こると、彼らは立場の強さから人民の中間層よりも上位に置かれ、あらゆる風や悪天候から、そして世の下層民を凍えさせ恐れさせる暴力の嵐から安全になる。他方で、権威を継続的に交代させることによって彼らがこの世の神々の地位から降ろされ、

---

(16) ニーダムの欄外注には次のようにある。「すべての統治の目的は人民の善と安心であり、人民は靴のきつい箇所を最もよく知っている」。

その他の人間たちと同じ状態に戻るようになれば、彼らは自らに課されるものに必ずやもっと気づき易く敏感になるに違いない。公務に携わる者に課される最も強力な義務は、不快なことであれ有益なことであれ、自分に間違いなく影響すること以外に自分は従事していないのだと、わきまえることである。というのも、さほど善良な愛国者でもない者が権力を延長されたりすれば、自我が自分に忍び寄り、己の私的利益のための浪費に走ることが避け難いことに気づくであろう。他方、その者がほかの同胞たちと共通の状態にすぐに戻るのなら、正しく平等なこと以外は何事もなさぬことを、彼は私利によって余儀なくされるのである。なされることが善であれ悪であれ、自分自身が最も卑しい人たちと同じように、それを被ることになるからである。

これが必ずや「自由な国家」において最も高貴で、最も正しく、最も卓越した統治方法となることに論争の余地はない。これなくしていかなる国民も自由の状態に長く留まり続けることができないのは、常識からして明らかである。これはまた、ローマについての所記に見られる実例からも明白である。すなわち、王たちに統制され、ほかの人民たちと同様、その負担に憤慨していた頃のローマの元老院議員たちほど気高い愛国者は、かつてこの世に存在したであろうか。ところが、彼らが後に王の軛から解放され、すべての権力を自らと自らの子孫の手中に確保すると、結局は以前に王たちが犯したのと同じ不条理に陥った。その結果、この新しい軛は以前のもの以上に耐え難いものになった。人民は護民官という必要な官職を手に入れるまでは、いかなる療法もみつけることができなかった。護民官は人民に選出されて一時的な権威を付与されるために、人民の状況がわかっていた。それは重鎮たちの権力と人民の権利とのあいだの仲介者として存在したのである。

マンリウスが時の経過と権力によって腐敗するまで、彼以上に卓越した愛国者が存在しえたであろうか。当初のアッピウス・クラウディウス以上に気高く、礼儀正しく、共通善に好意を持った者がいたであろうか。だが、後に持続的な統治権を掌中に収めると、彼はすぐに初期の純潔さと誠実さを失い、絶対的な暴君のあらゆる実践に専心した。その他多くの例を列挙してもよかろう。それゆえに、元老院が（いくつかの理由で）ルキウス・クィンクティウス［・キンキナトゥス］を通常の任期を超えて執政官職に留まらせようと考えたとき、その誠実な人はそれをきっぱりと拒否した。彼は、ローマの自由にかくも有害な先例が自分のために、自分の手にした権威ある大権によって通常の慣例を逸脱して作られるよりも、自制することを選択したのであった。[17]【八一号、一六五一年十二月十八―二十五日】

自らの最高会議の正当で秩序ある継承を行う資格を持った人民が自らの自由の最善の番人である第七の理由は、以下に述べるとおりである。ほかの［統治］形態においては、君主の欲望や意志に奉仕しそうな人々か、さもなければ強力な派閥の一味や取り巻きとなっている人々だけが統治に携わることができる。しかるに、人民によるこの統治形態では、高位への扉は真価と徳の階段を上がって行くすべての者に（例外なく）開かれている。こうした点の配慮が「自由な国家」に次のような気高い効果をもたらしている。すなわち、そ

(17) リウィウス『ローマ建国以来の歴史2』第三巻第二一章、四六―八頁。

れは人間の精神を活発な競争で研ぎ澄まし、計画と活動の高い段階へと引き上げるのである[18]。

これが真実であることは、ローマ人の国家を見ればよくわかる。王たちの下に人民が隷属していたあいだ、我々は何ら目立った快挙についての記述を読むことはなく、人民が狭い範囲に閉じ込められて自国で抑圧を受け、ときに敵に席捲されそうになっていたことを見出す。この王たちの統治体制が廃止された後、ご存じのとおり、常設の元老院における貴顕たちの統治体制が次に建てられた。その形態の下で、彼らは少々領域を広げる算段を講じたが、そのときにできたのは、せいぜい追放されたタルクィニウスやローマ人の領土の僅かな増加を羨む近隣の小国の襲撃から、身を守ることくらいであった。しかし、ついに国家が実際に自由になり、重鎮たちと同様に人民にも統治における役割と関心事に与ることが認められた。彼らの思想と権力がイタリアの範囲を超え出て並外れた命令権[19]を志向し始めたのは、ほかでもない、まさにこのときからであった。というのも、「これまで」栄達の道筋が誰にとっても明瞭であった一方で、公共事業も征服も行われることはなかった。しかし、「今や」勇敢で有徳である誰もが、自分たちの行った事業や征服は自分たちのためなのだと考えた。人々を前進させることができたのは同盟でも友好でも派閥でも富でもなかった。知識と勇気と清貧がこれらすべてのものに優先されたのである。

このことの確証として我々が同じ「ローマについての」所記のなかに見出すのは、彼らの勇敢な愛国者と征服者の極めて多くが最も卑しい階層の者であったということである。彼らは公共の仕事によって自分たちの境遇を改善しようとか豊かになろうとかということをほとんど意に介さない、稀に見る精神の気質の持ち主であった。よって、彼らが亡くなったとき、彼らは公費によって埋葬されなければならなかった。卑しい階層の人キンキナトゥスは、畑にいるときに独裁官の高位に就くよう呼びに来られたということである。彼は四エーカーの土地しか持っておらず、それを自分の手で耕していた。だが、そこに次のようなことが起こった。全軍を率いたローマの執政官がアエクイ族に包囲されて大変な危機に陥り、またローマ市自体が戦慄の状態にあったそのときに、彼らはひとつの合意によって、自分たちの解放を導く適任者としてキンキナトゥスに白羽の矢を立てたのである。彼は並々ならぬ度量と誠意と英知をもって見事に振舞った。こうして彼は執政官を救い、敵を敗走させて完全に鎮圧し、いわば祖国の自由に新しい生命を授けた。その仕事を終えた後、彼は自らすすんで権威の座を辞し、辛い私生活の状態に戻ったのであった。[20]

この実例は奇妙に思えるかもしれないが、その国家が再び腐敗するまでは普通のことであったことを我々は知っている。（暴君一家の出ではない）ルキウス・タルクィニウス［・コラティヌス］は卑しい階層ながら非常に立派な人物であったため、騎兵隊長に選ばれて田舎から迎えられたという経緯も読んで知っている。[21] 田舎において彼は、勇敢な行いの点ですべてのローマの青年たちに優っていたのである。そのような素朴な田

(18) ニーダムの欄外注には次のようにある。「この統治体制では、高位への扉は真価と徳の階段を上がっていくすべての者に開かれている」。
(19) 原語は "Empire" である。
(20) なお、本書一三四頁を参照せよ。
(21) ここの記述は、おそらく共和制樹立の立役者ルキウス・タルクィニウス・コラティヌスその人ではなく、彼の父親であるアルンス・タルクィニウス（Arruns Tarquinius, 生没年不詳）、別名エゲリウスのエピソードをニーダムが脚色したものと思われる。リウィウス『ローマ建国以来の歴史1』第一巻第三四、三八章、八〇、八七頁。

舎者のひとりが、当時のカルタゴの惨禍アティリウス・レグルスであり、彼については多くの有名な武勇伝の記録がある。[22]ルキウス・パウルス・アエミリウスの時代まで続く、その後のほとんどの英雄的精神の持ち主たちの記録も残されている。そのアエミリウスの諸々の征服事業により、初めて贅沢の魅力と魔力がアジアからローマにもたらされ、ローマの当初の清廉と質素の名残をすぐに飲み尽くしてしまった。けれども、またはっきりと見て取れるのは、この有名な将軍パウルスの時代においてはまだ古来の簡素さの多くが尚も残っていたことである。すなわち、その戦役で勇敢に戦った義理の息子に与えられた銀の皿は戦利品の一部であり褒賞と考えられたが、その歴史家の観察では、それがその家で見られた最初の皿であったのである。[23]

この議論から得られる知見は以下のとおりである。ローマは人民の自由のなかに確立されるまでは決して繁栄しなかった。よって、名誉と信頼のある地位のすべてが功績ある人たちに分け隔てなく開かれたとき、自由は保全され、利益は最も増進したのである。そうした幸福は、人民が彼らの最高の官職と会議に継続的に人を選出する自由を用いて、自らが相応しいと考える者を登用する立場に任じられるまでは、決して得られなかった。この習慣が続き、功績が幅を利かせていたあいだは、人民は自らの自由を何とか保ち、これを増進させた。しかし、それが無視され、栄達の流れが特定の有力者たちの恩顧や好みで動き始めたとき、悪徳と従順が出世の道を作り、人民はもはや自由を保つことはできなかった。人民の自由と人民自身はあらゆる人の野心と贅沢の代償にされたのである。【八二号、一六五一年十二月二十五日—一六五二年一月一日】

会議に存する人民が自らの自由の最善の番人である第八の理由は、自由の要諦に関係しているのは人民のみだということにある。ほかの［統治］形態における王と貴顕の主要な利益と関心事は、自由とは何かについて人民を全くの無知状態に置くか、さもなければ自由の実質の代わりにその名称と影のみを人民に許し、それで満足させることにあるからである。しかるに、「自由な国家」の人民は前時代に重鎮たちの権力の下にあったときの自らの過去の状態を知っており、それを現在の可能性や満悦と比較するので、すぐに自らの主要な利益と関心事が自由にあることを悟るようになる。また常識から、自由を重鎮たちの手から守る唯一の方法が、あらゆる大権と至高の諸権利とで飾り立てられた人民の手のなかにそれを置くことであることを知っている。それが真実であることは、自由という利益が誰もが手籠めにしようとする乙女だということにある。自由は乙女のように、ほかのいかなる［統治］形態からも守らねばならないのだ。さもないと、（支配権を求める人間の欲望は非常に大きいので）機会があり次第、強姦が起こる。このことを考えれば、自由はほかの何者かの手に置くよりも、人民の手に置くほうが絶対に安全であることは容易に認められるであろう。人民

(22) 本書一八七頁を参照せよ。
(23) ルキウス・アエミリウス・パウルス・マケドニクス（Lucius Aemilius Paullus Macedonicus, 前二二九頃—一六〇）は共和制ローマの執政官。第三次マケドニア戦争の折に執政官に選出されてローマに勝利をもたらし、マケドニア王ペルセウスを捕らえた。その後、彼はギリシアの視察に向かうが、当地では非常に寛大できめ細かな配慮を示したとして、ギリシア人に称賛されている。彼がその際に褒賞として受け取ったのは、自分のための書籍と娘婿アエリウス・トゥベロのための五リブラの銀盃だけであった。アエミリウス家が銀を手にしたのはこれが初めてであったという。プルタルコス「アエミリウス・パウルス」一〇—二八、『英雄伝2』、二九五—三二二頁。

は自由に最も関心を持っているからである。この関心事を注意深く見守るからこそ、人民は警戒心が強く、また熱心になる。よって、強力なあるいは悪賢い破壊者たちの試みや侵害行為に対して不断の防護を保たない限り、要求が満たされることはないであろう。

これゆえに、人民はいったん自由の旨味を知るとそれに極端な愛着を懐くため、それを侵害する僅かばかりの計画を発見したり、あるいはその疑いを持ったりしただけでも、それをどうあっても許しがたい犯罪とみなす。こうして、ローマ人の国家では、公共の自由に反する試みに復讐するために、自分の子供や兄弟を見捨てて死に追いやる者が現れた。自由を保全するために様々な人が自らの生命を犠牲にすることもあった。自由を擁護するために、嫌疑がかかっただけで最良の友を犠牲にすることもあった。マエリウスやマンリウスの場合である。またカエサルの場合のように、侵害が明白になってからの場合もあった。

それはローマだけではなかった。我々は同じときにギリシアの自由民においても同様の注目すべき復讐の諸例を見出す。しかし、すべてのなかで最も著名なのは、ペロポネソス戦争中にケルキラ島で起きたことである。そこでの人民は貴顕たちの策略と権力によって自由を動揺させられていたが、後にアテナイの「自由な国家」[24]の支援で再び自由を回復した。その際に、彼らは機を捉えてすべての貴顕たちを投獄し、侵害行為に対する賠償の一環として十人の首を一度に刎ねた。しかし、これで十分ではなかったようだ。というのも、残りの者たちの処刑がいくぶん遅れたために人民は激高し、走って行って留置所の壁を引き倒して、廃墟と瓦礫のなかに彼らを埋めてしまったからである[25]。

フィレンツェの「自由な国家」においてもそれは見られた。そこではトスカーナ僭主制の最初の創設者コジモ(26)が彼らの自由を破滅させ、すべてを手に入れた。だが、彼は人々の肉体を奴隷化したものの、心を制圧することも、過去の自由を記憶から消し去ることもできなかった。というのも、彼らは最初の好機に復讐と回復を試みて、コジモを命からがら遁走させたからである。後に彼は内通によって帰還と復権のための道を作ったが、かくも長い時を経た現在でも、いにしえの自由は記憶において生々しく、都合のよい折に再び姿を見せることであろう。

しかし、現代のすべての事例のなかで最も奇妙なのはホルシュタイン国である。それは自由を奪われて、デンマークの王冠に服す公国にして服属国となってから約七十年経つ(27)。住民はただの田舎者で、貧しく愚か

(24) 原文は'Free-states'と複数形になっているが、MPの当該箇所は単数形である。

(25) ここの記述は二つのエピソードが無造作に混在されている。トゥーキュディデース(久保正彰訳)『戦史(中)』岩波文庫、一九九七年(初版 一九六六年)、巻三〔六九〕—〔八五〕、九〇—一〇五頁、巻四〔四八〕、一七九—八〇頁。

(26) コジモ一世・デ・メディチ(Cosimo I de' Medici, 一五一九—一五七四)。フィレンツェ公としての在位は一五三七—一五六九年、初代トスカーナ大公としての在位は一五六九—一五七四年である。ここでニーダムが言及しているコジモへのフィレンツェ人の抵抗はごく初期のものに過ぎず、一五三七年七月には鎮圧されている。森田義之『メディチ家』講談社現代新書、一九九九年、二五九頁。クリストファー・ヒバート(遠藤利国訳)『メディチ家の盛衰(下)』東洋書林、二〇〇〇年、三五八—九頁。

(27) ホルシュタインがデンマーク王クリスチャン一世(Christian I, 一四二六—一四八一、在位 一四四八—一四八一)に併合されるのは一四六〇年である。ここで

な人々であるが、依然として自由を喪失した折の憤りの気持ちを維持している。飲酒に耽っているとき、彼らの酒宴の最中によく出る祝辞は「ここに我らの自由の記憶の健康を祝して乾杯」である。

もうおわかりであろう、自由への愛が人民の精神にどれほどの刻印を作るかを。よって、次のように容易に結論づけられよう。人民は自らの自由の最善の番人であるに相違ない。人民はどんな力のある詐称者よりも自らの安全について敏感であり、また関心を懐いているのである。【八三号、一六五二年一月一―八日】

「自由な国家」を正当化する第九の理由は、「自由な国家」の人民はかつての王や貴顕たちに比べて贅沢ではないことにある。今や最も確かなのは、贅沢が生じるところには暴政が起こる自然的傾向が、因果関係のように存在しているということである。[28] というのも、ご存じのとおり、贅沢の本性はことごとく超過にあるからである。それは理性も節度もない、振舞いの全般的な堕落である。それは何物にも満足しない、腐敗した意志と空想の犬畜生的な欲望である。あらゆる行為あらゆる想像において、贅沢は正直、正義、そして善の領域を超えて、極端の果てへと飛んで行く。よって、その「「自由な国家」という」統治形態が最も卓越しており、人民の自由が最も保証されている形態に違いないことは、容易に認められるであろう。そこでは統治者たちが贅沢の餌と罠に触れることが最も少ないからである。

このことの証拠は理性によるだけでなく、新旧の実例によっても示されるであろう。第一に理性によって明らかなのは、人民は王や重鎮たちよりも欲望や想像が低い調子に制限されているため、彼らほど贅沢であることは決してないことである。人民にはただ「パンとサーカス」を、すなわち糧と娯楽と安楽を与えよ。

そうすれば彼らは頗る満足なのである。加えて、ひとりであれ多数であれ常設の権力を握るお偉方に比べて、人民には贅沢のための手段も機会も僅かしかない。よって、人民が悪徳や虚栄に向かうことはあまりなかった。というか、同程度の不行跡や騒擾に走ることができないのである。第二に、人民は贅沢の点では控えめに見えるが、彼らが（すなわち、継承されていく彼らの代議院が）最善の統治者に違いないのも、明らかにこの要因にも拠っている。それは淀みない継承がある分だけ人民が腐敗や傲慢に陥りにくいだけでなく、贅沢の道に無縁である分だけ抑圧的で有害な実践にも無縁だからである。王や貴顕たちは通常そうした実践に誘われ、これを強いられた。それは彼らの暴政の振舞いと輝きを維持するためであり、また重鎮たちと贅沢とに永遠に付き纏うところの強欲、高慢、野心、虚飾の自然的欲求を満たすためであった。理性についてはこれくらいにしておこう。

次に実例についてであるが、「自由な国家」すなわち最高権威の資格を正当に持つ人民が貴顕や王の政権ほど贅沢に傾倒しないことを示すために、雲霞のごとく存在する例を提示することもできよう。しかし、ここでは二、三にとどめることにしたい。

---

(28) ニーダムの欄外注には次のようにある。「『自由な国家』の統治体制は王や貴顕たちに比べて贅沢ではない」。の「約七十年」というのはニーダムの事実誤認であろう。角田文衛編『北欧史』山川出版社、一九七七年（初版一九五五年）、第一編第二章（角田文衛執筆分）、六三頁。

我々がまず挙げたいのがアテナイという国家である。その国家が人民の手のなかで自由であったあいだ、それは真面目で慎ましく質素な人生行路に身を捧げたような統治者たちで引き立てられていた。その結果、節制と自由が手に手を取って歩んでいたあいだに統治者たちが勇気と思慮の水準を大いに高めたため、短期間のうちに彼らはギリシアにおける万事万端の無二の仲裁者になった。しかし、その高みにあったそのときに、彼らは（世のすべての権力者たちの共通の運命に倣って）落ちぶれ始めた。というのも、（「自由な国家」の準則に反して）ある者たちが権力と権威に長く居座ることで大物になるのを許したため、彼らはすぐに持ち前の質素と自由の清廉な原理を喪失したからである。すなわち、かの成り上がった三十人の貴顕たち（一般には僭主たちと呼ばれる）は常設の権威を簒奪し、手中に収めた[29]。彼らは間もなく古来の規律と自由を放棄し、最初は贅沢の魅力に、後には絶対的な暴政のあらゆる実践に身を捧げた。（ペイシストラトスの時代のような）別の時期に、単独の僭主の手のなかに権威が簒奪されたときの国家の状態も、このようなものであった。

アテナイからローマに話を移そう。我々はタルクィニウスの時代にそれが放蕩のなかに解体したのを見出す。その統治の変革に際して、人々の振舞いは、元老院の統治者たち同様、いくぶんかは改められた。しかし、元老院は常設の権力であったためすぐに腐敗し、最初は贅沢に、ついで暴政に巻き込まれた。そしてついに、統治体制に関心を持つ人民は良き規律と自由の両方をともに確立し、十人の貴顕たちが活動し始めるまでこれを厳格に支えた。その貴顕たちの罷免後に自由と謹厳さが息を吹き返し始めたが、それもスラやマリウスなど、カエサルまで続く貴顕たちの時代までのことであった。カエサルの時代になると、贅沢と暴政が大変な程度にまで進展したので、もし［小］カトーの生涯と弁舌がなければ、古来のローマの規律と自由については、燃え滓からかき集められる一閃の火花もなかったほどであった。よって、全世界のなかで、「小カトー」のみが人民の統治体制下で繁栄した節制と徳と自由の記念碑として残ったのである。

その他の多くの実例を省いたとしても、この項目における我々の結論は以下のようになろう。貴顕や王の政権は、どうあっても人民の政権より遥かに贅沢である。また、贅沢は自由の無二の致命傷としての暴政をもたらす。したがって、人民の最高会議の正当で秩序ある継承のうちに設けられ備えられる人民の権利と特権は、ほかの何者かの手中にあるよりも人民自身の手中にあるほうが安全に違いないのは確かなのである。

【八四号、一六五二年一月八―十五日】

「自由な国家」すなわち人民による統治体制がほかのいかなる統治形態よりも卓越しているとわかる第十の理由は、人民はどのような常設の権力の威光の下にあるときよりもこの統治体制の下にあるときのほうが、常に度量のある、活発で気高い精神の気質を与えられることにある。[30] そしてこのことは、「その体制での」すべての個々人が、恣意的な権力の手の届かぬところで私的財産を享受できる保障を持つだけでなく、公共の利益におけるそれぞれの直接的な分け前を得られると理解していることに起因している。何か立派な成功や

(29) クセノポン(根本英世訳)『ギリシア史1』京都大学学術出版会、一九九八年、第二巻第三章二―一一、七六―八〇頁。詳細は本書一七八頁を参照せよ。

(30) ニーダムの欄外注には次のようにある。「『自由な国家』のなかでは、人民はいっそう度量が大きく勇敢である」。

幸福が公共体に生じるときは、常に誰もがそれを我が事と考えるのはこのためである。共和国が征服を行い、支配や富や名誉において栄えれば、すべては自分のためになされたのだと誰もが考える。名誉や高級官職や高額報酬が勇者や有徳者や有識者に分配されるのを目の当たりにしても、自分が同程度の功績をあげた際にも同じ高位と褒賞を得られる道が開かれている限りは、それらを自分のものとみなすのである。このため、人が偉大な行動を志すのは、あらゆる常設の権力の下に置かれているときのように報酬が特定の人間の意志や好み次第になっているときではなく、（出生や資産を一顧だにせず）功績に応じて報酬が人々に授与されるときである。正しく構成された共和国は常にそうであるし、そうあるべきなのである。

これが真実であることは、様々な統治形態の下に置かれた人民の状態を少々垣間見れば、ずっと明瞭になるであろう。いにしえのローマ人たちは、王たちの下にあったあいだ、（既述のとおり）支配権であれ評判であれ全く取るに足らない国民であり、市の城壁を遠く越え出て命令権を拡大することなど決してできなかった。後に元老院という常設の権力に変わってから少々、そして僅かのあいだ栄え始めたが、彼らにできたことはせいぜい悪しき隣国の狭間で生存をかけて奮闘することくらいであった。しかしついに、人民は継承されていく自らの最高官職と最高会議によって統治されるなかで、自らの自由を知り、主張し、保持し始めた。そのとき、そのときになって初めて、彼らは全世界を覆う驚くべき帝国の基礎を敷き、その骨格を築いた。実際その設立事業は見事であり、また自由の回復の誘因となった人民の常ならぬ勇気と度量の大いなる根拠となっていることに間違いない。なぜなら彼らの最初の征服は強国を、またどこをとっても彼らと同じくらい自由な諸国を滅ぼすことで遂げられたからである。その際の困難は、彼らが敵対した国々がどれくらい自由であるか（結果として、どれくらい勇敢であるか）に応じて増幅した。というのも、当時の世界は「自由な国家」がほかのいかなる形態［の国家］よりもたくさんあったのである。それはイタリア、ガリア、スペイン、アフリカの至るところにあったが、とくにイタリアに多かった。そこではトスカーナ人、サムニウム人などのローマ人の自由を模倣して張り合おうとする者たちが、ローマに敵対する度量の大きな自由の擁護者を自任していた。[31] だから、彼らはローマ人の軛の下に屈服させられることになる前に、死力を振り絞って何年も戦い続けたのである。この度量ある自由の国家体制があればこそ、カルタゴはかくも長きにわたって敵対できただけでなく、しばしばローマ人の財産を危険に曝し、その栄誉を奪うことができたのである。ハンニバルが市の城壁の目前にまで迫り、ガリア人が城壁内に入ってカピトリヌスの丘を包囲できたのも、この体制があったからである。[32] これらのことは、彼らの自由が後に全世界の女王になる女性から処女を奪う勇気を彼らに与えたことを示している。だが、このことすべての意義は、ただ次のことを示すことにあるのではないか。すなわち、自由の国家体制だけがこれらの国民にかくも長きにわたってローマの権力に抵抗するに十分な勇気を与えたように、ローマ自身も、姉妹国家・姉妹国民の首根っこを押さえた勇気ある息子たちについては、

(31)　ここでの記述はマキァヴェッリ『ディスコルシ』第二巻第二章、一七四―八一頁に依拠している。本書に直接の言及はないが、同じ趣旨の内容を述べている『イングランド共和国の主張』の当該箇所の欄外注にはこのことが明記されている。Nedham, *The Case of the Commonwealth of England, Stated*, p.116.

(32)　本書一三頁訳注(5)を参照せよ。

この自由の国家体制の恩義を受けていたのである。そしてまた注目すべきは、後の時代、自由に敵対する暴政が起こったとき、ローマ人が間もなく彼らの古来の勇気と度量を最初は簒奪者の独裁官たちの下で、次いで皇帝たちの下で失い、そしてついには帝国それ自体を失ったことである。

さて、一方において我々が勇気と度量の喪失を感じると、自由の喪失がこれに続く。他方で、［自由が］回復すれば、人民は常に度量と勇気を持つようになる。今、勇敢なスイス人を、オランダ人を、そして「自由な国家」と宣言して人民の手のなかに（安定はしていないものの）我々の自由の再建をもたらして間もない我が国民を見よ。どんな気高い計画が企てられ、首尾よく遂行されたのか。このことの考察は、必ずや「自由な国家」のすべての統治者たちの名誉に大きく寄与するはずである。彼らはこれまで人民を十全たる自由のなかに、すなわち彼らの最高会議の正当で秩序ある継承のなかに回復し、確立するために役立ってきた。これからも、そうあってくれることであろう。【八五号一六五二年一月十五—二十二日】

第十一の理由は、この［統治］形態においては人民の同意によらない限り、いかなる決定もなされないことにある。(33) それゆえに、必ずや人民は暴政の及ばぬ安全なところに居られ、命令権力の恣意的な気質から免れるに相違ない。この場合に、人民はどんな法に従うべきか、また違反の際にはどんな処罰を受けるのかを知っている。だから、人民は罰則が伴う法の制定に役割と関心をもつ分だけ、自らが［法に］背く際には弁解の余地がなくなるし、また違反の報いを受けるときには進んで処罰を受けるようになるのである。ところが、あらゆる常設の権力の下にあるとき、事情は通常全く異なる。というのも、統治が特定の人物の手のなかで管理されたり、一定数の重鎮たちの手に握られ続けたりするとき、人民は王や重鎮たちが好んで授けるもの以外の法を持つことはない。また、その法の意味はしばしば不確かなままにされるため、人民はその法に従ってどう歩めばよいのか、その法をどう理解すればよいのかわからないのである。いかなる法も重鎮たちが好んで解釈する以外の意味や効力を持たないことは、その統治形態における国家の偉大な奥義とみなされている。これにより、人民はいわば無法のなかにいく度も置かれている。なぜなら、法は正しい理性や公共の自由にではなく、特定の人間の利益や空想に合致する解釈や意味以外を持たされなくなるからである。

王制的統治の下で起こった右の事例については、その証拠を求めて世界中を駆けずり回ることもできようが、我が国のすべての王たちの実践だけで十分な実例を提供できる。だが、この悪弊がヘンリ七世[34]の治世ほど高みに達したことはなかった。彼は好みどおりに法を解釈できる大権を簒奪して、法を救済手段よりも（お偉い執行吏[35]のように）人民の資産に投薬し、その毛を剥ぎ取り、そして去勢するための罠にした。彼の跡を襲った息子のハリー[36]も、多くの勇敢な人々の生命や財産を奪うために同じことをした。つまり、裁判官は法の神官と考えられていたが、その裁判官を作る権力が王たちによって簒奪されたのである。王たちはどんなとき

(33) ニーダムの欄外注には次のようにある。「人民の同意による以外いかなる決定もなされない」。

(34) ヘンリ七世（Henry VII, 一四五七―一五〇九）はテューダー朝のイングランド王、アイルランド領主（在位 一四八五―一五〇九）。

(35) 原語は 'a grand Catch-pole' である。州長官（sheriff）の下で債務不履行者の取り締まりを行った役人。

(36) ヘンリ八世（Henry VIII, 一四九一―一五四七）は

でも自分たちを支持する法解釈をするような裁判官を作るように、常に心を砕いた。これが真実であることは先王とその父ジェームズ[37]の時代に十分明らかになった。後者はよく以下のようなことを語った。「世が裁判官と主教を自在に作る権力を持つ限り、世が好む以外のことが法や福音になることはないと確信している」。

こうした不都合にまさに備えたがゆえに、スパルタのリュクルゴスの制度は大いに称賛された。彼は元老院の壁のなかの至高権を承認して、貴顕たちの様式に則ってラケダイモン人の共和国を準備したにもかかわらず（というのも、彼らの王は取るに足らない存在であった）、その威光を取り除くように実質を整えた。すなわち、彼らの王が個々の元老院議員程度の重みしかなかったように、元老院も法で抑制されていて、服従の点では人民と足並みを揃えるようになっていた。元老院議員を威厳と野心で満たしかねない重職や利得はごく僅かしか許されず、平民と同じ倹約、質素、節度の規則も規定されていた。これにより重鎮たちの節度を欠いた欲望や願望は抑えられていたので、彼らが尊大になって抑圧に向かうことは少なかった。権威を持っても大きな利得や快楽は得られなかったので、それを望む人は大変少なかった。権威の座にいた人たちも妬みを受けなかった。これによって、彼らはその統治形態において重鎮と人民とのあいだによく荒れ狂った憎悪や競争を回避したのである。

しかるに、事情はヴェネツィア共和国においては全く異なる。そこでは人民は統治におけるあらゆる利害関係から除外されており、立法権、法の執行権、任官はほかのすべての特典とともに常設の元老院と彼らの親類縁者だけの手に置かれている。彼らはこの親類縁者をパトリツィアンすなわち貴族団と呼んでいる。彼らの統領［ドージェ］すなわち君侯は本当に抑制されていて、ラケダイモン人の王たちのような単なる官吏のひとりにされてしまっている。すなわち、統領がほかの元老院議員と異なっているのは、僅かな見せ掛けだけの儀式や壮麗さを除けば、被っている帽子の角くらいである。しかし、元老院議員の方は手当たり次第に好き勝手に振る舞う自由を享受し、好きなように人民を処遇している。人民は市それ自体を除いたすべての領地では極端に抑圧されており、法ではなく元老院の恣意的な指図によって暮らしている。だから、それは共和国というよりも徒党集団のようである。臣民たちはそれにほとんど満足していないため、辺境地域の人々は、トルコではもっと多くのものを満喫しているのを眺めては、あらゆる機会を捉えて反抗し、むしろ異教の暴政の情けに縋るのである。こうした気質に加え、臣民たちはひどく圧迫されているためにほとんど腰砕けであり、これが原因ですべての軍事遠征においては外国の傭兵軍に依存することを強いられている。これらを考え合わせれば、この国家がかくも長きにわたってどうやって維持されてきたのか不思議なくらいである。しかし、キリスト教世界の利益がヴェネツィアの安全に関わっているため、ヴェネツィアは他国の供給と軍備によって主に支えられてきたということを我々は知っている。

それゆえに、我々の結論は以下のようなことになる。王たちやすべての常設の権力の担い手たちは立法や

テューダー朝のイングランド王、アイルランド王（在位 一五〇九―一五四七）。

（37） ジェームズ六世・一世（James VI and I, 一五六六―一六二五）はステュアート朝のスコットランド王、イングランド王、アイルランド王。スコットランド王ジェームズ六世としての在位は一五六七―一六二五年、イングランド王およびアイルランド王ジェームズ一世としての在位は一六〇三―一六二五年である。

法解釈や法の執行において自らの意志や利益に基づいて行動する傾向があり、その結果、人民の自由や安全を損なうことになった。また、恣意性を防ぐ唯一の方法が、人民の同意や選出によらない限りいかなる法も支配権も作れなくすることにあるとわかった。したがって、人民は自らの最高会議の正当で秩序ある継承のなかに確立されるとき、自らの自由の最善の番人であることが、必然的に認められなければならないのである。【八六号、一六五二年一月二十二―二十九日】

第十二の理由は、この〔統治〕形態が人間の本性と理性に最も相応しいことにある。[38] というのも、キケロが言うように、「人間は生まれつき服従よりも支配に愛着をもつ高貴な生き物である。誰にでも君侯になることへの自然な欲望や願望がある」[39]。それゆえに、ある者が他人の統治権に甘んじて服す理由は、統治する者よりも自分が権利において劣ると考えるからではなく、自分の能力が低いことに気づくか、さもなければ自分と自らの属す共同体にとって自分が他人の統治権に服すことが便宜がよいと判断するからである。同じキケロが'*Nemini purere [sic] vult animus a naturâ bene informatus, nisi, &c.*'〔自然によって立派に形作られた精神は誰にも服従しようとしない、斯々然々の場合を除いて〕と言っている。[40] つまり、率直な英語で言えば「自然の光によってよく教導された精神は、自身の善と利益のために命令したり、指図したり、統治したりしてくれる者以外には服従しようとしない」ということである。その人智の巨人から引用した両方の表現から、次の三つの推論が自ら生じる。第一に、人民は自然の光によって、自らが暮らそうとする統治体制の骨組みを作るにあたっては自分自身の彫刻師にして考案者であると教えられている。第二に、人民によって相応しいと判断されて選出される者以外は、統治を取り仕切ったり舵取りの席に座ったりすべきではない。第三に、人民は、統治体制が設立されるときはその体制の便宜の良し悪しについての、統治者たちが選出された後では彼らの行為についての唯一の適切な判定者である。この三つの結論は最も卓越した次の格率の説明を超え出るものではないように見える。すなわち、すべての正しい権力と統治の源泉は人民に存する、ということがそれである。

これがゆえに、人民による「自由な国家」の統治体制、すなわち正当に選出され継承されていく人民の代議院ないし最高会議によるそれは、最も自然であり、人間の理性に相応しい唯一のものである。よって、次のようなことになる。その他の［統治］形態、すなわち常設の権力が王の場合のように特定の個人の手に置かれようと、元老院の場合のように一定数の重鎮たちの手に置かれようと、それらは自然の指導原理の外にあるものであって、重鎮たちの人為的な考案物に過ぎない。それらは少数者の強欲、高慢、野心に由来する目的や利益にただ役立つように整えられており、共同体の従属化を招くのである。これが真実であることは、統治の最も自然な方法であり形式である人民の同意と自由な選挙が、ほかの［統治］形態においては真の効

(38) ニーダムの欄外注には次のようにある。「『自由な国家』は人類の本性と理性に最も相応しい」。

(39) キケロー『義務について』第一巻一九、一六六頁。ただし、ここは直接の引用ではなく、当該箇所にニーダム自身の解釈を施した要約である。

(40) キケロー『義務について』第一巻四、一三五頁。［ ］内の訳文は右の訳書に従ってはいない。なお、文中の'purere'は'parere'の誤記であろう。

果が出ず、悪知恵や慣習に取って代わられたり、(ひとりにあろうと多数者にあろうと) 統治権は世襲のみによるといった悪質な主張に飲み込まれたりすることを考えれば、いよいよ明白である。今や確かなのは、ほかの [統治] 形態に優る人民による統治体制の卓越性などを証明する論拠としては、次のことだけで十分だということであろう。すなわち、人民の [統治] 形態において人々は、神与の理性と悟性を統治者の選択に、そして統治における自身の安全への備えに利用する自由を持つ。しかるに、ほかの常設的権力の形態においては、すべての権威が遺産の方式で特定の人物や家族に相続されるため、人々は統治者の選択について理性の使用機会を常に奪われて、統治者たちを盲目的に、そして全く冒険的に受け入れることを余儀なくされるのである。そういうやり方は人間と呼ばれる高貴な生き物の理性や共通利益や至上権にとって極めて破壊的であるため、人間は (すべての者の善と安全が関わる) 統治ほどの重大問題において、選択や判断の自由を持つべくもない。それは世界で最も不合理で野蛮な原理なのであって、常設的権力 (王に置かれていようと、その他の者に置かれていようと) のあらゆる形態とともに、ただ世界から追い払うのが相応しいとせざるをえない。そういう権力は人間を野獣に変える以外の目的には役立たなかったし、全世代を通じて人類に悲惨をもたらして屈辱を与えてきたからである。

これが真実であることは世界中で自明である。まず、王制の嘆かわしい例である。王制の形態は遺産の方式で維持されるので、男であれ女であれ、賢者であれ愚者であれ、善人であれ悪人であれ、次に来る者を統治者として迎えることを余儀なくされる。その結果、世襲君主の大部分は本性において暴虐で邪悪であるか、教育や機会によってそうなるかのいずれかである。人民の大部分はあちらこちらで縛りつけられ、生命や財産をひとりの無価値な輩の意のまま、なすがままにされてきた。その者は、自分が世のなかであらゆる不正を働いても、この［統治］形態では人民が自分と自分の家門に縛られていることを知っている。だから、その分だけ大きな不遜が、彼の不正な振舞いには常に伴っているのである。ローマに最初は王の下で、後には皇帝の下で暴政をもたらしたのは、まさにこれであった。というのも、その所記から見て取れるのは、相続権によって支配した皇帝たちのほとんどは獰猛な野獣も同然であり、そのすべてがティトゥス(41)を除き邪悪であると判明したことである。たしかに、ときにはひとりの君主の徳と勇気によって休息と回復が国民にもたらされることがあるのは真実である。だが、これは極めて稀であり、そういうことがあるとしても一代限りで終わるのが普通である。その君主の息子や継承者は（たいていの場合）、その君主が有徳であった分を帳消しにするほど、虚弱であるか不道徳であることがわかっている。それはグレート・ブリテン、フランス、スペインなど世界中の王たちの一覧表のいくつかで確認できるとおりである。しかし、世襲の君主たちのほとんどが自らの人格において邪悪であり邪悪であったことが不都合のすべてではない。というのも、彼らが称号をめぐる争いを好むとき、大きな不都合が起こるからである。フランスにおける王子たちのあいだの血みど

（41）　ティトゥス・フラウィウス・ウェスパシアヌス（Titus Flavius Vespasianus, 三九―八一）。フラウィウス朝第二代ローマ皇帝（在位　七九―八一）で、明君と言われている。父ウェスパシアヌス帝と同名であり、ティトゥス帝として知られる。スエトニウス「ティトゥス」、国原吉之助訳『ローマ皇帝伝（下）』第八巻第一節以下、岩波文庫、一九八六年、二九三頁以下。

ろの紛争を見よ。イングランドにおけるヨーク家とランカスター家の紛争も然り。このほか、他のすべての王国からのさらに多くの例を勘案してもよかろう。ひとつの特定の王位継承順位に拘束されていなかったなら、人民はこの惨状を避けられたかもしれない。それゆえに、何らかの王制の形態が許されるとすれば、それは選挙によるものでなければならない。人民の代議院によって選ばれ、人民に対して説明責任を負う、人民の信託を受けた官吏となるものでなければならないのだ。そこでは王はこの選出されたという理由によってのみ許されているのであるから、この選挙制君主は別の理由によっては許されない。なぜなら、その者の今現在の偉さが、一代限りで授かった統治権を短期間のうちに自分の家門に限定して相続されるようにする策略を実行する機会を常に与えるからである。こうなれば、人民の選挙は哀れな人民を嘲り、野心旺盛な暴政の勝利を飾り立てるための様式以上の効果を持ちえなくなるであろう。それはボヘミア、ポーランド、ハンガリー、スウェーデンの選挙制王国に見られるとおりである。そこでは選挙の形式は今もなお維持されているが、権力は［王家に］飲み込まれてしまい、王国は世襲制になっている。グスタフ・エリク[42]の策略によるスウェーデンだけでなく、ポーランドや［神聖ローマ］帝国においても人民の選挙権はカジミエシュ[43]、オーストリア両家の奸計によってすぐに食い尽くされた。

以上のことにより、次のことが明らかになったとしたい。人民の自由な選挙と同意による統治体制は、人民の最高会議の正当で秩序ある継承のなかに確立されるとき、いかなる世襲の常設的権力よりも自然と理性の光に調和し、したがって、これよりも遥かに卓越している。我々が「人民」[44]に言及するとき、意味の取り違えが決してないように常に注意されたい。我々は混乱した乱雑な人々の集合体のことや、国の分裂状態に関係する非違行為や優柔や変節などによって自らの権利を喪失した一部の人々のことを言っているのではない。そういう者たちを人民の部類に入れるべきではないのである。【八七号、一六五二年一月二十九日―二月五日】

「自由な国家」がほかのいかなる［統治］形態よりも卓越していることを示す第十三の理由は、「自由な国家」では抑圧や暴政の機会がほかの形態に比べて少ないことにある。(45) そしてこのことは、たいていの「自由

（42） グスタフ・エリクソン・ヴァーサ（Gustav Eriksson Vasa, 一四九六―一五六〇）。彼は、一五二一年、デンマークを盟主とする北欧三国のカルマル同盟からの独立を目指した反乱に成功して自らをスウェーデン摂政と名乗り、一五五四年にはスウェーデン議会から正式に王に選出された。以後、ヴァーサ王朝の創始者グスタフ一世（Gustav I, 在位 一五二三―一五六〇）として君臨し、スウェーデンに世襲王制をもたらした。R. Nisbet Bain, *Scandinavia : A Political History of Denmark, Norway and Sweden 1513-1900*, Cambridge U. P., 2013（1st published 1905）, chap. 3.

（43） ニーダムはポーランド・リトアニア共和国のヤン二世カジミェシュ・ヴァーザ（Jan II Kazimierz Waza, 在位 一六四八―一六六八）を念頭においているようだが、正確にはヴァーザ家とするべきであろう。ポーランドはヘンリク・ヴァレジ（Henryk Walezy, 在位 一五七三―一五七五）の代から選挙王制となるが、ジグムント三世（Zygmunt III, 在位 一五八七―一六三二）からヤン二世まで三代にわたってヴァーザ家出身者が王位に就き、実質的に世襲制の様相を帯びていた。ステファン・キェニェーヴィチ編（加藤一夫・水島孝生訳）『ポーランド史1』恒文社、一九八六年、一八八―一九四、二〇七頁以下。

（44） 原文は'*the People*'とイタリクスで強調している。

（45） ニーダムの欄外注には次のようにある。「この統治体制においては抑圧や暴政の機会がほかのいかなる

な共和国」がすべての構成員のあいだに平等ではなく（そんなことは不合理でおぞましい）、条件の均等化を保つことを常に配慮している点において明らかである。その結果、特定の人間、特定の人間たちが権力において偉大になり過ぎることは許されない。また、特定の階層が標準を超えて貴族の威厳や称号を担うことも認められない。

前者の遵守は、人民の自由を自身の官吏たちの手から守ってくれる。彼らは野営地であれ評議会であれ、高い信任を得た任務に関わる仕事を委託されており、おそらくそのことによって、抑制されたり妨げられたりしない限り、道理を超えた大志を懐く機会を捉えるかもしれないのである。

後者の遵守は、出生や相続財産に基づいて他人以上の大権や権力を簒奪したり、偉大さを主張したりするような小さな暴君たちの圧力や野心から人民を守ってくれる。こういう連中は、よく秩序づけられた共和国では鼻持ちならない類の人間である。というのも、彼らは人民に対して生まれつきの執念深い憎悪を常に懐いており、人民から自由を奪うことを自らの利益にしているからである。そのため、ある重鎮や重鎮たちが簒奪を考えるほどの、あるいは簒奪の誘惑に駆られる状態に置かれるほどの大きな権力や自信を持つようになるときはいつでも、こういう連中はその重鎮らを嗾け、彼らと利害を合一させ、彼らを暴君の座に上らせる主要な手先に率先してなるのである。

これらが真実であることを明らかにしよう。まず何者かが国家のなかで偉大になり過ぎることを許す不都合を明瞭にするために、そしてこれを回避しなかった「自由な国家」がすぐに自由を失ったことを明らかにするために、実録を提示してみたい。ギリシアでは、アテナイの「自由な国家」がかつてこの理由で自由を失ったことが見出される。いく人かの貴顕たち(46)にほかの者に対する権力の優越を許したときのことである。それは三十人僭主の名で有名になった多人数僭主制をもたらした。同じ失策は別の折にもあった。ペイシストラトスの権力によって、彼らが単独僭主制に陥るのを強いられたときのことである。シュラクサイの人民もまた、この根拠に基づいて僭主ヒエロン(47)の下で同じ不幸に見舞われた。それはディオニュシオス(48)とアガトクレス(49)の下でのシケリアの人民も同様であった。

［統治］形態の下にあるときよりも少ない」。

(46) 原語は 'Senetors' であるが、文脈上 'Grandees' の意と考え「貴顕たち」と訳した。

(47) ヒエロン一世（Hieron I, 生没年不詳）はシュラクサイの僭主。在位 前四七八―四六七／六年。前四八五年に兄のゲロンの代わりにゲラの支配者に任命された。ゲロンの死により、その跡を継いでシュラクサイの僭主となった。

(48) ディオニュシオス一世（Dionysios I, 前三六七没）。シュラクサイの僭主。在位 前四〇五―三六七年。彼は前四〇六／五年の冬、カルタゴとのシケリア戦争中に全権を掌握すると、カルタゴからシケリアを解放して当地を掌握しようとした。また前三九六年にはカルタゴ人を西シケリアに封じ込めた。

(49) アガトクレス（Agathokles, 前三六一―二八九）。シュラクサイの僭主。在位 前三一七―二八九年。彼は前三一七年にクーデタによりシュラクサイの権力を掌握するとシケリアの征服を始めた。当地をめぐってはカルタゴと争うことになったが、その後講和し、シケリア人に対する残虐な統治を行った。マキァヴェッリは彼を「極悪非道な手段によって君主となった」者として描いている。マキアヴェッリ（佐々木毅訳）『君主論』、佐々木毅『マキアヴェッリと「君主論」』講談社学術文庫、一九九四年、所収、第八章、二一九―二四頁。

ローマでも事情は同じである。自由が元老院のなかに閉じ込められていた期間に、元老院はマエリウスとマンリウスの両者が過剰なほど大物になることを許すことで、彼らに大志を懐く機会を与えた。だが運よく両者の支配力から逃れたものの、元老院は後に十人委員会と呼ばれる同僚議員十人に暴政への誘惑に駆られるほどの権力を与えることで、彼らの手中に帰するという愚を犯した。後に、人民が立ち回って、元老院の手から自らの自由を取り戻す転換を図った際にも、人民は自らの奉仕者たちが大物になり過ぎるのを許すことでまた同じ失敗をした。たとえば、権力によって暴政を行い、独裁官を五年間務めたスラ、その後に終身独裁官に就任したカエサルなどである。カエサルの死後、もしアウグストゥスが大物になるのを防ぐための注意を人民がしていたなら（簡単にできたであろう）、彼らは再び自由を取り戻していたかもしれない。当初、元老院や人民の好意と善意で権力を獲得したアウグストゥスは、後にローマ帝国そのものが破滅するまで決して消滅しえなかった暴政のなかに自らの地位を確立するために、その権力を利用したのであった。

こうしてフィレンツェの「自由な国家」も、愚かにもコジモを大物にすることで滅びた。まず彼の権力の増強を許すことで、彼に暴君になる機会を与えた。次いで、彼に手中の権力を返せという時宜の悪い要求をすることで、愚かしくも、彼に自らを暴君と宣言することを余儀なくさせたのである。さらに多くの実例をミラノ、スイスなどの地域から取って来ることもできよう。しかし、オランダにもっと身近で新しいひとつの実例がある。それによれば、オランダ人はオラニエ家が「自由な国家」の一構成員に相応しい範囲をやや超えて大きくなることを許したために、無自覚のうちに最後の賽を振らされ、自由喪失の危険を犯したのである。

それゆえに、国家の最重要の原則は以下のことにある。素晴らしい成功や奉仕からして当然のことだとされる人物でもない者を、過度に大物にさせたり人気を博させたりしないこと。これが共和国を簒奪という強姦から保守するための優れた（そして、すべての「自由な国家」からそうみなされている）手段なのである。【八八号、一六五二年二月五─十二日】

「自由な国家」、すなわち人民の最高会議の正当で秩序ある継承のなかに確立されている人民による統治体制がほかのいかなる［統治］形態よりも遥かに卓越していることを示す第十四の（最後だが、決して軽んじてはならない）理由は、この形態では人民の選挙が短い周期でめぐってくるため、すべての権力者が統治における非行に対して説明責任を負うことにある。[50]これにより、以前は統治者であった者は臣民の状態に戻されるので、法の力を免れえず、違反に対しては容易に処罰を受けることになろう。よって、そういう方式をよく見たうえで後を引き継ぐ者は、権威ある信託に背いたり、これを悪用したりして人民を抑圧することに対しては大胆でなくなるであろう。このような方式はすべての暴政の息の根を止める。それは十分に成長した暴政を根こそぎにするだけでなく、コカトリス[51]を卵のうちに潰し、暴政を種のうちに、その本源[52]において、それ

（50）　ニーダムの欄外注には次のようにある。「この形態ではすべての権力者が統治における非行に対して説明責任を持つ」。

（51）　本書三頁訳注（1）を参照せよ。

（52）　原語は'principal'であるが、MPの該当箇所は'Principle'である。ここは文脈上の意味から後者の誤

が後で永遠の存在になる可能性のうちに粉砕するのである。人民の安全が至高で最高の法であるように、こうした性質の体制は人民の安全の堅固な塁壁である。それなくして、確かな利益が通常の法によって得られることはないからである。万が一、通常の法が制御不能で説明責任を負わない権力者たちによって施行されたりすれば、その法は彼ら自身の言う意味以外には解釈されないし、彼らの好き放題したい放題に執行されることになるであろう。

今や、次のことを疑う余地はない。人民の統治体制におけるように、人民の同意に基づいて権威を継続的に交代させることは、常に恣意的な権力と暴政の氾濫に対する無二の堤防であった。他方、同様に確かなのは、すべての常設的権力の担い手たちは自分たちの好き勝手な命令の恣意的な執行をなし、それを常に我が身に引き受けていること、そして無答責の支配の状態に身を据えるのを唯一の関心事にしていることである。その結果、彼らは世のあらゆる不正を犯しているにもかかわらず、一部は強弁によって、一部は力ずくで、自分たちは思いどおりのことをしてよいのだと、自分たちの行為は神ご自身のみに説明義務を負っているのだと、いまだに人々を説き伏せることを習わしにしている。この暴政の教義は人々の精神に深い根を張っている。大多数の者があらゆる形状の暴政の金の像を崇拝する傾向にあったからである。以上の手段により、民衆はこの点において歪められてしまい、彼らの腐敗した気質や関心事を下賤な諂いに、また時の重鎮たちの恩顧に委ねた。それゆえに、毅然とした精神の人が真の自由の原則を持ち出して主張したり、ときに暴君たちを問責することで高貴な正義の行いを遂行するほどの勇気を持って立ち上がったりすれば、その人は世のあらゆる憎悪と憤激をすぐに我が身に招くのである。しかし、共和国では事情は異なるし、またそうあるべきである。というのも、ギリシアやローマの自由の記念碑において我々が見出すのは、これらの国が考え出せる限りを尽くした名誉の印を、公の褒賞、像の奉献式、月桂樹の冠によって、それに値する愛国者たちに惜しみなく与えるのを常としていたということだからである。また、地上のものでは不足であるかのように、彼らは愛国者たちを天の神々のあいだに列せしめた。彼らは、共和国[53]の利益という気高い意識からこのすべてを行った。自由の生命が暴君と暴政に対する厳しい対処とそれらに歯向かう熱意にあることを、また権力者たちを暴政のあらゆる機会から遠ざけておくことに拠ることを、彼らは知っていたのである。これには（本当に自由なすべての国家の慣例に則って）権力者たちに説明責任を負わせることが一番である。こうした幸せは、すべての人が支配とともに服従の味を知らされる国家と、人民の同意に基づいた権威の正当な継承によって確立された統治体制を除いては、既存の法や慣習によってこの世に現れた試しはなかった。スイスにおいて人民が実際に自由であるのは、諸州のすべての官吏と統治者が継承されていく会議のなかで人民から尋問を受けることが可能だからである。

これまでの論点から出てくる推論は平易である。自由は、共和国においては官吏や統治者を答責性の状態

記と考えて「本源」と訳した。

(53) 原語は‘Commonweal’である。ニーダムはMPにおいてしばしば用いられていた‘Commonweal’の語を、本書に編集し直すにあたって‘Commonwealth’に改めている。ここはおそらく見落とされた箇所であろう。よって、ここでは訳語の統一の観点からも「共和国」とした。以下、同様とする。

に保つ以外の方法では保全できない。常設的権力の担い手たちの責任は、著しい困難を伴うか国民を流血と惨状に巻き込まない限り、問うことが決してできないのは明らかである。そして、人民の手中にある統治の交代は、常に統治者たちに説明責任を負わせ、暴政と乱心と惨状の不都合を防ぐ無二の手段であった。したがってこれゆえに、またこれまで述べてきたその他の諸々の理由から、我々は次のように結論づけてよい。「自由な国家」、すなわち人民の最高会議の正当で秩序ある継承のなかに確立されている人民による統治体制は、すべての点でほかのいかなる［統治］形態よりも遥かに卓越しているのである。【九一号、一六五二年二月二十六日—三月四日】

人民の統治体制に向けられたすべての反対論に答える

思うに、過去の時代において、この国の人民は王制の野蛮な原理のなかで育てられ、教育されてきた。これによって、彼らはより高貴な［統治］形態の概念を懐くことをますます嫌悪するようになった。そして、「自由な国家」すなわち共和国の関心事だと宣言されたものに基づいて我々がより良い道に踏み出してからまだ間がないことを思い出し、私はその良き関心事と共和国の設立者たちの名誉を行き渡らせるためには、ほかの［統治］形態の不都合と悪い結果を明らかにし、その諸原理を根こそぎにすること以上に役立つことはなかろうと考えた。つい先日、より優れた方式を獲得することに身を投じた善良な人民が、（自らの再建のために）共和国の諸原理とは何かを理解し、これによっていっそう毅然とした態度で共通の敵からその諸原理を守れるようにするためである。人民をして真の共和派[1]ならしめ、王制的利益に対してはその様相と侵害行為のすべてにおいて猛然と反対できるようにさせるのである。この目的に、我々は自らの立場を定めた。それは、「自由な国家」、すなわち人民の最高会議の正当で秩序ある継承のなかに確立された人民による統治体制は最も卓越した統治形態である、という立場である。このことは理性と実例の両方から十分に証明されてきた（と私は謹んで考える）。しかし、多くの反対論が、それも多くの人から尤もだとみなされているような反対論が存

（1）原語は 'Commonwealths men' である。

在している。したがって、我々がそれらを論駁するのは当然である。このことが理性と実例によって同様に証明されれば、無知な者たちだけでなく、「自由な国家」すなわち人民による統治体制の純粋なやり方を敢えて冒瀆してきた悪意と諂いの徒の口さえもことごとく噤ませると、私は信じているのである。

我々が最初に注視したい国王派らの反対論は、「そのような統治体制の樹立は、平等化と混乱を嗾けることになるであろう」である。

お答えしよう。(2) もし平等化を近年のその用語の一般的語法や用法で捉えるなら、それはあたかも財産の点で万人を平等化し、万物を万人に共有化し、所有権を破壊し、万人のあいだに物の共有制を導入するかのような、おぞましい意味である。(3) それは、この種の統治体制を何よりも憎む共通の敵の悪知恵によってなされた中傷である。なぜなら、ひとたび人民が自由を所持し、自由の享有から受ける大きな利益に気づくようになると、国王派のすべての直言居士たちの望みは完全に消え失せるかもしれないからである。その体制が王制の利益の回復を妨げる最も有力な手段になる、というのがその理由である。というのも、そこではいかなる個人も党派も公共性とは異なる自己の私的利益を求めたり掲げたりしないため、反対者たちが口を挟みようがないからである。実際のところ、「自由な国家」すなわち継承されていく会議に存する人民による統治体制のこの方式は、共有制の導入とは全く無縁である。それは、あらゆる点で所有権の無二の防腐剤なのである。その理由は平明である。一方において、国民の代表者としての選りすぐりの団体が、様々な権利や利益を相互に破壊し合うことに同意するとは理屈からして想像できない。他方において、この［統治］形態ではあらゆる決定が全体の同意によってなされるため、個々人の特定の利益は、他者の恣意的な気質に備えて適切に保証されるに違いない。それゆえに、これに反するものすべてが実際には平等化なのである。それはすべての人の権利を他人の意志の下に置き、暴政と変わるところがない。暴政は他人に対する無制限で制御の及ばない大権を同意もなく行使する立場に身を置くことで、まさに所有権の破壊のもとになる。どんなに不穏に見えようが、またどんな［統治］形態のなかに現れようが、実際それはまさに王制の利害なのである。

今や「自由な国家」すなわち斯く斯くの仕方で継承されていく人民の統治体制が所有権の無二の防腐剤だということは、世界中の実例から明らかである。だが、ここではほんの少数の例を引証したい。

君主たちの下で我々が常に見出すことになるのは、臣民には自分のものと呼べるものは何ひとつなかったということである。生命も財産も妻もほかのどんなものでも、君主が喜んで意のままにするものは自分のものではない。哀れな人民は、無拘束の主権者の平等化の意志に対する救済手段を知らなかった。それは、そ

（2）ニーダムの欄外注には次のようにある。「『自由な国家』は所有権の平等化と混乱に対する無二の防腐剤である」

（3）「平等化」の原語は 'Levelling' である。ここで語られている平等化の意味は、一六四〇年代の急進派レヴェラーズ（平等派、水平派）の思想に付されたイメージである。以下を参照せよ。「パトニー討論」（一六四七年）、大澤麦・澁谷浩訳『デモクラシーにおける討論の生誕――ピューリタン革命におけるパトニー討論』聖学院大学出版会、一九九九年、一八五、二三四―五頁。John Lilburne, William Walwyn, Thomas Prince and Richard Overton, *A Manifestation*, London, 1649 in Don M. Wolfe, ed., *Leveller Manifestoes of the Puritan Revolution*, Frank Cass, 1967, p. 390. John Lilburne, *Lieft. Colonell J. Lilburne his Apologeticall Naration*, Amsterdam, 1652, pp. 68-9.

の悲惨な［統治］形態の下で落ちぶれたあらゆる国民の記録に見られるとおりである。今日でもフランスなどの王国には、その極めて嘆かわしい実例がある。そこでは人民は所有権を全く持たず、すべてが王の好み次第である。ここイングランドでも最近までそうであった。加えて、よく目につくのは、人民が何らかの自由や所有権を享受している王国は統治の枠組みがとてもよく調整されていて、人民の手のなかにも統治の役割が一番よい程度に維持されているものばかりだということだ。すなわち、そこでの人民の影響力が大きいほど、その分だけ彼らの所有権の享受は確かなものになるのである。

ほかの多くの例を省いて、アラゴン人が自らの最高会議において王たちを統制していたあいだ、彼らの自由と所有権がいかに堅固であったかを考えてみよ。フェリペ二世がその統治体制における彼らの役割を奪うや否や、彼ら自身と彼らの所有権は王たちの恣意の餌食になった（そして以来今日に至っている）。

同様のことがフランスにも言えるかもしれない。そこでは人民の利害が彼らの最高会議で影響力を持っていたあいだは、人民は自らの生命と財産を自分自身のものと呼ぶことができた。だが、そこまでであった。ルイ十一世[4]以降、王位継承者のすべては彼の平等化の手本を大いに模倣したため、短期間で人民の所有権を破壊して、キリスト教世界最大の平等派[5]になったからである。ここイングランドにおいても、我々はほぼ同じ途上にいた。というのも、人民の利益が頻繁に開かれて継承されていく議会によって保全されていた限りは、我々の所有権はある程度安全であった。しかし、王たちが議会を中断することで人民を統治の役割から放逐し始めると、彼らは平等化計画を遂行して我々の所有権を破壊した。そして彼らはこの手段によってその計画を、次のような高みにまで推し進めた。すなわち、法と福音の神官たちは「すべては王のものであり、我々は自分のものと呼びうるものを何ひとつ持っていなかった」という良き平等化の恵みを携えて、その計画を直言するまでになったのである。

かくしておわかりのとおり、君主たちの下で人民が確実に得たものといえば、甚だしい平等化と、所有権をほとんど持たぬ状況であった。いやしくも何らかの所有権を持ったとしても、どんな手段と条件で持ったのかはご存知のとおりである。それは王制の下だけの話ではなかった。人民は常設的権力の担い手たちの他のあらゆる［統治］形態の下でも同様に、所有権を確保することはほとんどなかったことがわかる。それらはこの点では王制と同じように、常軌を逸した平等派を生んだのである。アテナイの「自由な国家」では、

（4）ルイ十一世（Louis XI, 一四二三―一四八三）。ヴァロア朝のフランス王（在位 一四六一―一四八三）。徴税制度の確立、貴族の年金と特権の廃止、貴族の国王への臣従誓約の強制、重商主義政策など、フランスの国家的統一に強権を揮った。福井憲彦編『フランス史』山川出版社、二〇〇一年、第三章（佐藤彰一執筆分）、一三七―一四〇頁。

（5）原語は'Levellers'である。ここでニーダムは王制の破壊者と認識されてきた急進的勢力に付された「レヴェラーズ（水平派、平等派）」のレッテルを、逆に国王および国王派批判に転用している。これはもちろんニーダム一流のレトリックであるが、王制から「自由な国家」（共和制）への体制原理の変革が、個々の政治概念の意味内容の転換を生む例として考えることもできるかもしれない。また、ここはニーダムによるレヴェラーズの擁護論として読むことも可能である。ニーダムとレヴェラーズの関係については以下を参照せよ。大澤麦「マーチャモント・ニーダムの共和国論――ジャーナリズムのなかの『自由な国家』」、『法学会雑誌』六二―一、二〇二一年。

人民は自らの継承されていく会議を保持することで実際に自由を維持していたあいだは、所有権を確保していた。だが、そこまでであった。彼らの王たちの歴史は大変曖昧であるため王たちに言及することはしないが、王たちが排斥された後、人民は統治官と呼ばれる唯一人のなかに終身の常設的権力の別の形態を設立したことが見出される。その統治官も非行に対しては説明責任を負ったが、九人でなされた審理では人民は安心することがほとんどできなかったので、別の形態の常設的な十年任期統治体制に突き進んだ。[6] そして、そこでも人民は抑圧されたため、その体制を棄てた。人民は三十人の常設的権力の［体制］下でも類似の惨状を味わった。彼らはほかの何者にも増して下劣な、ある種の平等派であった。大義もなく無差別に、好き勝手に殺し、追放し、投薬して毛をむしり取った。その結果、常設的権力のあらゆる形態の下で苦しめられた哀れな人民は、結局、「自由な国家」の形態の下、（彼らの最後の救済手段として）人民の継承されていく会議の聖域のなかに逃げ込むことを余儀なくされたのであった。

人民はその［統治］形態においてさえ後には多くの分裂と惨状に陥ったではないか、という異議が唱えられるかもしれない。だが、その所記を注視すれば、それが統治体制の欠陥ではなく、特定の者たちの手に権力を持続させることを許して「自由な国家」の準則から逸脱した人民自身の失敗であったことに誰もが気づく。その者たちはこれにより、人民のなかに自分たちの党派を作る機会を得て、彼ら自身の目的のために人民を騙して、大騒動や分裂に引き込んで抜け出せないようにしたのである。これが人民の失敗の真の理由であった。人民の統治体制がこれまでに失敗したとすれば、それはこのためであった。

ラケダイモン人もまた、ひとりの王の統治体制を数年間、次いでふたつの別々の家門出身のふたりの王を同時に戴く統治体制を試した後に、王たちの監督官としてのエフォロイ官に辿り着いた。彼らは常設的権力のあらゆる形態による試練に曝され、それらがすべて人民の利益と所有権を平等化するものだと気づいた後に〔後に〕と、私は言っているのである〉、必然的に「自由な国家」に逃げ込むことを学んだ。彼らは「自由な国家」の下で平和に暮らしたが、それも先述のアテナイ人の失策を犯すまでのことであった。すなわち、彼らは有力者たちの党派に引き入れられ、僭主制において立て続けに任に就いたマカニダス(7)やナビス(8)のような新しい平等派を活動させることで、人民のあいだに分裂を作る道具にされたのである。

（6）アリストテレス（村川堅太郎訳）『アテナイ人の国制』岩波文庫、一九八〇年、第三章、一八―二〇頁。

（7）マカニダス（Machanidas, 前二〇六没）はスパルタ王ペロプスの後見人で、スパルタの僭主である。彼は前二〇七年にマンティネイアに侵入し、ピロポイメンの率いるアカイア連邦軍と戦うが、スパルタ軍は敗北し、マカニダスはピロポイメンに殺害された。ポリュビオス『歴史3』、第十巻四一節、一三六―七頁、第十一巻十一―十八節、一六六―七六頁。プルタルコス「ピロポイメン」十、『英雄伝3』、一二〇―二頁。

（8）ナビス（Nabis, 前一九二没）は幼少であった王の摂政として前注のマカニダスの跡を継いだが、その王を殺害して自らが王であると宣言した。前二〇〇年以降にアカイア同盟がローマと手を結ぶと、ナビスは反アカイアの立場をとってマケドニアに接近した。第二次マケドニア戦争でマケドニアのピリッポス五世がローマに敗れた後に苦境に立たされ、前一九二年に殺害される。W・G・フォレスト（丹藤浩二訳）『スパルタ史：紀元前九五〇―一九二年』渓水社、一九九〇年、二三六―四〇頁。ナビスの残虐な支配は以下を参照せよ。ポリュビオス『歴史3』、第十三巻六―八節、二七九―八二頁。

いにしえのローマにおいて、王たちの常設的な［統治］形態が消滅して新しい形態が設立されても、人民は相変わらず安全も所有権もほとんど見出すことはなかった。というのも、常設の元老院と十人委員会が王たちに劣らないほどの平等派であるとわかったからである。その結果、彼らは人民の最高会議の正当で秩序ある継承による人民の統治体制を設立せざるをえなかった。そのとき、彼らは再び自分自身のものと呼びうるものを持つことで自らの所有権を回復し始め、これを幸せに享受した。だが、それもラケダイモン人やアテナイ人と同じ失策を犯すまでのことであった。すなわち、彼らは「自由な国家」の準則から逸脱して特定の者たちの手中にある権力を延長させたため、諸党派のなかに引き入れられて分断され、悪知恵により彼らの指導者になった権力者たちの欲望に奉仕することになった。その結果、人民は（彼らの失敗による）この手段によって、皇帝による暴政の時代が来る遥か以前に、自らの自由を奪われたのである。こうして、キンナ[9]、スラ、マリウスなど、カエサルにまで連なる一群の者たちは、手中にした権力を持続させるために人民の支持を利用した。そしてその後、彼らは自分たちの新しい常設的な［統治］形態を人民に背負い込ませ、死刑、追放、罰金、没収の恣意的判決によって人民の自由と所有権をたちまち根こそぎにしたのである。この（以前にも増して耐え難い）平等化の重圧は、カエサルに至るまで同じ悪魔的な策謀によって維持された。カエサルは人民の人気者から出発し、手中にある権力を延長するために人民の愛情を利用した。そしてついに、彼はこの人民の失策によって、常設的権力の新しい平等化の形態を自ら導入する機会を得て、ローマ人の自由と所有権の徹底的かつ回復不能な破滅をもたらしたのであった。

フィレンツェでは、人民は常設的権力のあらゆる形態の下で同じ状況に置かれてきた。重鎮たちが支配したときも、ゴデリーノ《［ママ］》(10)や修道士サヴォナローラ(11)の治下にあったときもそうであった。彼らは人民の支持によって権力をひとたび延長し始めると、すぐに平等化を行い、暴威を振るうようになった。それは現在の公国の狡猾な創立者コジモが後に行ったことと同様である。

（9） ルキウス・コルネリウス・キンナ（Lucius Cornelius Cinna, 前八四没）は共和制ローマの執政官。ガイウス・マリウスと組んで、前八〇年代の内戦をスラ派と戦った。前八四年にアンコンで軍隊の暴動によって殺害された。

（10） ピエロ・ソデリーニ（Piero Soderini, 一四五〇―一五二二）。原文はゴデリーノ（*Goderino*）となっているが、明らかに誤記であろう。ソデリーニは、次注で述べるサヴォナローラ処刑後の一五〇二年に、フィレンツェ共和国の最高官職「終身の正義の旗手」に就任した。マキァヴェッリは彼の右腕として活躍した。佐々木『マキアヴェッリと「君主論」』、八一―二頁。

（11） ジロラモ・サヴォナローラ（Girolamo Savonarola, 一四五二―一四九八）はドミニコ会修道士。彼は当時のフィレンツェの支配者であったメディチ家の当主大ロレンツォの暴政と腐敗を批判し、民衆の支持を集めていった。そして、大ロレンツォの息子ピエロの代の一四九四年にフランス王シャルル八世が侵攻すると、ピエロはフランス軍にピサ、リヴォルノなどの重要拠点を差し出すが、このことは市民の反感を招き、ピエロは一族ともども追放されることになった。その後フィレンツェにおけるサヴォナローラの影響力は増大し、彼はサン・マルコ修道院を拠点に神政政治を敷くようになる。しかし、教皇が彼を破門するに至ると反サヴォナローラ派が巻き返しを図り、結局彼は一四九八年に異端として火刑に処された。佐々木『マキアヴェッリと「君主論」』、四〇―一、四八―五八頁。ジローラモ・サヴォナローラ（須藤祐孝訳）『ルネサンス・フィレンツェ統治論：説教と論文』無限社、一九九八年。

同じ条件がそろってピサ共和国は我を見失い、いく度か簒奪の餌食になった。マントヴァはかつて帝国自由都市であったが、自らの継承されていく会議を蔑ろにし、重鎮たちと最富裕層とが常設的権力を形成するのを許した。人民は彼らに大変悩まされたが、それはパッセリーノという人物が権力を手中にしてから術策によってこれを伸長させ、平等派にまでなって、すべての人を自分の意志に従属させるに至ったほどである。その結果、哀れな人民は彼の手から逃れるや、同程度の悪人の許に走り、自らの権力をゴンザーガ家の手中にあった小公国のなかに移さざるをえなかったのである。[12]

以上のことから我々は、反対論を唱えるあらゆる名称や称号の君主と国王派全員に向かって、次のように結論づけて問題なかろう。「自由な国家」、すなわち人民の継承されていく会議に存する人民による共和国は、所有権の平等化や破壊とは全く無縁である。それはすべての時代において自由と所有権の無二の防腐剤にして、常設的権力の担い手たちの平等化と簒奪に対する無二の救済手段であったほどである。というのも、王たちとすべての常設的権力の担い手たちこそが平等派であることは自明だからである。【九二号、一六五二年三月四―十一日】

人口に膾炙する第二の反対論は、「人民の手に握られたそのような［統治］形態を設立することは、万人が（分け隔てなく）最高会議議員の選挙権と被選挙権を認められるとき、統治における混乱を引き起こす近道となろう」である。

これにお答えしよう。[13] よろしいか、我々は共和国を二通りの状態において考察しなければならない。共和国は確立された状態にある場合がある。それが十分に定着し、基礎づけられていて、すべての人がその体制の味方であると想定されるときのことである。しかるにまた、それは新設の場合が、しかも旧体制とその支持者たちが破滅する際の内戦終結時に、新設中もしくは新設される場合があるのである。後者の場合には、共和国はその体制の敵となる大党派を常に内に抱えることになる。

前者の場合、すなわち確立されていて落ち着いた状態にある共和国の場合、その内部のすべての人が味方であると間違いなく推定されるときには、人民の最高会議のような極めて重要なものの運営に関しては、選挙権と被選挙権が正しい理性や便宜と両立する限り最大限に人民に（分け隔てなく）認められるべきである。もっとも、この点については人間の思慮に委ねられねばならぬ部分がある。したがって、認められる［選挙権と被選挙権の］範囲の大小は各国の性質や環境や必要に基づくのであって、ここで決定すべきことではない。

しかし、二番目に検討中の共和国に関して、それが旧体制の破滅の際の内戦終結時に建設中もしくは新た

---

(12) リナルド（パッセリーノ）・ディ・ボナコルシ（Rinaldo 《Passerino》 dei Bonacolsi, 一二七八―一三二八）はマントヴァとモデナの支配者であったが、ヴェローナ領主カングランデ一世の支援を受けたマントヴァの奉行ルイージ・ゴンザーガに殺害された。以後、マントヴァはゴンザーガ家の支配を受け続けることになった。石黒盛久「翻訳と注解――G・ボッテーロ『国家理性論』（一五八九年ヴェネツィア刊）第二巻第一章〜第一〇章」、『金沢大学人間社会学域学校教育学類紀要』七、二〇一五年、一二六頁、一三二頁注58。

(13) ニーダムの欄外注には次のようにある。「『自由な国家』は混乱の原因を与えない」。

に建設されるとき、（よろしいか）この場合には人々のあいだに区別を設けずに、征服された人たちにも平等な選挙権と被選挙権などを認めることは、統治術におけるあらゆる均衡を奪い去るだけでなく、共和国を破壊する近道、また対立する利害を混ぜこぜにすることですべてを混乱させる近道でもあったのである。

今や、自由の敵たちは内戦が終わって鎮圧されているが、彼らに人民の権利に与ることを許してならないのは、様々な理由から明白である。それを許すことは彼らに新しい紛糾と分裂の種を蒔く機会を与え、人民の自由に新しい危険をもたらす手段となるであろう（これは便宜から引き出される理由である）。そればかりではない。次のような諸国民の法と慣習に則った事物の衡平に由来する、さらに特別な根拠がある。すなわち、人民の利益に反して暴君の欲望に仕えるために戦争を始めた者たちはもはや人民の一部として受け入れられるべきではなく、鎮圧されたときには奴隷として扱われて差し支えないのである。彼らを奴隷として使うかどうかは鎮圧者次第である。なぜなら人民の（維持されていたはずの）至上権への反逆によって、彼らは人民の一員としてのすべての権利と特権を喪失したからである。よってこの場合、あるときに何らかの免責、所有権、享有が彼らに認められることがあるとしても、彼らはそれを権利として我が物としてはならず、人民の厚意によって与えられた恵みとし受け取らなくてはならないのである。

ギリシアのいにしえの共和国は、この点では非常に厳格であった。彼らは、彼らの自由の維持のために何事かをなしたり被ったりした人には、あらゆる名誉の印を惜しみなく与えることを常とした。他方で、彼らは自由を掘り崩す者たち、あるいはどんな仕方であれ自由に敵対するように見えた者たちには、殊のほか極端な処罰を施した。生命と財産の両方を奪って迫害したのである。その者たちが九死に一生を得ても、通常は奴隷となった。何度も迫害されて死ぬこともあったし、永遠に消えない不名誉の烙印を押されて記憶に残されることもあった。

いにしえのローマでは、タルクィニウス家の追放後、彼らに与した人々の最大部分をもっと穏やかに処遇した。だが、彼らの以前の特権のすべてが回復されることはなかった。時が経つにつれ、継承されていく会議に存する人民の利益に反する陰謀を何者かが企てるたびごとに、その者は捕らえられた後に追放され、その財産は没収された。これには多くの元老院議員も例外とはされず、その他の者と同じように扱われた。また、共和国において信託を受ける立場には永久に就けなくされた。

後に、それなりの数に及ぶカティリーナ配下の反逆者の一味や共謀者たちにも、同じ方針がとられた。[14] また、カエサルの教唆者たちに十分なしっぺ返しがなされたことに疑いはない。もっとも、カエサルは反逆の成功により、すべての競争相手たちを絶え果てさせたのであった。こうして、ミラノやその他の国家[15]は、初期のヘルウェティア人やベルガエ人の自由にあった頃のスイス人やオランダ人のように自由であったときに

(14) ルキウス・セルギウス・カティリーナ（Lucius Sergius Catilina, 前六二没）は、共和制ローマのスラ配下の政治家。前六三年にクーデタを図るが、失敗して処刑される。このときの執政官キケロの弾劾演説はとくに有名である。キケロー（小川正廣訳）『カティリーナ弾劾』、『キケロー選集3』岩波書店、一九九九年。

(15) MPでは、フィレンツェ、ルッカ、シエーナの名が挙げられている。

は[16]、秘かな陰謀や公然たる暴力で最初は黎明期、後には揺籃期にあった彼らの自由を絞殺せんとした異常な近親者殺しや変節者のすべてに対して、同じ方針をとった。これは奇妙に思われるべきではない。なぜなら、征服の権利を敵になりかねないとみなされただけの外国人に対して行使してよいのなら、自然の光に背いて祖国の自由の破滅に資するほどの不当な実践に従事せんとする者に対しては、尚更だからである[17]。

それゆえに、人民の統治体制に存する人民は、自らの自由を脅かす内戦のあらゆる状況において、陰謀家の頭目たちに対するそうした試みを殊のほか熱心に擁護した。また内戦の終結に際しては、人民は己が征服する自由の敵たちを、統治に携わる権利に与ることから締め出す権利を持っている。否、権利だけではなく、そうすることに大変な決意を懐くのを常としている。したがって、前者の点においても後者の点においても、我々は次のように結論づけてよい。継承されていく会議に存する人民が、統治の利益を分け隔てなくすべての者の手に平等に与えることは決してない。人民の主要な配慮は、新たな戦争と古い利害と混乱とが再来することを防ぐために、自らの手に常にそれを保全することに置かれているのである。【九三号、一六五二年三月十一―十八日】

しかし、そのような「人民の最高会議の」継承に付された偽りの不都合に由来する第三の反対論がある。いわく、「国事の運営には判断力と経験が必要である。それらは選挙のたびごとに会議に加わる新米議員には期待することができない」。

さて、まさに自由の生命は権力と人の継承にあることから、この点に応答するにはいくぶん正確かつ几帳面になることが適切である[18]。それで、統治にはふたつの事柄が考慮されねばならぬことに注視されたい。'*Acta Imperii*' と '*Arcana Imperii*'、すなわち「国家の法令」と「国家の機密」である。「国家の法令」が意味するのは、立法権力の法と条令である。これらは共和国に最も影響を与えるもので、共和国の不幸や福祉をもたらす。またそれらは、共和国を苦しめ悲嘆させるような悪習や不都合や侵害行為に対する無二の救済手段である。それゆえに、苦情の問題は良識の問題であるのだから、そのようなことは靴のきつい個所を最もよく知っている人民には明瞭である。救済手段のための法を可決したり適用したりするのに、何ら大それた技術

---

(16) ヘルウェティア人もベルガエ人もカエサルの『ガリア戦記』に現れるゲルマン系の部族である。どちらも後にローマの属州となる。カエサル（近山金次訳）『ガリア戦記』岩波文庫、一九八五年（改版初版 一九六四年）、第一—二巻、二三—五頁。

(17) 征服の権利の国内への適用は『イングランド共和国の主張』においても見られる。Nedham, *The Case of the Commonwealth of England, Stated*, pp. 34-40. また、それは彼の同僚にして友人であったジョン・ミルトンの思想でもあった。John Milton, *The Tenure of Kings and Magistrates*, London, 1650 in John Milton, *Political Writings*, ed. by Martin Dzelzainis, Cambridge U. P., 1991［原田純訳・編『イギリス革命の理念——ミルトン論文集』小学館、一九七六年、所収］, pp. 16-8. この論点の政治思想史上の意義については、以下を参照せよ。Dzelzainis, Introduction to *Ibid.*, pp. 12-3. 大澤麦「共和制イングランドの政治原理——「国王殺し」と契約論」、『法学会雑誌』五四—一、二〇一三年、三八〇—四〇四頁。

(18) ニーダムの欄外注には次のようにある。「国事はいかなる［統治］形態の下にあるときにも劣らず『自由な国家』の下で巧く運営される」。

や判断力が必要でないのは確かである。それは人民の最高会議に存する人民には適した仕事なのである。あらゆる普通の理解力が自然の光に教えられるままに行えばよい。よって、この点に関しては、人民の秩序ある継承を制度化することに危険はありえない。

しかし、「国家の機密」つまり人民の最高会議の閉会期における統治の執行部門と呼ばれるものに関しては、それは普通の理解力から掛け離れた性質のものであり、どうしても思慮と時間と経験が必要であるため、運営に相応しい者たちに任せられる。顧問業務や司法行政に関わるような信託を同じ人たちの手に持続させることには、彼らの振舞いの良し悪しに応じて増減はするものの、大きな理が主張されうるし、またそれは認められなければならない。これらの分別ある持続は思慮に基づいて（問題なく）許されてよいし、許されるべきである。なぜならその者たちが不適切な行いをしても、彼らに人民の会議に対する説明責任を負わせることは容易だからである。ところが、この最高会議に関しては、事情は異なる。そこで取り組むのに最も適しているのは、良識と理性が教え導くような少数の平易な必要案件である。そこでの人民の受託者たちは、人民の救済や安全のために本当に必要な期間を超えては、［その会議に］正当に居続けることはできない。その救済や安全が備えられたら、彼らは自らが立てた法や統治に、ほかの人民とともに臣従し服従する状態に戻るべきである。これによってのみ、彼らは自らがなしたことの効果を感じるときに、自らがなしたことの良し悪しを知ることができるであろう。これ以外、何か不適切なことがなされることがあったときに、どんな救済手段があるというのか。人民の最高組織体からは上訴しようがないのであるから、継承の正当なやり方が人民の選択によって手から手へと保全され、それに基づいて、次の人たちが同じ権威の座に（同じ条件で）就くようにする以外にないのである。

これが真実であることは、我々が理性と実例によって明らかにしてきたとおりである。したがって、我々の以前の議論に少々例示による付け足しをしてみたい。

アテナイでは人民に統治されていたとき、苦情に対する救済手段としては、彼らの最高会議における継承の再開と中断を途切れることなく維持していくことが彼らのやり方であったようだ。そして、彼らはアレオパゴス会議と呼ばれる常設の評議会を持ち、「国家の機密」のすべてが最高会議閉会期における統治の管理運営とともに、そこに委ねられた。最高会議の再開の際、アレオパゴス会議には説明責任があり、人民の見出す理由次第で、彼らはおずおずとした様子で留任させられたり解任させられたりした。

スパルタにも類似のものがあった。人民が彼らの継承されていく会議をひとたび手にした後のローマも同様であった。その会議では統治のための法を議決した。人民は世襲の元老院を始末する術を知らなかったので、元老院議員とその家系の者たちが常設の評議会を継続することを許した。しかし、元老院は人民の会議によって制御され、またこれに対して説明責任を負った。人民の会議は元老院議員の多くを非行のために隠退させたり追放したりした。よって、これによって人民は元老院議員の英知を利用しつつ、彼らの野心を抑える機会を得たのである。

(自由であったときの) フィレンツェでは、統治体制は同じ様式に倣っていた。

オランダやスイスでも人民の最高会議は選挙によって頻繁に開かれるが、諸事情に対して並々ならぬ利益こそあれ損害はない。というのも、その継承されていく会議の頻繁な会合が人民の自由を保全し、法をもたらすからである。法の執行は他機関に、国事は人民自らが選び人民に対して説明責任を負う評議会に委ねられる。人民は常ならぬ注意と警戒心を傾けて彼らの顧問官を配属したり解職したりするため、そこにおいて彼らの国家関連の関心事が失敗することはごく稀である。

以上の点により、先述の反対論が空虚なものであり、継承されていく会議の卓越したやり方に対する如何に薄っぺらな出任せであるかがおわかりであろう。国事はこの［統治］形態の下で、ほかのいかなる形態の下にあるときに引けを取らず（むしろ、それ以上に）立派に処理されるからである。【九四号、一六五二年三月十八―二十五日】

「自由な国家」の国制、すなわち継承されていく人民の会議に存する人民による統治体制によく向けられる第四の反対論は、次のとおりである。「そのような統治体制は、内部に不満や分裂や騒乱が頻繁に生じるために、公共体に甚大な被害を及ぼす[19]」。

これにお答えするには、この形態におけるそのような気質の原因となっている状況に注意することが欠かせない。それがひとたびわかれば、そうした不都合がどこから生じるのかが、そしてその不都合がその統治体制の性質における欠陥から生じたものでないことが容易に明らかになるであろう。その状況とは一般的に次の三つである。

ひとつは、仲間の公民すなわち共和国[20]の構成員のなかの何者かが、自分や自分の家系の者に何らかの権力や特権を不当に持たせて、これにより人民の通常の程度や標準を超えて自らを強大にしたり大物にしたりする場合である。これが殊のほか真実であることは、リウィウスが記録したようなローマ人の国情の推移からわかる。彼は以下のことを平明に示してくれている。タルクィニウス家の排除に際して、元老院は新しい統治体制を導入したにもかかわらず、自らと自らの家系に属す者たちの手中に旧時代の権力を維持した。それが人民のあいだに起こった、その後のすべての不満と騒乱の原因であった。というのも、ブルトゥスが人民は自由であると宣言したときに人民を自由にしていたなら、また元老院が少し後でプブリコラや彼と同じくらい廉直な人たちの忠告と模範に従っていたなら、[21] 不満のすべての原因は取り除かれていたからである。しかし、人民は元老院議員たちが見上げるような高い所に座すのを見た。気楽で自由になると約束された肩に、あの国威の重荷が圧し掛かるのを感じた。人民は同じ共通の権利の享受から除外され、あらゆる官職と元老院議員たちとの提携から締め出され、財布は空になり、腹ペコで、心のなかには希望がなくなったことに気づいた。人民が不平を言い、反抗し始めたのはそのときであった。そしてそれは、人民が自らの最高会議の幸せな継承によって、重鎮たちに馬勒をつける権力を得てからのことであった。

人民の自由な統治形態の下で人民を不満と騒乱に傾かせる第二の状況は、所記のなかでは次のようになっているようである。すなわち、人民が自らの指導者や将軍になった者たちから公正に扱われていないと感じ

---

(19) ニーダムの欄外注には次のようにある。「不満と騒乱は『自由な国家』の自然な結果ではない」。
(20) 原語は 'Commonweal' である。
(21) リウィウス『ローマ建国以来の歴史1』第二巻第八章、一四一―二頁。

たときである。たとえばシュラクサイでは、ディオニュシオス[22]が人民の自由の主張を身に纏い、これによって彼らの将軍になってから、主張とは異なる目的にその権力を利用した。彼はその国家の松明となり、全人民をして、そのご立派な主張をすべて引っ込めたその人物の排除に向けて燃え上がらせたのであった[23]。

さらにスパルタでは、人民は自ら信頼した者たちに出し抜かれ、その軽信性が悪用されたことに気づくまでは、彼ら自身の統治体制の下で十分に平和的であった。その者たちの計画は闇のなかで行われ、マカニダスとナビスの下で、自由を暴政に転換させようとするものであった。人民の統治体制の下にあったいにしえのローマでは、確かに、人民が騒乱のなかで群がり、店舗が閉まり、市中のすべての取引が断念され、ときには市が見捨てられて空っぽにされる悲しい光景を目にすることがしばしばあった。

しかし、アテナイ同様、ここにおいても事情は同じであった。というのも、人民は生来、平和と安心を愛するのであるが、自分たちが元老院の策略や威喝行為によって出し抜かれたり虐待されたりしていることにしばしば気づき、（そのような状況での彼らの性質からして）間もなく堪忍袋の緒が切れたのである。元老院議員や人民のなかの何者かが、尤もらしく一般受けする主張で人民の支持を巧妙に取りつけて権力の高みに上っておきながら、その後に手のひらを返してその主張を引っ込めたときも、事情は同じであった。こうして元老院派のスラと平民派のマリウスは（ローマのみならずほかの「自由な国家」において、彼らの前後に現れたほかの多くの者たちがしたように）ともに人民の為を主張して権力を手中にしたが、恣意的なやり方を用いてその主張を引っ込め、ローマ人のあいだのあらゆる騒乱と殺戮の他に類のない原因となった。しかしその汚名は、王侯の宮廷で恩給をもらったり縁故があったりした厚かましい卑俗な文筆家たちによって、この上なく不当にも人民の統治体制に着せられたのであった。

こうして、ご立派な主張を掲げた人民の人気者としては際立っているカエサル自身も、その主張を引っ込めた。彼は権力にあったときに、人民のあいだでその後に起こるすべての内乱や悲劇の無二の原因となったのである。

「自由な国家」において人民を不満や騒乱に傾かせる第三の状況は、彼らが抑圧に気づくときである。もう一度言おう。人民は生来、自由の享受以外は気にかけない平和的な気質を持っているのだ。しかし、彼らは自分たちが信頼していた者たちに裏をかかれたり、欺かれたり、搾取されたりしていることにひとたび気づくや、海のごとくうねり、正義と誠実の限界を超えて溢れ出し、行く手にあるものを滅び尽くすのである。

一言でいえば、所記のどこを探しても、自由の敵たちが人民の統治体制に反対するために引証できる騒乱や暴動の先例など存在しない。それによってまた明らかになるのは、人民に落ち度はないということである。自分たちの私心と目論見に公共の自由を纏わせた口八丁の偽善者の術策や不正によって、人民はそこに引き

---

(22) ディオニュシオス二世 (Dionysios II, 前三九七頃―三四三)。父ディオニュシオス一世の後を継いでシュラクサイを統治した僭主 (在位 前三六七―三五七、前三四六―三四三)。

(23) プラトンの弟子でシュラクサイの有力者であった

ディオンを奸計によって追放したディオニュシオス二世は、シュラクサイ市民から顰蹙を買い、統治体制変更への機運を高めることになった。プルタルコス「ディオン」一五、城江良和訳『英雄伝6』京都大学学術出版会、二〇二一年、二四五頁。

入れられたか扇動されたかしたのである。

百歩譲って、人民は自らの本性において騒々しいことを認めたとしても、人民の騒乱は（それが起きるときには）王たちや貴顕たちの暴政から生じる不都合よりもよほど忍びやすい。というのも、人民の騒乱は以下の三つの性質を持っているからである。

第一に、人民の及ぼす危害は僅かな者たちにしか決して及ばない。そしてその者たちは（ほとんどの場合）十分な罪を犯している。たとえば、アテナイの三十人僭主、ローマの十人委員会などの国家的な詐欺師たちは、人民の憤激に駆られた行動の報いを受けたのである。

第二に、人民の騒乱は持続せず、（発作のように）すぐに終わる。それは（メネニウス・アグリッパの例に見られるような）雄弁な演説や説得によって、あるいは（ウェルギニウスおよび後の［小］カトーの例におけるような）謹厳もしくは誠実な人物の名声の前に、極めて容易に鎮められ宥められるのである。

第三は人民の騒乱の結末である。人民の騒乱はいくつか個別のものを破滅させたが、通常は公共善に目を向けていたように見える。アテナイでもローマでも、重鎮たちはこれに懲いて不正に手を染めなくなったことがわかる。人民の精神は自らと自らの自由（これは帝国の拡大を大いに睨んでいた）についての高潔な考えを熱く保ち続けていた。

そして最終的には、人民はこれによって常に自らの利益のための良き法か（アテナイからローマにもたらされた十二表法の場合のように）[24]、さもなければ彼らの特典や特権の増大（護民官や人民の最高会議の実現の場合のように）を得ることになった。そして後に貴族の侵害行為に抗するために、人民はそれらの確認を頻繁に行ったのであった。

さて、重鎮たちの常設的な権力の下では事情は全く異なっている。彼らは自分たちの方針や企画や計画において揺るぐことがなく頑固であり、その結果、彼らの［統治］形態の下での諸悪はますます救いがたくなっている。そのうえ、彼らは共和国[25]全体へと手を伸ばすために、諸悪はいよいよ全体へと広がる。そして最終的に、彼らのあいだから生じる騒乱や諍いや不都合は、人民の利益と所有権のさらなる圧迫や抑圧に進むまで終わることはないのである。

それでは結論を述べよう。以上の諸点から、騒乱についてのこの反対論が空虚なものであることが、すなわち騒乱が人民の統治体制の自然な結果からいかに懸け離れたものであるかが、はっきりとおわかりであろう。歴史の記録による限り、騒乱はむしろ往時において人民に試みられた重鎮たちのごまかしや欺きの必然的な結果であったことは、かなり明白なのである。【九五号、一六五二年三月二十五日―四月一日】

「自由な国家」の［統治］形態、すなわち継承されていく人民の会議に存する人民による統治体制に対する第五の反対論は、国王派とその寄生者たちの言説に最も多く見出される。それは「そこでは人民がどんな場

(24) リウィウスによれば、ローマの十人委員会は十二表法を起草するにあたり、ソロンの立法を研究するためにアテナイに使節を派遣した。リウィウス『ローマ建国以来の歴史2』第三巻第三一―三三章、六六―七〇頁。
(25) 原語は 'Commonweal' である。

合にも好むままに人を告発したり中傷したりする自由を持っているため、富裕層や有力者の安全はほとんどない」というものである。(26)

これにお答えしよう。ご存じのとおり、中傷（それは囁きや噂や誤った批判により野心をもって人を貶すことを意味する）がこの統治形態において許されたり是認されたりすることは決してなかった。実際、そのような無節操はおよそすべての統治形態に（多かれ少なかれ）存在してきたが、この形態ではどんな形態よりもそれが少ない。それが最も多く行われているのは、自分たちの行く手や計画に立ちはだかるあらゆる人を除去したり、滅ぼしたりすることを大きな原動力にする重鎮たちの常設的政権下においてであった。そしてこの目的のために、手元に諸々の手段を整えておくのが彼らの共通の習慣であった。それは、そのときどきの王たちや貴顕たちのあらゆる所記に見られるとおりである。まさに然り。アリストテレス自身は、居並ぶすべての論評者たちとともに、それを「支配の残虐行為のなかにあって」とくに支配権力の尊大な利害関心に伴う特異な非道のひとつと特徴づけている。(27)

腐敗した後のローマ人の国家は、申し分のない例である。そこでは十人の貴顕のみならず、人民に暴威を振るう気質の点で彼らの跡を継いだすべての者たちが、人民の自由のために何らかの仕方で現れる人々を圧し折るための（我々が「鞭打ち柱の騎士」と呼ぶところの）密告者や中傷者を豊富に抱えた共人を常に確保していた。これが常に変わらぬ彼らの生業であった。後の皇帝たちにしても同じである。しかし、人民が最高会議において権力を完全に保っていたあいだは、そんなことが恒常的に実践に移されたという記述は見当たらない。実際ときどきあったのは、人民に対して多くの際立った奉仕をした偉大な司令官たちが、ある事後の行動のために問責されたり、権力を独占したことで不審に思われて共和国にとっての重荷となったために、隠退を命じられたりしたことである（両スキピオの場合のように）[28]。

そして、アテナイ人の共和国の所記に出てくるのが、司令官たちが高慢で不用心な振舞いによって人民の恐怖心と警戒心を甚だしく掻き立て、彼らのなかの様々な人が、以前のあらゆる功績にもかかわらず尋問され、追放されたという話である。それはアルキビアデス[29]やテミストクレス[30]などについて書かれているとおり

(26)　ニーダムの欄外注には次のようにある。「人民の統治体制の下では、ほかのいかなる形態の下にあるときよりも中傷が用いられることが少ない」。

(27)　アリストテレスは僭主制を維持するための伝統的な手法のひとつに、スパイや密告者の雇い入れを挙げている。アリストテレス（牛田徳子訳）『政治学』京都大学学術出版会、二〇〇九年（初版二〇〇一年）、第五巻第一一章、二九四―五頁。

(28)　本書一〇八頁を参照せよ。

(29)　アルキビアデス（Alkibiades, 前四〇四没）はペロポネソス戦争において、ペリクレス病死の後に指揮を執ったアテナイの司令官である。非常に横柄な人物であったため反感を買うことが多く、シケリア遠征時にヘルメス像損壊の容疑を掛けられたために敵のスパルタに亡命し、アテナイの敗戦を導いた。アテナイで三十人僭主制が成立した後に帰国を許されたが、間もなくして暗殺された。プルタルコス「アルキビアデス」一五以下、『英雄伝2』、一三三頁以下。

(30)　テミストクレス（Themistocles, 前五二四頃―四五九頃）はアテナイをペルシア戦争の勝利に導いた将軍であったが、名誉欲と権力欲のために不信を買い、オストラシズム（陶片追放）によってアテナイを追放された。プルタルコス「テミストクレス」一七―二二、『英雄伝1』、三四六―五六頁。ただし、ニーダムは本書二八頁では、テミストクレスをペリクレスらとともに「自由な国家」の卓越した指導者のひとりに数えて

である。これに対し、権力者たちの慎重な交代を、そして個々人の均等性つまり穏健な状態を保全することにより、「自由な国家」の準則が几帳面に遵守されていた場合には、一方の側における侵害行為も他方の側における恐怖心も現れる機会はなかった。また詮索好きな国王派も、この点においては人民の統治体制を罵るまねごとも素振りも全く見せることはできなかった。

こうして中傷については、それは人民の［統治］形態の下ではほかのいかなる形態の下にあるときよりも起きにくい、ということで終わりにしたい。

さて、告発、すなわち人民の最高会議の場における人民の告発の自由の問題に移ろう。それは共和国の保全にとって本質的に極めて必要なものであるため、それなくして人に説明責任を負わせることは不可能である。そうなれば、生命と財産、そして自由と所有権の保障はなくなる。そして、告発があらゆる国家の公共の利益にとってどれほど優れた効用があるかは、次の二点において明らかとなる。

第一に、王たちやほかのすべての常設的権力の担い手たちがおこがましくも人民を虐待できた理由が次のことにあったことは自明である。すなわち、彼らの権威の持続が彼らを刑事免責の状態に置く手段となっていたために、人民は告発の自由を敢えて持とうとせず、また持つことができなかったのである。よって、重鎮たちが無制御のまま人民の惨状の拡大を進めていくあいだ、人民は救済手段のない状態に置かれ続けた。一方、正当なる告発の自由が法的に維持され、これによって重鎮たちが尋問を免れなくなれば、共和国は必ずやその分だけ安全になるはずである。そうなれば、人民の自由に対して何がしかの侵害や謀略を試みる者はいなくなるからである。またそういう者が現れても、いともたやすく鎮圧されるであろう。以上のことすべては、実質的に、統治術のなかに書き留められてきた次の最も卓越した格率を十分に立証することになる。「人民が何人をも告発する自由を持っていることは、共和国の自由の最大の利益である」（*Maximè interest Repub. Libertatis, ut liberè possis Civem aliquem accusare.*）[31]。

第二に、この自由が最も必要である理由は、明らかに、それが権力を持つ重鎮たちの不正に対する無二の救済手段であったことに加え、競争心、嫉妬心、疑念を打ち消す無二の手段であったことにある。この三つは自分の手の届かない、あるいは（地上の権力に相応しい仕方で）行動の説明を求められない高い地位に就いている人を見るとき、通常は心のなかに憤激を伴って満ち溢れるものである。過去の時代に人民がこの自由を奪われるのを目にしたとき、救済を望んでどれほど愚かで異常な方向になだれ込んでいったかを考えると悲しくなる。それは乱心だけではなく、徹底した公共体の破滅を何度も引き起こしたほどであった。いにしえのローマでのそうした騒乱のほとんどは、通常、この自由の欠如から起こった。十人委員会の下で起きた騒乱がそうであった。人民は裁判官を告訴し尋問する自由を持っていなかったため、彼らに復讐しようと興奮のあまり突然の暴動を起こしたのである。しかし、ひとたび人民が護民官の助力で何人をも告発したり尋問したりする権力を獲得すると、彼らのなかで発熱も発作も目にすることはなくなった。人民は大満足で通常の手続きに身を委ねたのである。これについての含蓄のある例がコリオラヌス[32]の場合である。彼が人民に危

(31) この箇所の訳文はニーダム自身による英訳に基づいている。

(32) グナエウス・マルキウス・コリオラヌス（Gnaeus

害を加えたとき、人民は彼が重鎮たちの友であり、重鎮たちに支えられていることに気づいた。そこで人民は自らの手で彼に復讐することを決意し、彼が元老院から出てきたときに酷い仕打ちをした。しかし、護民官が即座に割って入り、コリオラヌスに対する審理の日を人民に約束しただけでなく、これを指定した。それですべてが落ち着きを取り戻し、静穏になったのであった。他方で、彼を問責するというこの通常の救済のやり方が許されず、彼が暴動のなかで殺されていたら、悲しい因果の世界が共和国を覆っていたに違いない。なぜなら、かくも重要な人物の惨事とあっては、諸々の非道や復讐が起こったはずだからである。

フィレンツェにも、ヴァレシウス〔ママ〕[33]という人の所記がある。彼はその共和国において大物になり、君主とほぼ変わらない振舞いをした。彼は自分がそういう者だと信じ込んでいたため、人民は通常の手続きで彼の無節操を規制できず、武器という不幸な救済手段へと向かった。彼が倒されるまでに、その国家の最善の人々の血が流され、命が失われた。こうして人民は惨状の世界に巻き込まれたわけだが、これも彼らが告発と尋問の古来の自由を維持することに注意を払い、その人物とともに通常の発展の道を進む方針を取ることができていたら、避けられたかもしれないのである。

同じ国家にはまた、たとえば、同じ器量と関心と気質を持ったソデリーニという男がいた。人民は彼を尋問できないことで自由を失ったと知るや、狂ったように病的とも言える酷い救済手段に走り、彼を抑えようとしてスペイン人を招き入れた。その結果、彼らは国家の破滅へと向かいかけた[34]。そのようなことは、人民が通常の告発と尋問の方法で彼を抑えられていたら、避けられていたであろう。

これらの前提から、次のように結論づけよう。人民の統治体制の下では、ほかのいかなる形態の下にある

ときよりも、中傷という歪んだやり方が用いられることの少ないことがわかった。また、告発によるあらゆ

Marcius Coriolanus, 生没年不詳）は貴族の出の共和制ローマの将軍。彼は軍人としては多くの戦績を残していたが、平民と対立した。聖山事件の後に執政官に立候補したが、投票日に元老院議員たちを従えて高圧的な態度を取ったため、平民の反感を買って落選させられた。この出来事は彼（および元老院）と平民との対立を激化させた。コリオラヌスが元老院で平民を激しく罵倒する演説を行っていることが民会に知れると、平民は激怒して元老院に乱入しようとしたが、護民官はコリオラヌスの告発状を作成して、彼に出頭を要請した。その後かなりの悶着があったものの、最終的には執政官の仲介によって事態は一応沈静化した。プルタルコス「コリオラヌス」一二—一七、『英雄伝2』、一八九—九七頁。

(33) おそらくヴァローリ(Francesco Varoli)の誤記であろう。ここでの記述は、次段落に現れるピエロ・ソデリーニの例とともに、マキァヴェッリ『ディスコルシ』第一巻第七章、三三—四頁に依拠していると思われる。

(34) フィレンツェ共和国の最高権力者ピエロ・ソデリーニが力を入れたのはかつての領地であるピサの再征服であり、そのために彼はフランス、スペイン、教皇領、ヴェネツィアなどと折衝を繰り返した。その努力は一五〇九年のピサの再征服という形で実を結んだものの、フィレンツェを列強の勢力争いの渦中に巻き込むことになった。一五一一年、教皇ユリウス二世はスペイン、ヴェネツィアと対仏同盟（神聖同盟）を結成し、フランスおよびフィレンツェに圧力をかける。さらに翌年、イングランド、神聖ローマ帝国、スイス傭兵が教皇側につくことでフランス軍が駆逐されると、フィレンツェは孤立を深める。そして、八月に同盟軍の中核であるスペイン軍が攻撃を始めるとフィレンツェは陥落し、ソデリーニは亡命を余儀なくされた。佐々木『マキアヴェッリと「君主論」』、一〇四—六頁。

る不平と論争を認めたうえで、これらを解決するという常道を維持することは、共和国の安全と福祉にとって絶対に必要である。それゆえに、この反対論は、「自由な国家」すなわち継承されていく人民の会議に存する人民による統治体制の尊厳と評判をどんな形であれ減じるのには、ほかの反対論と同様、ほとんど意味をなさないのである。【九六号、一六五二年四月一—八日】

「自由な国家」の［統治］形態、すなわち人民による統治形態に対する第六の反対論は、多くの者によって主張されている次のような趣旨のものである。「人民は本性において派閥好きで気まぐれで恩知らずである」。最初に派閥好きという点にお答えしよう[35]。継承されていく最高会議において確立されたこの統治体制が派閥の無二の予防薬であることを、我々はすでに示した。派閥を作る際、それに尽力する者たちは自らの計画を覆い隠したり、手先や味方になってくれる人々を引き入れたり、敵対者たちを探り出したりするにあたり、自分たちの策略や企てを練り上げる機会がなければならないのは必定である。このすべてを達成するのにはある程度の時間を要する。統治権が特定の人物に固定されず、人民の手中にある権威の正当な継承と交代によって管理されるとき、そんな時間は取れず、結果として派閥は形成できないのである。

加えて、人民は決して派閥の頭や長ではないことを考慮すべきである。人民は派閥の創設者でも考案者でもなく、いつも常設的権力の担い手たちの影響力によって彼らの利益や計画に仕えるように味方に引き入れられる側なのである。

こうして、スラとマリウス、ポンペイウスとカエサルは手中にした権力を持続させ、ローマの命令権[36]を数度にわたっていくつかの党派に引き裂いた。後に、それが三頭政治により三つに引き裂かれたときと同様である。そこで人民は何の影響力も持たず、(常にそうであるように)純粋に受け身であり、各々の派閥の主要な策略家たちの巧妙な吹込みによって働きかけられるまま、感情に駆られる形で分断されたのであった。たとえばイタリアは、教皇派と皇帝派に分裂した。フランスはオルレアン、ブルゴーニュ両家によって二つに引き裂かれた。また、ギーズ家とその同盟者たちによっても然り。[37] そこにおいて人民は、二つの強力な党派の説得と主張に踊らされた以上の関わりを持たなかった。

事情は過ぎ去りし時代のイングランドでも同じであった。貴顕たちの勝負はヨーク、ランカスター両家のあいだでなされたのである。よって、人民が自身の本性において派閥に傾倒することはなく、彼らの本性が有力者たちに悪用され誘い込まれただけで、それ以上にその道に魅了されることなどなかったことは全く自明である。

この反対論の第二の論点は気まぐれである。このことは放蕩な人民や、純粋な原理から堕落したときの共

(35) ニーダムの欄外注には次のようにある。「派閥、気まぐれ、忘恩は人民の統治体制の自然な結果ではない」。

(36) 原語は 'Romane Empire' である。

(37) オルレアン家とブルゴーニュ家(アルマニャック家)は百年戦争の時期にフランス国内で勢力争いを演じた。ギーズ家はユグノー弾圧の強硬路線を主導することで、ユグノー戦争勃発に大きな影響を与えた。福井編『フランス史』、第三章、一三三―四頁、第四章(林田伸一執筆分)、一四九―五五頁。

和国の腐敗した状態においてはまさに事実であり、それはアテナイ、ローマ、フィレンツェなどに見出されるとおりである。しかしローマにおいては、人民の不変性についての、ほかのいかなる種類の人々にも劣らぬ含蓄ある実例が見出されるかもしれない。というのも、彼らは暴政一般に対する、わけても王的権力に対する不変の妥協なき敵であり続けたからである。

同様に、人民がひとたび自らの継承されていく会議を手に入れると、彼らは断固とした不屈な態度でそれを支えたために、彼らからその自由の無二の証を奪う暴君が次に現れるまでには長い年月がかかったし、その際にも尋常ならぬ奸計と入念さを要したのであった。

さらにこの人民について注目すべきは、選挙をする際に、悪名や悪徳や下劣さが知れわたった輩を選ぶように口説き落とされることが決してなかったことである。よって、彼らが護民官などの官吏の選出に誤ることは、まずもってなかった。法を作る際の彼らの目的は常に公共善に向けられており、それは人民としての彼ら自身の利益であった。よって、法の保全における彼らの不変性はこのうえなく顕著であった。というのも、貴族たちのあらゆる狡猾な策略や企みにもかかわらず、時代状況やその他の環境の変化によって法が明らかに不都合に見えるまで、人民はせがまれても、ひとつたりとも法の廃止に同意することなどありえなかったからである。

しかし、王やあらゆる常設的権力の担い手たちの下では、事情は全く異なっていた。彼らは新しい企画を立てたり、気分が少々変わったり、自分たちの目論見を達成するのに有利に思える状況に遭ったりするたびごとに、たいていは極端な気まぐれに走った。所記がよく伝えるところによれば、この目的で、月ごとに原則を変更し、あらゆる誓約や主張や約束や契約を捨て去って、それらの記憶を簡単に消し去ることが彼らの習慣であった。

このことは先王に極めて顕著であった。彼のこの種の気まぐれは比類がなかった。彼は自らと自らの家門のために約束を公言し、誓いや抗議を行い、天の高等法院に訴えることを決めるやいなや、すぐに自らの行動でそのすべてを失い、取り消してしまった。

忘恩という第三の点に関しては、ずいぶんとこの統治形態は責めを負わされてきた。アテナイとローマの両方の記述には、共和国のために大変な奉仕をした立派な人物たちに、様々な無礼な返礼があったと書かれているからである。アルキビアデス、テミストクレス、ポキオン[38]、ミルティアデス[39]、［マルクス・］フリウス

(38) ポキオン（Phokion, 前三一八没）はアテナイの将軍。ラミア戦争時（前三二三―二二年）にマケドニアとの和睦を画策し、敗戦後に民主制が制限されるとアテナイの事実上の支配者となり、マケドニアによるアテナイの統制を支持した。しかし、その後マケドニアのポリュペルコンの陰謀により民主制が復活すると、裁判にかけられて処刑された。プルタルコス「ポキオン」一―三七、『英雄伝5』、二九八―三二〇頁。

(39) ミルティアデス（Miltiades, 前四八九没）はアテナイの将軍。マラトンの戦いでペルシア軍を撃退して称賛を受けるが、その後のパロス島攻略に失敗する。負傷を負って帰国した彼はクサンティッポスによりアテナイ国民を欺瞞した罪で民会に告訴され、死刑を要求された。結局、彼はこれまでの功績から死罪は免れ、五〇タラントの罰金刑に処されたが、間もなく傷の悪化で死亡した。ヘロドトス（松平千秋訳）『歴史（中）』岩波文庫、二〇一九年（二〇〇七年改版初版）第六巻一三二―一三六節、三一九―二二頁。

［・カミルス］、両スキピオなどである。彼らの不運の原因は、プルタルコスとリウィウスにより、彼ら自身の高慢で不用心な振舞いにあったと叙述されている。（彼らが言うには、）これらの人物は権力を独占したことで不審に思われ、共和国にとっての重荷となったために、人民の恐怖心と警戒心を掻き立てたのである。しかるに、もし彼らが個々の人間の手中にある権力の分別ある交代を認めることで「自由な国家」の準則の範囲にとどまっていたならば、一方の側の侵害も他方の側の恐怖心も発生しえなかった。すべてのなかで、実際、両スキピオの場合が最も気の毒であった。彼らの唯一の失敗が権力と偉大さの超過にあるように思えるからである（それは実際、真剣に考えてみれば、共和国の構成員が犯しうる最大の失敗である）。その結果、両スキピオは同僚元老院議員たちを恐れさせるほどになったために、彼らに排除されたのである。[40] だから、それは貴族たちの（彼らの恨みと利害に基づいた）行為であって、人民のそれではないように思われる。しかし、［マルクス・フリウス・］カミルスとコリオラヌスに関しては、彼らに降りかかったことは、十分それに値することばかりであった。彼らは人民の利益に害悪と和解しがたい憎悪を及ぼすためだけに、以前の功績で得た権力と評判を利用したからである。それにもかかわらず、人民は僅かな期間の追放の後に、再びカミルスに財産と名誉を回復したのであった。

「自由な国家」に付随するこの性質は大きな欠点として多くの人に論難されたが、ここでもまた、その気質を非常に称賛する人たちもいるのである。（彼らいわく）人民が自らの自由のためにかように積極的で熱心で油断を見せず、よって共和国を危険に曝しかねないような権力の成長を許さないとき、そのような気質は共和国が純然たる完璧な健康状態にあることの良い兆候なのである。それだけではない。人民の危険と憤慨を招かずには権力と偉大さの増加拡大を敢えて求められないとわかれば、その気質は公民たちの野心を抑制し、彼らを正当な領分の範囲に抑えるための便利な手段ともなるのである。

人民に顕著な奉仕をしてくれた人たちを、人民が何度も見捨てた理由はこれくらいにしておく。だが他方で、規則を守り自由に相応しい態度を保ちながらも、公共体から何物かを授かるに値する人に対しては、過度な褒賞と名誉で遇するほどに人民は忘恩とは無縁であった。そうした人物が神々のあいだに列せしめられるときの、像の奉献式、香、生け贄、月桂樹の冠を見るがよい。

それゆえに、忘恩の罪悪を殊更に人民に帰すことはできない。あらゆる常設的権力の担い手たちについての所記を調べれば、彼らに最大の奉仕をした者たちへの彼らの忘恩に関する無数の証拠を提示できるであろう。恩を仇で返すことはあらゆる王や貴顕たちによって実践された国家の奥義である。彼らは（タキトゥスが言うように、）常に臣民たちの最も勇敢な行為によって迷惑を被ったと考えるのである。[41]

(40) 両スキピオとは、大スキピオと彼の弟のルキウス・コルネリウス・スキピオ・アシアティクス（Lucius Cornelius Scipio Asiaticus, 生没年不詳）のこと。前一九二年から始まったセレウコス朝とのシリア戦争を勝利に導いたスキピオ兄弟がローマに凱旋した後、弟は前一八七年に、兄は前一八五年にセレウコス朝のアンテオコス三世から金銭を受け取っていたという嫌疑をかけられた。この告発は政敵であった大カトーが糸を引いていたらしく、これを機に兄は政界を離れて隠退することになった。弟のほうは兄の死後、結局有罪となって投獄された。Scullard, *Scipio Africanus*, chap. 11. プルタルコス「マルクス・カトー（大カトー）」一五、『英雄伝3』、七五―七頁。

(41) マキァヴェッリ『ディスコルシ』第一巻第二九章、

この点について、アレクサンドロスはアンティパトロスとパルメニオンを憎み、後者を殺害した。[42] 同じくウェスパシアヌス帝は功績のあるアントニウスを解任して滅ぼした。[43] またアフォンソ・デ・アルブケルケは主人であるポルトガル王によって、[44] ゴンサロ大将軍はアラゴンのフェルナンドによって同様の仕打ちをされた。[45] 国王ヘンリ七世を戴冠させたダービー家のスタンリーも然り。[46] ローマの貴顕スラは彼が権力の座に就くのを助けた自らの精選の手先たちを滅ぼした。アウグストゥスは友人のキケロをそのように処遇し、彼をアントニウスによる悪意ある謀殺の眼に合わせた。[47]

枚挙にいとまがないこの種の実例は、このような卑しむべき仕打ちがあらゆる常設的な政権の結果であることを、したがって、それに対する論難は人民の統治体制よりもそうした政権に対して向けた方が適切であることを証明している。

以上、「自由な国家」の敵対者たちによって提起されたすべての、あるいは主要な反対論にお答えした。統治の失策および統治術の準則に進む前に、この後のすべての議論のまさに礎となることについて言及しておくことは不適切ではなく、大変便宜がよいであろう。すなわち、「すべての正しい権力と統治の起源は人民に存する［傍点は原文強調］」ということがそれである。[48]【九七号、一六五二年四月八―十五日】

八四―五頁。ここで言及されているタキトゥスの言葉は以下に見られる。タキトゥス（國原吉之助訳）『同時代史』ちくま学芸文庫、二〇一二年、第四巻一、二八三―四頁。

(42) アンティパトロス（Antipatros, 前三一九没）もパルメニオン（Parmenion, 前三三〇没）も、ピリッポス二世（Philippos II, 前三八二―三三六、在位 前三五九―三三六）とアレクサンドロス大王に仕えたマケドニアの将軍である。ユスティヌスによれば、アンティパトロスは大王の母親との確執やギリシアでの功績のために大王から疎まれ、大王毒殺の黒幕になったという。ポンペイウス・トログス、ユニアヌス・ユスティヌス抄録（合阪學訳）『地中海世界史』京都大学学術出版会、一九九八年、第一二巻第一四節、二〇八頁。また、前三三〇年、大王はパルメニオンと意見が対立するや、彼を息子のピロタスともども大王暗殺の陰謀に加わった嫌疑をかけて殺害した。クルティウス・ルフス（谷栄一郎・上村健二訳）『アレクサンドロス大王伝』京都大学学術出版会、二〇〇三年、第六巻第八章、二二二―三頁、第七巻第二章、二五二―八頁。

(43) アントニウスとはマルクス・アントニウス・プリムス（Marcus Antonius Primus, 生没年不詳）のこと。四皇帝による内乱時代（六八―七〇年）、ウェスパシアヌス帝が軍によって皇帝に推挙されたときに、アントニウスは彼に加勢してローマに権勢を張っていたウィテリウス帝麾下の二個師団に壊滅的な打撃を与え、ローマを占領した。しかしその後、ローマでの権勢を高めたアントニウスをウェスパシアヌス帝は徹底的に冷遇したため、アントニウスは失意のうちに憤死したという。マキァヴェッリ『ディスコルシ』第一巻第二九章、八五―六頁。

(44) アフォンソ・デ・アルブケルケ（Afonso de Albuquerque, 一四五三―一五一五）は、ポルトガルのインド総督。インドのゴアを占領して植民地を建設すると、それを拠点にインドおよび東南アジアへの進出を推し進め、ポルトガルのアジア進出に多大な功績をあげた。しかし、一五一五年、国王マヌエル一世が彼に対立するロポ・ソアレス・デ・アルベルガリアを後任に選んだことに落胆し、失意のなかで死亡した。生田滋『ヴァスコ・ダ・ガマ——東洋の扉を開く』原書房、一九九二年、一七五—九頁。

(45) ゴンサロ・フェルナンデス・デ・コルドバ（Gonzalo Fernández de Córdoba, 一四五三—一五一五）はスペインの将軍。彼はアラゴン王フェルナンド二世（Fernando II, 一四五二—一五一六、在位 一四七九—一五一六）に仕えてフランス軍を破ってナポリを確保したにもかかわらず、王はゴンサロの軍指揮権をすべて剥奪した。彼はまもなく栄誉を失って死んだという。マキァヴェッリ『ディスコルシ』第一巻第二九章、八六頁。

(46) 初代ダービー伯爵トマス・スタンリー（Thomas Stanley, 1st Earl of Derby, 一四三三頃—一五〇四）。ヘンリ・テューダー（後のヘンリ七世）は彼の妻マーガレット・ボーフォートの連れ子であった。薔薇戦争中は終始日和見主義的態度を取り続けた。一四八三年、エドワード五世に対して反乱を起こしたグロスター公爵（後のリチャード三世）によりヘイスティングス男爵とともに捕らえられるが、彼だけが釈放された。しかるに、一四八五年のボズワースの戦いでは、リチャード三世の陣営に身を置きながら参戦せずに、結果としてヘンリ側の勝利に貢献する格好になった。ヘンリ七世の戴冠後にはダービー伯爵に叙爵され、ランカシャーとチェシャーの所領を獲得した。ここでニーダムは貴顕が恩を仇で返す例として彼に言及している。

(47) 本書一三六頁を参照せよ。

(48) 一六四九年一月四日に、ランプ議会は次のように宣言していた。「人民は、神の下において、すべての正しい権力の起源である」。

すべての正しい権力の起源は人民に存する

この立場を否定する人々は、自らの意見の口実を得るためにノアとアダムにまで遡らざるをえない。いわく、世の原初的な、すなわち最初の統治体制は被治者の同意や選挙ではなく、統治者に付与された絶対的な権威によって設立された、と。[1] こうして彼らは次のように言う。我々の最初の先祖は自身のみが持つ十全な権力と権威によって支配した。洪水前後の族長たちもしばらくのあいだはそうであった。彼らは自分たちの出自と血統にある全家族に対する親権によって君主になった。その結果、父祖たちはその異常な長命と多妻のために、期せずして自らが生み出した王国や公国の支配者となったのである。

よって、この主権を伴う父権の血統ないし統治の由来をたどる人たちは、何としてでも「統治の起源は人民には存しなかったし、存するはずがない」と結論づけるのであろう。

これにお答えするにあたり、為政や統治は自然的に考えられる場合と政治的に考えられる場合のあること

(1) これは一六四八年に出版されたロバート・フィルマーの以下の著作によって提唱された説である。Robert Filmer, *The Anarchy of a Limited or Mixed Monarchy*, London, 1648, in Johann P. Sommerville, ed., *Patriarcha and Other Writings*, Cambridge U. P., 1991 [伊藤宏之・渡部秀和訳『フィルマー著作集』京都大学学術出版会、二〇一六年、所収].

を考慮していただきたい。自然的には、その者は自らの国の真の公的な為政者や父祖であり、族長時代には自身の子たちや子孫たちを支配した。この統治形態はほんの一時的なもので、洪水後まもなくして終焉した。ニムロデがそれを変更したときのことである。[2] 彼は多くの別個の家族を武力によって一体化させ、彼自身の統治体に服従させた。そして彼自身の意志と剣に基づいた恣意的権力によって、彼らを自分が課したいと思う法や条件に従うように強いたのである。

こうして家父長制的形態は僭主制的形態に変わった。どちらもその起源は人民に存せず、人民に由来もしていなかった（ことを私は認める）。また、どちらも我々の立場において意図されている統治体制とは無関係であった。

しかし第二に、自然のなかにも自然的出自による父権にも基礎を持たない政治的統治体制というものがある。それはある形態の政治社会に加入する人々の自由な選挙、同意、相互契約に基づいて設立される。これが今我々の言及している統治体制であり、ほとんどの時代で、そして今もなお要請されているものなのである。しかるに、もうひとつの方は時代遅れになって久しい。世の最初の時代だけに、その時代特有のものとして用いられたのである。

よって、こうした性質のすべての反対論を阻むために、我々がここで統治について語るときは、同意や契約による政治的なものだけを意味することとする。その起源が人民に存することを証明してみよう。最初はモーセ、それからヨシュアと士師たちの下でのイスラエルの統治体制に関しては、聖書ははっきりと次のことを示している。すなわち、彼らは神ご自身が直接制定された常ならぬ統治者であり、神が御霊によって彼らを起こし、その人民の上に据えたのであった。こういう性質の状況においては、そのような無謬で確実な指示をもらうことがその人民特有の幸せであった。よって、彼らの統治体制は（ある人たちが呼ぶように）神ご自身をその唯一の起源とする神政体制であった。それゆえに、その時代のその国に人民の選挙や契約による制度についての足跡がほとんど見られないのは驚くことではない。だが士師の時代の後、この人民が神によるこの一段と直接的な統治方法を拒絶し（主がサムエルに「彼らが捨てたのはあなたではなく、私だ」と言われたように[3]）、他国民の方式に倣った統治体制を望んだとき、神はご自身の大権の使用を差し控えられ、人民に彼らの自然権と自然的自由の行使を許されて、投票と契約により新しい統治体制と統治者を選択させたように見える。

彼らが目指した統治体制は王制であった。神ご自身はそれを喜ばれず、サムエルもまた喜ばなかった。サムエルは古い［統治］形態を持続させ、人民をして新しいものに尻込みさせようと望み、人民に、王たちが恣意的権力を担うようになれば、統治においてどんな怪物振りを発揮するかがわかると語る（それはサムエルが述べることを王が合法的に権利として行ってよいということでなく、王たちがどこまで大胆に自らの権力を悪用するのかを、ただ示すためであった。疑いもなくサムエルは、それを理性のみならず預言の霊によって予見したのである）。それにもかかわらず、人民は王を欲しがって言う、「いいえ、我々を治める王がなければなりません」。これに対

（2）創世記一〇・六―一四。

（3）サムエル記上八・七。

し神はサムエルに言われる、「彼らの声に聞き従いなさい」[4]。ここで明瞭なのは、最初に神は人民に自らの統治形態を選択する際の自然権の使用を許すものの、その後実際に彼らの統治者の選択の段になると、神がひとりの者を人民のために任命するという、ひとつの常ならぬことがなされたことである。神は常ならぬ直接的な仕方で、依然として人民の指導者にして保護者でいてくださるのである。しかし、神がその人物を親しく指名してくださったにもかかわらず、神は王位の確認と裁可を人民に任せられた。そのとき指名に関して神の意向がいかに優先されたとしても、すべての権利が当然人民に存することを示されるためである。というのも、サムエルはそれが人民の権利であることを人民に理解させるため、あたかもその問題がことごとく人民の側で新たに措置されるべきものであるかのように、人民全員をミヅバに集めている。そこで彼らは籤によってついにサウルを選び、その後即座に歓声と喝采で彼を称えたのである[5]。それからサウルのアモリ人〔ママ〕に対する武勇の確かな証拠を得た後、人民はギルガルに集い、もう一度彼が王であることを宣告した[6]。王位の正当性がことごとく人民の同意と確認に依拠する（のが当然である）ことを示すためである。よって、おわかりのとおり、聖書における政治的統治設立の最初の最も著名な証拠は、統治の起源が人民に存するか人民に由来していることを、広く知れ渡る形で例証しているのである。それゆえに、聖書に少なからずある類似の性格の事例をこれ以上挙げることはやめ、ただ次のことを思い起こすだけにしたい。ペテロの第一の手紙は、統治がすべての形態においてただ人民の意志と意向に依拠していることを示すために、あらゆる統治を人の規定（原文は '*the creation of man*'、すなわち、人の作った創造物）と呼んでいる[7]。

　これが真実であることを理性の力によって示すために、さらなる主張を行うこともできよう。しかし、そのことが正しいことを断言するには、これで事足りよう。後は事実を省察して次のことを考慮すれば、それが理性に一致していることを誰もが容易に信じるであろう。すなわち、統治の設立と改変が起きた様々な転換点において、(機会があるたびごとに)自分たちの選挙権と同意権を主張することは、世のすべての国民の一致した実践であったのだ。いにしえのイタリアではほとんどが「自由な国家」であり、君主はほとんどいなかった。今は君主ばかりで、「自由な国家」はない。ナポリは多くの革命の後、スペイン治下にある。ローマは教皇の下にあり、彼の下でかつて大勢いた元老院議員はひとりである。ヴェネツィアとジェノヴァには元老院議員と君侯がいるが、君侯の権力は小さい。フィレンツェ、フェラーラ、マントヴァ、パルマ、サヴォワには元老院議員はおらず、君侯のみがいる。その君侯は絶対的である。ブルゴーニュ、ロレーヌ、ガスコーニュ、ブルターニュにはかつては王、その後には君侯がいたが、今はフランスに併合されている。それは現在あるドイツのすべての公国が、かつてひとつの統治体全体のなかに合体されていたときのようである。カスティーリヤ、アラゴン、ポルトガル、バルセロナはかつて別々の王国であったが、今は先日離反したポルトガルを除いてすべてスペインに統合されている。フランスは最初ファラモン[8]治下のひとつの王国であった

(4) サムエル記上八・四―二二。
(5) サムエル記上一〇・二〇―二四。
(6) サムエル記上一一。ここでの「アモリ人」は明らかに「アンモン人」の誤りである。
(7) ペテロの第一の手紙二・一三。
(8) ファラモン(Pharamond)はフランク族の伝説上の最初の王。阿河雄二郎「近世フランスの歴史叙述――フランス『国民』の起源問題を中心に」、『関西学院史

が、後に四王国に分かれ、最終的に再びひとつになっている。イングランドはローマ人に軛をかけられるまで、諸々の「自由な国家」から成っていた。後にそれは七王国に分かれ、結局は再びひとつになった。こうして世がいかに統治の変転に左右されてきたかがおわかりであろう。これらの変革の多くに剣の力が殊のほか働いていたことは何よりも真実であるが、なかには（あるべき姿さながらに）人民の同意によって主に成し遂げられたものもあった。剣が道を作った変革においてさえ、支配権の根拠を裏づけるために、人民の同意が後から導入され利用された。事後的に共同体の同意を得て、彼らとの何らかの契約に入ることによって、自分たちの認証式を可能な限り正当なものに見せることが、すべての簒奪者たちの慣例であった(9)。合法性の外見で自らの地位をさらに十分に確立するためである。このようなすべての暴君と簒奪者の行為は、「正当には、すべての権力と統治の起源は人民に存するし、存するべきである」という彼らの（暗黙のものであれ）明白な告白なのである。【九八号、一六五二年四月十五―二十二日】

学』三六、二〇〇九年。

（9）一六五〇年一月のイングランドの「共和国臣従契約」はまさにこの典型例であった。詳細は訳者解説（二〇六―七頁）を参照せよ。

統治の失策および統治術の準則

これまで、すべての正しい権力と統治の起源が人民に存し、人民の最高会議の正当で秩序ある継承に存する人民の統治体制がほかのいかなる形態よりも格段に優れていることを証明してきた。次の箇所で、世のほとんどの国々が（とくにキリスト教世界と呼ばれる地域が）長らく巻き込まれてきた、統治術における共通の失策に注意し言及するのは当然だと思う。暴政の奥義が暴露され、その派手な外衣と華やかな外観がすべて剥ぎ取られれば、暴政は人類の文明化された地域から追い払われ、もっと粗野で野蛮な国々に仲間入りするかもしれない。

我々が古代のキリスト教徒の統治術のなかに見て取り、実際に暴政の主要な基礎になっている最初の失策は、教会的なるものと世俗的なるものへの国家の邪悪な分割である。(1) その誤りについては、最近の技巧を凝らした政治論の文筆家たちの叙述が何にも劣らず罪深い。だが、キリスト教徒たちがそのような国家の分割に従ったり、その分割の根本にある国民教会という方式を許したりしたという足跡が僅かでも聖書に記されていることを、いまだ誰も証明できていない。福音の趣旨と視野からは、逆のことが全く自明のこととなっ

(1)　ニーダムの欄外注には次のようにある。「統治におけるひとつの失策は、教会的部分と世俗的部分への国家の邪悪な分割である」。

ている。実際、イスラエル共和国はこのように分割されており、しかもそれが神ご自身の指定された規則と国制に則っていたと書かれている。それが当時の神のなさり方であった。そのとき神は全世界から親しくその人民のみをご自身の特別な民に選ばれ、当地におけるご自身の教会を国民的形態に建てられた。すなわち、当時、教会はその特定の国民に制限され限定されたものであり、ほかのすべての国民を排除していたのである。しかし、これがゆえに福音の下にある今日のいかなる国民もこの型に倣うことが合法的だと論じるつもりなら、第一に、神がユダヤ人の統治体制を我々が福音の下で倣うべき型として意図されたことを証明すべきである。そして、これを敢えて主張するのなら、第二に、我々がそのすべての点にわたって倣うべきなのか、それともいくつかの点にだけ倣えばよいのかを示すことが重要となろう。すべてに倣うべきだと断言するなら、それは正気の沙汰ではない。またいくつかの点に倣い、残りを断念するつもりであるならば、聖書から何らかの規則や命令を提示して、それのどの部分を受け入れ、どの部分を受け入れないのかを平明に示すことが重要である。さもないと、キリスト教徒が福音の下で倣う範型としてイスラエル共和国の形態が意図されているのは全部面においてなのか、それとも部分的になのかがはっきりしなくなるであろう。しかし、そのような規則が国民教会を主張する人々によって、聖書から提示されたことは一度もなかった。

それゆえに、キリストを世に遣わされた神の計画を真剣に考察すれば、それがユダヤ人の［統治］形態の尊大な施政に終止符を打つことであったことに気づかされる。神の教会と民は以前には特定の国民という狭い柵のなかに限定されていたが、今やその柵は取り壊され、すべての国民が教会に迎えられるべきなのである。すべての国民が一塊になって、ということではない。諸国民全体も諸々の国民集団も教会を形作ることはない。というのも、今や福音の下にある神の教会と民は政治的な身体ではなく、霊的で神秘的な身体となるからである。誰かれ見境なく冒険的に招き入れるのではなく、秩序をもって集めるのである。すなわち、召命を受けて聖化された人々を厳選するのである。神の教会と民は、この世の権力と思慮に由来する命令や国制によって強制的に引き入れられた一団の人々ではなく、キリストの御言葉と御霊が有する力と効能によって招き入れられる一団の人々である。というのも、キリストご自身が「私の王国はこの世のものではない。それはここから出たものではない、云々」と言われている。[2] したがって、これまでほとんどの国々において、おこがましくも世俗権力をお供にした教会権力と呼ばれる権力を打ち立てて権勢を担い、正統と定められた諸概念を維持するため、思慮、良き秩序、異端の防止、キリストの王国の推進に託けて、世俗の刑罰によって人間の良心を縛ってきた手合いは、この目的のために、（彼らが呼ぶところの）霊的権力を国家の此岸的で世俗的な利益と撚り合わせてきた。この連中こそが（と私は言いたい）、キリストの道に敵対する、まさに反キリストの右腕であった。キリストの王国、統治、統治者、官吏、支配者、法、条令、法令はこの世のもの（つまり、人定法）ではなく、この世の知恵の助力や工夫には依存していないのである。

この点とこの主張において、黎明期の不法の秘密がキリスト教のまさに揺籃期において働き始めた。[3] 後に、それはコンスタンティヌスなどのキリスト教徒の皇帝たちの甘さによって成長した。神は蔓延していた異教の偶像崇拝を抑圧するために、彼らを多くの良きことに用いられたが、彼らは（神の許しをもらったこ

（2） ヨハネによる福音書一八・三六。

（3） テサロニケ人への第二の手紙二・七。

とで）有頂天になり、高位聖職者や司教たちの赫々たる主張に目を晦まされ、秘儀に覆い隠された新しい形式のなかに潜む老獪な蛇を見つけることができなかった。というのも、今やサタンは新しい勝負を始めていたのである。それは次のようなやり方であった。まず、サタンは、高位聖職者たちが彼らの職務上の秘儀を続ける機会を見出せるように、危険な誤謬を用いて世の大部分の者を連れ去る。そしてその危険な誤謬を抑圧するという口実の下で、高位聖職者たちは世俗権力のなかに入り込む。彼らの手中にした権力はそれが持続していくうちに、ますます確実なものになっていき、彼らは大胆にも諸国民のすべてに洗礼名を付して洗礼を施した。彼らが（同じ口実の下で）すべての国の為政者と権力や権威を共有できるようにするためである。彼らはこれをすぐに成し遂げた。

幼子はこのように養育されて、短期間のうちに完成された人間、すなわち罪ある人間へと成長した（教皇が人間であるならばの話である。この点でまだ論争している者たちもいる）。権力を手中にした高位聖職者たちは、その後、彼らのなかで誰が最も偉大かで諍いを始めた。ついにはローマの高位聖職者が鐘を勝ち得た。次の段階は、各国民教会からさらに進んで、諸国民全体の母教会を作ることであった。実際、彼らは小さな始まりから、とんとん拍子で発展した。そして彼らは行き詰るや、鐘と聖書と蝋燭を用いてすべてのものに反抗し、王たちや皇帝たちを破門して廃位した。また彼らは異端の抑圧という当初の見掛け倒しの口実の下に人々の良心を縛り続け、彼らの恣意的な命令や伝承や誤謬のみを信じさせた。それらこそ、これまでの世にあった最大の冒瀆にして誤謬にして異端であった。今や彼らは行き詰っている。彼らをもう一度ことごとく潰すために何をなすべきかを考えよう。ルターが最初に氷を割ったとき、ドイツでは大そうな騒乱のなかで相当なお目溢しがあったのではないか。ここイングランドで、我々の最初の改革者たちがその仕事を開始したときも同じであった。これらの人々は部分的には巧くやったが、教皇の現実の暴政を払い除けたとき、その種子と原理を依然として後に残してしまったのだ。すなわち、世俗的なるものと結合した教会国家のことである。主教たちはプロテスタントを代表して自らの利益を王冠の利益と再び撚り合わせ、それによって彼らがピューリタンと呼んだ人々を、自分たちのような（彼らの言うところの）正統ではないという理由で迫害したのである。

結論を述べよう。ヨーロッパじゅうの内戦と擾乱のほとんどは、国民的形態の教会において聖職者利益と世俗的利益との妥結を許すことによって引き起こされた。このことを考慮すれば、教会的なるものと世俗的なるものへの国家の分割は、必ずやキリスト教徒の統治術における主要な失策のひとつとならざるをえないことが、疑いなく理解されよう。【九九号、一六五二年四月二十二―二十九日】

我々が注視する第二の失策は、あらゆる統治形態の下で極めて頻繁に起こるものである。すなわち、世のすべての国々において、暴政がひとつの形態から別の形態へと移行するのを防ぐための注意が、すべての時代において、またすべての変革の際に払われてこなかった、ということがそれである。(4) というのも、過去の

（4） ニーダムの欄外注には次のようにある。「暴政がひとつの形態から別の形態へと移行するのを防がないことは、統治術の主要な失策である」。

様々な時代や様々な国々の出来事や実践を観察すれば何よりも明瞭なように、絶対王制の利害関心とその諸々の不都合はほかの形態の下でも（それが防げなかった所では）明瞭かつ致命的なものであったし、またあらゆる時代の経験からも、次の格率の否定し難い証明となったからである。すなわち、王制の利害関心は唯一人の手だけでなく、多数者の手のなかにも存在しうるのである。

我々が考える絶対王制の利害関心とは、自らの意志と好みに基づいた命令のみに従って統治する特定の人間の手中に、権力と権威を無制限かつ無制御かつ無責任に配置することである。それはしばしば統治術の詭弁家たちによって、［統治］形態を変えることでその名称も失わせるというやり方で、偽装されてきた。しかしまさに実際のところ、その実体そのものは様々な統治の変革の際に、あらゆる［統治］形態の人為的な覆いの下から発見されている。よって、自由の状態に確立された人民にとって、こうした性質の事柄を教示してもらうことほど重要なことはない。後を継ぐ世代の人民が万が一昔の勝負を改めて戦わされる羽目になった場合、自由の保全手段を理解し、老獪な謀略家たちの狡猾な策略が明るみになっていれば、彼らは一方を推進し他方を妨げることにいっそう熱心になれるからである。

アテナイにおいてよく目につくのは、彼らが王を排除してしまっても、王的権力はその後のすべての統治の転換期に依然として維持されていたことである。というのも、彼らの十年任期統治者や（一般的に僭主と呼ばれている）三十人［の体制］は多数からなる王制に過ぎない。王制の利害関心は至高権の行使から人民を遠ざけ、自分たちが説明責任を負わない権力と権威の座に就くことで、相変わらず高い程度に維持されていたからである。それは以前に人民が置かれていた状態よりも、やや悪化した。というのも、王たちには指南役がいたし、彼らを引き留めて嗜める元老院のような会議もあったからである。しかしそのいずれも持たぬ新しい統治者たちは、あらん限りの高熱と発作を引き起こし、無拘束の大権の無節操な行使に走った。これにより、必要性と窮地が人民の眼を見開かせ、ついに人民は新しい形態に包まれた王権のあらゆる不都合を、しかも減じられるどころか増幅された不都合を見たのである。その結果、人民は（唯一の救済手段として）統治者たちの手から権力を取り除いて自らの手中に収め、それを共同体によって選出された人たちの不断の秩序ある交代のなかに置いた。今やこの公正な道に至り、民衆的［統治］形態の下においては、王制の利害関心が再び逃げ込む避難所はないと考えたことであろう。だが悲しいかな、逆のことが見出された。というのも、人民は「自由な国家」の準則に従って自らを厳格に監視し続けなかったからである。彼らは見掛け倒しの主張に口説き落とされ、作り物の必要性に欺かれて、特定の者たちの手に物事の管理を任せてしまった。これによって、自らの党派を形成しようとする者たちは、短期間のうちに独り立ちして、人民の同意なしに好きなことを行える好機を得た。最終的に彼らは、人民の継承されていく会議を断絶させたばかりか、これを完全に根絶したのであった。

ローマでも、あらゆる改変の下で事情は同じであった。すべてのことが強大化しつつある党派の狡猾な計略と、欺かれることに対する人民の他愛なさと手抜かりによって引き起こされたのである。というのも、（リウィウスらが見て取ったように）タルクィニウス家とともに王という名称こそ放逐されたが、その実質はそうではなかった。王位の権力と利害関心は依然として元老院に維持され、執政官によって独占された。タルクィニウスが論難されたほかの過ちのなかでは、ルクレティアの凌辱を除けば[5]、次のことが最も重大であった。

すなわち、彼がすべてのことを自分の頭で行い、元老院と協議することを止めたことである。これは恣意的権力の極みであった。だが、元老院が権力の座に就くや否や、彼らは自分たちがタルクィニウスのどのような点を攻撃したのかを忘れ、同じ失策に走った。彼らは恣意的で世襲的で説明責任を負わない権力を自らと自らの子孫のうちに確立して、（自己の利益と自由を申し立てた）人民が協議や統治に何らかの役割を担うことを認めなかった。人民は彼らの継承されていく会議を即座に設立することで、これを担うべきだったのである。その結果、おわかりのとおり、以前はひとりのなかにあったものと同じ王制的な利害関心が今度は多数者の手中に置かれた。それは私だけの所見ではなく、リウィウスが第二巻のなかで、ほかの多くの箇所と同様に、指摘していることでもある。'*Cum à Patribus, non Consules, sed Carnifices, &c.*'［父祖たちによって執政官ではなく刑吏が……とき云々］すなわち、（彼が言うには）元老院議員たちが執政官ではなく、人民を責め苛むために刑吏と迫害者を作ろうと努力したとき云々、のくだりである。[6] また同書の別の箇所には次のようにある。'*Consules, immoderatâ, infinitaq; potestate, omnes metus legum, &c.*'［法外で制約のない執政官たちは、権力によってあらゆる法の恐怖を、云々］すなわち、法外で無制限の権力を持つ執政官たちは法と処罰の恐怖を人民にのみ向け、彼らは（その一方で）自らと元老院での同盟者たち以外には説明責任を負わないのである。[7]

その後、執政官政権が排除されて十人委員会が登場した、（著者が言うには）'*Cum Consulari Imperio ac Regio, sine provocatione,*'［執政官の命令や指図には異議申し立てができないようにして］すなわち、いかなる者への上訴も許されない、執政官と王の権力を付与されて。[8]

そして第三巻で彼は言う、'*Decem Regum species erat.*'［それは十人の王のようであった］すなわち、それは王十人の［統治］形態であった、と。(9) 人民の惨状は王や執政官の下にいたときの十倍に増幅された。それゆえ、救済のためにその十人も解任された。そして執政官が復職したので、彼らの権力に頭絡を付けるために、独裁官職（それは必要な場合に、ほんの時折用いられる一時的な王権であった）と護民官と呼ばれる人民の代理人も復活させるのが適当だと考えられた。後者は、とくに人民の継承されていく会議に支援されれば、王制の利害関心に対する十分な障壁になると考えられたのであろう。しかし、これにもかかわらず、人民は自らの不注意によって欺かれた。自分たちが友と思った者たちに過度の信任と信頼を与えたのである。というのも、人民が特定の者の手にある独裁官職を延長することで「自由な国家」の準則から逸れたとき、王制の利害関心がそこに入り込んだのであった。公然たる王制の形態に復帰する遥か以前の、スラやカエサルらの下でのことである。人民が軍における彼らの指揮権を延長したとき、それがそこに忍び込んだ。前記の人物たちのときも、マリウスやキンナらのときも、三頭執政官のふたりの悪巧みも忘れていないポンペイウス自身

(5) ルクレティア（Lucretia, 前五〇九没）はコラティヌスの貞淑な妻であったが、タルクィニウスの息子セクストゥス・タルクィニウスに凌辱されて、自害に追い込まれた。この出来事はコラティヌスがブルトゥスとともに、タルクィニウス一族追放に立ち上がった重要な動機とされる。リウィウス『ローマ建国以来の歴史1』第一巻第五七―五八章、一一九―一二二頁。なお、本書一五頁訳注（6）を参照せよ。

(6) 前掲書、第二巻第五六章、二三六頁。

(7) リウィウス『ローマ建国以来の歴史2』第三巻第九章、二二頁。

(8) 前掲書、第三巻第三二章、六八頁。

(9) 前掲書、第三巻第三六章、七五頁。

においてさえそうであった。そして彼らはみな、ときには執政官、ときには独裁官、ときには人民の護民官と呼ばれつつ、あらゆる形態の下で絶対王制の悪名高いすべての非道を凌駕する算段を講じたのであった。フィレンツェについての所記においても明らかなのは、その共和国が最も自由に思えたときでさえ、王制の利害関心を振り払えなかったことである。というのも、元老院においてであれ人民のなかにおいてであれ、自らの野心的な目的に向かって前進し、人民の歓心を買って王の位置にまで伸し上がることは、常に成り上がり者たちの仕事だったからである。それは、修道士サヴォナローラやソデリーニやメディチ家の行動に見られるとおりである。メディチ家は（今日見られるとおり）公国の称号の下に、ついに絶対王制国家に身を据えた。また、（最近）王制がどれほど［ネーデルラント］連邦共和国に忍び込んだかを、忘れることはできない。

　さて、この論議から得られる有益な点は以下のことである。王制の利害関心が王同様に執政官にも、執政官同様に独裁官にも、唯一人の手のなか同様に多数者の手のなかにも存在しうることは明らかである。また、その習慣が統治の様々な転換期にあらゆる［統治］形態の下に潜在することも明白である。したがって、王制（単純なものであれ複合的なものであれ、名実ともにひとりの者の手にあろうと多数者の手にあろうと）の外へ出るためには、「自由な国家」の準則から離れないことが自由の国家にいるすべての人民にとって重要なのである。これによってのみ、人民は統治術におけるこの第二の失策を避けることができよう。よって、人民の自由に賛意を表明することにより、王制的暴政に備えてその道を塞いでくれる「自由な国家」や共和国の創設者たちに対して、人民は常に恭しく高潔な敬意を懐くべきである。人民の自由は、人民の最高会議における権威の正当で秩序ある継承に存するからである。【一〇〇号、一六五二年四月二十九日―五月六日】

「自由な国家」においてとくに注意を払って避けねばならない統治術における第三の失策は、人民の自由を保全するのに必要不可欠な方法と手段について、人民を無知にとどめておくことである。[10] というのも、これまで盲信と盲従が広まっているが、それらは聖俗の貴顕たちによって等しく人民に押しつけられ、躾けられたものであった。その結果、聖俗の貴顕たちは、すべての国々において自分たちのあいだで権威を分け持った。過去の時代には王たちと聖職者たちのあいだでいくつかの裁判権に関わる諍いが数多く起こったものの、支配の奥義は依然として錠と鍵の下に保たれた。よって、彼らの大権は人民の手の届かぬところ、知らぬところで、常に完全なままに残されたのである。これによって、君主などの常設的権力の担い手たちは、自分たちの利益が教皇においてだけでなく、「無知は献身の母なり」という神秘的な格率において提供されることを知ったのである。

しかし、以上のことは、自らを「自由な国家」と宣言した人民のあいだにあってはならないことである。人民は自由とは何であるかを知り、自由をして生き生きとした麗しい特徴を表しむべきだからである。それは、自分たちが自由に対して熱心で用心深くなるためだけではない。自由が知識と良き目的に則った熱意になるためでもある。次のことが最も必要であることに、全く疑問の余地はない。すなわち、今後現れるかもしれない突出した詭弁家たちの不倫の企みや強姦から自由を保全する手段と準則を人民に知らせ、徹底的に

(10) ニーダムの欄外注には次のようにある。「人民の自由のために必要欠くべからざる方法と手段について人民を無知にとどめておくことは、『自由な国家』における失策である」。

教え込むことである。

そして疑いなく、「自由な国家」を保全するための準則を定めんとするこの私の努力は、次の点を考慮すれば、ますます必要なことに思われるであろう。様々な時代にこの［統治］形態にありながら、これを期せずして紛糾させたり破滅させたりした不都合が生じたが、それらはみな（先に証明したように）人民が自らに実行や順守を委ねられていたはずの件の手段と準則を無視したり、あるいはむしろ知らなかったりしたためなのである。それゆえに、この種の知見の顕著な例を示す簡潔な事例集を作ったので、ここにそれを差し挟むことにしたい。自らの自由を保全するつもりの全共和国の人民には、これまで様々な国々で実践されてきた準則に従った自らの進路の舵取りの仕方を、知っておいてほしいからである。

第一に、王制的な統治に対して嫌悪や憎悪を懐かせる諸原理のなかですべての稚魚を飼育するだけでなく、誓いを立てられるすべての者に、今後も王や王的権力を容認しないという否認誓約を行わせることが慣例となっている。(11)

こうして、ブルトゥスは「ローマにおいては何者であれ二度と君臨することを許さない」という反王制誓約によってローマ人を縛った。(12)

またオランダ人も、フェリペ王とその王家だけでなく、すべての王に対する永遠の否認誓約(13)を行うことで自らを保全した。

そしてブルトゥスはこれだけでは済まさず、仕上げに王家の歳入を人民のあいだで分割した。これは人民に腹を括らせる良い方法であった。仮に王が復辟することにでもなれば、大権と王冠の力で再びすべてを奪い去ってしまうことがわかるからである。彼はまた、タルクィニウス家のすべての画像や彫像を取り壊し、屋敷を叩き潰した。それらが野心的な精神を懐く者たちにとっての誘惑として残らないようにするためである[14]。ヘンリ八世の統治術はこれに適合していた。彼は大修道院の歳入を処分したときに、「巣を壊せば、ミヤマガラス[15]は二度と戻って来ないだろう」と言いながら、建物も取り壊した。このやり方を模倣すべきか無視すべきかは場合にもよろうが、彼とブルトゥスにとっては最も確かなやり方であったことに疑いはない。こういう性質の事案においては、巣を残しておくことの便宜はその危険性に見合わないと、彼らは考えたのである。

第二に、特定の人物が普通以上に強大になったり大物になったりするのを許さないのが普通であった[16]。それはローマ人たちによって'*affectio Regni*'［王国愛］、すなわち「王国への熱望[17]」と呼ばれた。それはふたりの高貴なローマ人、マエリウスとマンリウスに見られた。彼らは国家に大変な奉仕をしてきたが、彼らの過

(11)　ニーダムの欄外注には次のようにある。「王や王制的統治を容認しないと誓うことは、すべての「自由な国家」におけるひとつの準則であった」。
(12)　リウィウス『ローマ建国以来の歴史1』第二巻第一章、一二九頁。
(13)　本書二四頁を参照せよ。
(14)　リウィウス『ローマ建国以来の歴史1』第二巻第五章、一三四—五頁。
(15)　ペテン師の隠喩。
(16)　ニーダムの欄外注には次のようにある。「特定の人物が普通以上に強大化するのを許さないことは、すべての「自由な国家」における準則であった」。
(17)　訳はニーダム自身の英訳に基づく。

去の功績や奉仕は人民の正当な怒りを買うことから彼らを免じることはなかった。人民は彼らを子孫への見せしめにした。まさに、後者の名は（彼のことをリウィウスは「自由な国家」に生きていなかったら比類なき人物、と呼ぶが）[18]その後ずっと彼の家門、かの有名なマンリウス家の全氏族によって否認された。そして、彼の名と彼の執政官時代の記録の両方は、元老院の布告によってすべての公式記録から抹消されたのであった。

この準則に入念に従わなかったために、近年、低地地方はほぼ自由を喪失するところにまで至った。オラニエ家の富は過剰に膨れ上がり、その最後の人物のときには王家に似つかわしい状態になった。そのため、彼の脳裏には「自由な国家」の一員に相応しからぬ考えや計画が浮かんだ。もし彼が神の摂理と闇夜に妨げられなかったら、人々は九分九厘、王的権力の軛の下に従属させられていたであろう。[19]

第三に、'*non Diurnare Imperia*'［命令権を持続しない］、すなわち特定の人物や家門の手のなかに命令権と権威が持続するのを許さないことがとくに注意された。[20]この点について我々は極めて鷹揚であったのに、ローマ人は腐敗するときまで、これに際立った注意を傾けた。リウィウスは第四巻で述べている、'*Libertatis magna custodia est, si magna Imperia esse non sinas, & temporis modus imponatur.*'［もしあなたが大きな命令権の存在することを許さず、かつ時間の制限が課されるなら、それは自由の大きな保護となる］、すなわち、「もし大きな権力や命令権が長く持続することをあなたが許さず、時間の点で制限するなら、それは自由の最高の防腐剤である」、と。[21]第九巻に見出されるとおり、彼らはこの趣旨でそうした権力や命令権を抑制するためにアエミリウス法と呼ばれる法を持った。その巻で彼はある高貴なローマ人を登場させて、次のように語らせている。'*Hoc quidem Regno simile est.*'［これは実際、王国も同然である］、すなわち「私ひとりがこの監察官の要職をアエミリウス法に反して三年と六か月担うべきだとは、これは実際、王国も同然である」[22]。第三巻でも、彼はそれがあるまじき所業であるかのように、五月十五日《〔ママ〕》が来たのに（それは彼らの毎年度の選出日であった）新しい選挙は命じられなかったと語っている。「それは疑いもなく王国以外の何物にも思われず、自由は永久に失われる」（*Idveró Regnum haud dubiè videre, deploratur in perspetuum [sic] libertas.*）[23]。何者かが独裁官の要職を、六か月

(18) リウィウス『ローマ建国以来の歴史3』第六巻第二〇章、四七頁。

(19)「最後の人物」は、オランダ総督のオラニエ公ウィレム二世（Willem II van Oranje-Nassau、一六二六—一六五〇）を指す。在位 一六四七—一六五〇年。彼は一六五〇年に、アムステルダムの軍事制圧を画策して失敗した後に病死した。Herbert H. Rowen, *The Princes of Orange : The Stadholders in the Dutch Republic*, Cambridge U. P., 1990, chap. 4.

(20) ニーダムの欄外注には次のようにある。「特定の人物や家門の手のなかに命令権と権威が持続するのを許さないことは、統治術における第三の準則である」。

(21) リウィウス『ローマ建国以来の歴史2』第四巻第二四章、二〇三頁。

(22) リウィウス（毛利晶訳）『ローマ建国以来の歴史4』京都大学学術出版会、二〇一四年、第九巻第三四章、一一八頁。この引用箇所は護民官プブリウス・センプロニウス・ソプス（高貴なローマ人）がアッピウス・クラウディウスに対して語っている場面の一節である。前掲書、第九巻第三四章、一一四頁。また、アエミリウス法は独裁官マメルクス・アエミリウス・マメルキヌスが前四三三年に制定した法で、これにより監察官の任期は五年から一年六か月に短縮された。リウィウス『ローマ建国以来の歴史2』第四巻第二四章、二〇三—四頁。

(23) リウィウス『ローマ建国以来の歴史2』第三巻第三八章、七八頁。「五月十五日」は「三月十五日」の誤りである。また、'*perspetuum*' は '*perpetuum*' の誤記

を超えて手中にすることは反逆であった。この趣旨の著名な事例を見たければ、カエサルに関してのキケロのアッティクス宛書簡を読んでいただきたい[24]。この点についてのその人民の配慮はまた、何者かが同じ官職を合わせて二度担うことを許そうとしなかったことにも表れた。

このことは同様に（アリストテレスが言うように）ギリシアのすべての「自由な国家」に見られた。

そしてローマにおいて我々が見出すのは、勇敢なローマの将軍のひとりキンキナトゥスが人民を演説で説得して、自らの指揮権を手放させてもらったことである。果たしてその時が来たのは、敵が城門まで迫って来て、彼の武勇と思慮が殊のほか必要とされる時期であることを、人民が彼に告げたときのことであった。しかし、いかなる説得も役に立たなかった。彼は人民に次のように告げて、辞職したのである。すなわち、「私の権力を延長したりすれば、敵のもたらす以上の危険が国家に及ぶであろう。なぜなら、そんな統治者はローマ人の自由にとって最も有害であることが判明するからである」[25]。もうひとつの演説がM・ルティルス・ケンソリヌス[26]によって人民に対してなされた。人民が祖先の意図や実践に反して、彼に監察官職を合わせて二度引き受けるように強いたときのことである。彼はそれを受けたが、（プルタルコスが言うように）次の条件を付けた。すなわち、その官吏であれその他の官吏であれ、当該官吏に属す職権に不利になる法を作る、ということがそれである。時が経って、その職権が統治者に握られるといけないからである[27]。人民は彼ら自身の護民官もこのように扱った。その法は「いずれの護民官も合わせて二年続けてはいけない」というものであった。ローマ人は、自らの自由の保全のためのひとつの主要な準則にして手段として、この点において極めて繊細であったのである。【二〇一号、一六五二年五月六―十三日】

第四の準則は、ひとつの家門のふたりに一度に顕職を担わせないことと、ひとつの家門に大きな権力の持続を許さないことである。(28) 前者は通常、後者をもたらす。また後者が防げられれば、その分だけ前者の危険は小さくなる。しかしながら、両方が避けられるべきである。理由は明白だ。これらを許せば、特定の家門に自分たちの私的利益を公共の利益と競合させる機会を与えることになるからである。ここから直ちに、共和国の業務が少数の人物の目的に従属させられるという、不届き千万な事態が国家に生じることになる。穀物は彼らのブッシェル枡以外では計量されなくなる。資材は、私用や一族のための建造物用に十分足りていない場合には、公共事業のために供給されなくなる。それゆえに、次のことはローマ人のあいだでは国家の要諦であった。「ひとつの家門のふたり以上に重大な官職を同時に担わせてはならない」(*Ne duo vel plures ex*

であろう。鍵括弧内の訳文はニーダム自身の英訳に基づく。

(24) キケロー(高橋英海・大柴芳弘訳)『アッティクス宛書簡集Ⅱ』、『キケロー選集14　書簡Ⅱ』岩波書店、二〇〇一年、一九〇(三):八五―六頁、一九五(二):九二―三頁、一九九(六):一〇七頁。

(25) Dionysius of Halicarnassus, *Roman Antiquities*, vol. 6, Harvard U. P., 1947, book X, 25, 27, pp. 251-3, 257-9.

(26) ガイウス・マルキウス・ルティルス・ケンソリヌス(Gaius Marcius Rutilus Censorinus, 前二五四没)は共和制ローマの執政官。

(27) プルタルコス「コリオラヌス」一、『英雄伝2』、一七五頁。

(28) ニーダムの欄外注には次のようにある。「ひとつの家門のふたりに一度に顕職を担わせないこと」。

una familia magnos Magistratus gerant eodem tempore.)[29]。そして、その少し後にこう続く。「大きな命令権がひとつの家門によって時効取得されてはならない」(Ne magna Imperia ab unâ familiâ praescribantur.)[30]。

元老院議事堂でカエサルが致命的な一撃を食らった後、彼の血族のオクタウィアヌスが尋常ならぬ権力の所有を彼から継承することを防いでいたら、ローマ人に残された僅かな自由は保全されていたかもしれない。その継承を実現させたのはキケロの仕業であり、実際それが彼の大失策であったことは後世においてしばしば認められているとおりである[31]。それは「最高の賢人でさえときには誤りを犯しうる」ことの裏付けに供しているのかもしれない。というのも、キケロがその人物を舞台に上げてしまったのである。その一方で、彼が癇癪を抑えて頭脳を働かせていたら、その人物よりもアントニウスと組むほうが好都合であることに難なく気づいたに違いない。オクタウィアヌスはいったん権力を手にするや、すぐに伯父ユリウスの党派と利害関係者を引き入れて自分の仲間にし、いともたやすく友人キケロを見捨てたばかりか、共和国と彼を共に破滅させることを目論んだのであった。

今日絶対的な支配力をもつフィレンツェのメディチ家は、手中にした権力を持続させることにより、公共の自由への反抗を敢えて公然と宣言するほどまでに短期間のうちに伸し上がった。コジモが従兄のアレッサンドロ[32]の後継になることがかくも容易に認められていなかったら、公共の自由は遥かに長く持続していたかもしれない。

またその家門のことで注目すべきは、彼らのひとりが教皇になったときに[33]、彼らはイタリアの様々な地域で計略を立てたが、それらが血族の教皇の贔屓によって成し遂げられることを疑わなかったことである。しかし、目的が遂げられないうちに教皇が崩御したため、彼らは先の教皇の弟であるジューリオ・デ・メディチ(34)を擁立するためにコンクラーベのなかに党派を作り、ほぼそれを成し遂げるところであった。だが、ついにポンペイウス・コルンバ〔ママ〕が立ち上がり、教皇の地位がひとつの家門のなかに持続し、ふたりの兄弟が続けてこれを手にしたりすれば、それがイタリアの自由にとってどんなに危険で不利益になるかが必ずわかるはずだと指摘したのであった。(35)

---

(29) 鍵括弧内の訳文はニーダム自身の英訳に基づく。

(30) 鍵括弧内の訳文はニーダム自身の英訳に基づく。

(31) プルタルコス「キケロ」四六、『英雄伝5』、七二四―六頁。

(32) アレッサンドロ・デ・メディチ（Alessandro de' Medici, 一五一一―一五三七）。一五二七年の皇帝カール五世によるローマ略奪の原因を作ったとしてフィレンツェから追放されていたメディチ家は、一五三〇年に教皇クレメンス七世とカール五世との和解によって帰還がかなった。その後、一五三二年にアレッサンドロはカール五世からフィレンツェ公に任ぜられ、フィレンツェは公国となる。そして、彼が一五三七年に暗殺された後に、その後継となったのがコジモ一世・デ・メディチであった。森田『メディチ家』、二五三―九頁。Catherine Fletcher, *The Black Prince of Florence : The Spectacular Life and Treacherous World of Alessandro de' Medici*, Vintage Books, 2017, pp. 77-9, 104-8.

(33) ジョヴァンニ・デ・メディチ（Giovanni de Medici, 一四七五―一五二一）、すなわち教皇レオ十世（Leo X）のこと。在位 一五一三―一五二一年。

(34) ジューリオ・デ・メディチ（Giulio de' Medici, 一四七八―一五三四）は後のローマ教皇クレメンス七世（Clemens VII）。在位 一五二三―一五三四年。

(35) ポンペイオ・コロンナ（Pompeo Colonna, 一四七九―一五三二）。ラテン語名、ポンペイウス・コルムナ（Pompeius Columna）。MPではコラムナとなっており、オラニエ家における権力の持続が［ネーデルラント］連邦共和国にどんな効果を持ったかは、誰もが見て取るところである。その計画がこの最後の当主の時代に熟す遥か以前に、その国民はそれを十分に感じていた。彼が即座に自分の地位を襲えるに十分な年齢の息子を残していたなら、おそらくその計画は進んでいたであろう[36]。しかし紛れもなく、その人民は賢明にも好機を利用して、（コカトリス[37]が成長しないうちに）その家門をして自由を関心事とする国家に一層相応しい気質に変えさせたのである。

古代ローマの元老院が短期間のうちに人民に対してかくも不寛容になったのは、まさに彼らがすべてを家門によって遂行したからである。それは今日のヴェネツィアの元老院と同じである。そこでの国制が違ったものであれば、（おそらく）人民は自由の国家にいるとはどういうことなのかが、遥かによくわかることであろう。

第五に、「自由な国家」では人民の投票や表決の威厳と権威は、元老院議員たちや最高会議において全面的に支持されるのが普通であった[38]。というのも、もしこれに目が向けられず、ほかの権力の統制や影響からこれが守られなければ、そのとき '*Actum erat de libertate.*'［自由は終わった。］、すなわち、自由と権威が永久に失われることになったからである。ローマ人民が自らの威光と権威を彼らの護民官たちや最高会議のなかで神聖なものに保っていたあいだは、彼らは本当に自由であり続けた。しかし、人民が自らの怠慢により、元老院におけるスラとその一派に自分たちを抑制する権力の機会を与えたとき、（かつては神聖なものとして尊重されていた）彼らの投票は踏みにじられた。すなわち、人民が討論するにも行動するにも儀礼的になってしまったとき、独裁官職の任期が切れたスラはすぐさまその権威の実体を常設の元老院の手中に置いた。後で人民がそれを取り戻すことが決してできないようにするためである。元老院自身もそれを長く保持することはなかった。カエサルがローマに進軍したとき、彼は元老院からも投票の権威を奪ってしまったからである。彼はほんの形式的にその投票を利用することで、合法性の影に隠れて、その権力を自ら担った。元老院は彼に対して敢えてこれを拒否しなかった。

　コジモはフィレンツェの元老院を全く同じように扱った。コジモは彼らの投票を利用したが、元老院が彼の野心に屈服せざるをえないように、あらかじめ処置を施していた。ティベリウスも自らの地位を固める努力をしたときに、まず元老院が彼の体制に同意せざるをえないように彼自らの献身を示して、元老院の賛成

ここでのコルンバは誤記であろう。彼は一五〇八年にニリエーティ司教、一五一七年に枢機卿になった。一五二三年に教皇ハドリアヌス六世が死去した後のコンクラーベにおいて、彼は前注のジューリオ・デ・メディチ枢機卿の選出に当初は反対していたものの、自らの政敵であったオルシーニ枢機卿が有力候補に浮上すると、結局反ジューリオの立場を翻した。ヒバート『メディチ家の盛衰（下）』、三二五―六頁。F・グイッチァルディーニ（川本英明訳）『イタリア史Ⅶ』太陽出版、二〇〇五年、第一五巻第六章、二〇八―一一頁。

（36）「最後の当主」ウィレム二世の嫡男（ウィレム三世）が生まれたのは、彼が病死した八日後の一六五〇年十一月十四日であった。以後、オランダは一六七二年まで無総督時代が続き、その間に幼少の当主の下で連邦共和国におけるオラニエ家の影響力は低下していった。Rowen, *The Princes of Orange*, chap. 5.

（37）本書三頁訳注（1）を参照せよ。

（38）ニーダムの欄外注には次のようにある。「最高会議の投票や表決の威厳と権威が完全に保たれること」。

投票を得た。そしてその後に彼が物事を命じる際にも、元老院の同意なしには彼が何もしないかのように、さらには元老院の懇願によって自分が命令権を引き受けさせられたかのように思わせた[39]。その結果はおわかりのとおり、命令権が正式に宣言される遥か以前に、事実上、命令権が存在していたのである。したがって以上のことから、我々は「自由な国家」では次の準則が必要であることを、過去の実践から明確に推論することができる。すなわち、命令権力の影響や混在で汚されていない、十分な活力に満ちた人民の自由な投票を維持せずには、国家が自らの自由を選好することはありえないのである。【一〇二号、一六五二年五月十三―二十日】

実践における第六の準則は以下のことであった。すなわち、人民が武器の使用の訓練を継続して受けること、そして民兵軍が人民の手のなかか、あるいは人民のうちでも自由の利益に殊のほか執着する人々の手のなかに委ねられること、がそれである[40]。権力が人民の最高会議の意向のなかに十分に置かれ続けるようにするためである。これが満足のいく結果となったときは、常に以下の趣旨に見合うものとなった。いかなるときも人民の同意、すなわち人民自身か人民から信託を受けた人たちの同意なしには、何事をも人民に課せなくなった。これがギリシアのすべての「自由な国家」で最も厳格に実践されていた準則であった。というのも、アリストテレスが『政治学』第四巻で述べるとおり、彼らは武器の利用と使用を人民に任せるように常に特別な注意を払った。（彼が言うには）共和国は武器を保持する人たちのものだからである[41]。剣と主権は常に手に手を取って歩む。ローマ人は、彼らの護民官と継承されていく会議とにおいて十全たる自由を持った後、この点にとても興味を持った。ローマ本国とその周辺の領土では不断に軍事訓練が行われ、これによって共和国[42]全体がひとつの正式な民兵軍になった。人民の大部分が武器を用いた総演習を行うことが、人民の自由の無二の塁壁であった。これが自国と国外の双方において自由を保全する最も確かな方法であるとみなされた。これによって人民の至上権は邪な隣国の襲来からだけでなく、同じ公民の何者かによる自国での侮辱行為からも保護されたからである。

彼らの武器がその手に委ねられた者のなかには、公共の利益を担う者、公共の利益によって動かされこそすれ給料だけでは動じない者、侵略者を追い払って自由のある日常に戻れるだけで十分報われたと考える者以外はいなかった。本当に、ローマは「自由な国家」の純然たる原理で行動していたあいだ、自衛のためには、いわゆる充足した人たち以外の部隊を用いなかった。彼らのほとんどは名士にして家長であり、'*pro Aris & Focis*'［祭壇と炉のために］すなわち妻子と祖国のために（有事のときだけ）武器を取ったのである。当時は都市民と農民と兵士とのあいだに階層における差異はなかった。昨日は都市民や村民であった者が、公共の

（39） スエトニウス「ティベリウス」、『ローマ皇帝伝（上）』、第三巻第二一節以下、二五三頁以下。なお、ここでの「命令権」の原語は 'Empire' である。

（40） ニーダムの欄外注には次のようにある。「人民は武器の使用の訓練を継続して受け、民兵軍はその国の利益に執着する人々の手に委ねられるべきである」。

（41） アリストテレス『政治学』第四巻第一三章、二一八頁。なお、「彼が言うには」は原文では「彼ら（they）が言うには」となっているが、明らかな誤記であろう。MPでは「彼が言うには」となっている。

（42） 原語は 'Common-weal' である。

自由のためとあれば、翌日には兵士になった。そして外国や自国内の侵害者を追い払って公共の自由が安全になると、すぐに兵士たちは再び公民に戻った。よって、ローマの初期の最高の将軍や兵士の勇者たちは畑からやって来て、任務が終わるとそこへ戻ったのである。

人民が護民官や［トリブス］民会を得る前でさえ、これが普通のやり方であった。すなわち、王たちを追放した直後の元老院の揺籃期のことである。そのときは元老院の会議においてすら、ある程度の自由の生気が存在した。彼らは自由を維持するために、このやり方を採ったのである。

タルクィニウス家は追い出されたが、目の前にあることは何でもできるという厚かましさで様々な侵害を試みる一派がまだ内部に残っていた。だがその間は、いかなる形態の兵隊組織も見出されない。ただ民兵軍が自由の利益に執着する一団の人々の手に委ねられ、働いていただけであった。彼らは公的負担をほとんどかけずに、あらゆる機会に元老院の同意を得て結集し、王的暴政の爪から自らを救ったのである。

後の時代に、彼らがこれ以外のやり方での共和国部隊の集結を許したのは、帝国が拡大し、属州の維持と獲得のために必要に迫られて（国外の各地に）有給の持続的な兵隊組織を作るようになってからである。そのとき、贅沢が支配とともに増大し、自由の厳格な準則と規律はすぐに捨てられた。武力は国外の属州だけでなく、本国においても維持された（その結果どうなったかは、所記が伝えるとおりであろう）。

キンナの野心、スラの恐ろしい暴政、マリウスの傲慢、そして彼らの前後に現れたその他の様々な指導者たちの自己目的は、イタリア全土を悲劇で、また世界を驚愕で満たした。そしてついに、人民は軍をイタリア内部に留めておくことでどんな惨状を自らに招いてしまったかを悟り、その惨状を防ぎ、武器を外部ないし適当な距離の下で用いるための法を制定した。その法こそ、「いかなる将軍もルビコン河を渡って行進すれば、公の敵と宣せられる」であった。

そしてその河の渡し場には、戦士たちに自らの義務を思い出させるために、次のような碑文［の刻まれた碑］が建てられた。「汝が武装した将軍であれ、兵士であれ、僭主であれ、立ち止まって軍旗を擱き、武器を捨てよ。さもなくば、この河を渡る勿れ」（*Imperator, sive miles, sive Tyrannus armatus quisquis, sistito vexillum armaq; deponito, nec citra hunc Amnem trajicitio [sic].*）[43]。

カエサルがかつて大胆にもこの河を越えて進軍したとき、自分は後戻りできないところまで来ていると考えたのはこのためである。次の勝負はなく、命令権[44]を掌握するためにローマそのものへと前進するのみなのである。

まさにこれによって、武器を失った共和国は自らをも失った。権力が事実上も形式上も唯一人とその依存者たちの手のなかに陥り、彼らはその後ずっと武器を人民の手から取り上げ続けたのである。

その後、公の民兵軍の代わりに近衛兵団が設立されたが、これについてはアウグストゥスとその後継者たちはカエサルに倣った。それは後の世の大貴族に真似された。コジモ初代トスカーナ大公もそうであったし、モスクワ人、ロシア人、タタール人、フランス人の大貴族もみなそのやり方で絶対者になっている。それは、

(43) この箇所の訳文はニーダム自身による英訳に基づく。なお、'*trajicitio*' はMPでは '*trajicito*' となっており、誤記であろう。

(44) 原語は 'Empire' である。

ここイングランドにおいても先王によって大変な努力が傾けられたことであった。彼はまず外国人すなわちドイツの騎兵隊を導き入れる計画によって、その後は自国民を腐敗させることによって、これを試みた。すなわち、彼は北部で軍を立ち上げ、帰還して議会を奪おうとした。彼は民兵隊を無視し、ついには国民との公然たる戦闘のなかへと身を投じたのであった。

よっておわかりのとおり、自由の道は共和国[45]の武器を、人民のなかでもその体制に執着する人々の手に委ねることにあったのである。【一〇三号、一六五二年五月二十―二十七日】

第七に、子供たちは自由の諸原理において教育され、これを教えられるべきである[46]。アリストテレスはこの趣旨のことを次のように平易に語っている。いわく、「若者の教導は彼らが暮らしている統治形態に合わせられるべきである。現在の統治体制が何であれ、このことがその保全には殊のほか役立つからである」[47]。その理由は次の点にある。すなわち、人間が青年時代に受けるあらゆる心の機微や印象は、それがさほど悪いものでない場合もあるにせよ、当人が理性の卓越性や健全な判断力を用いて教育の腐敗した諸原理を抑えでもしない限りは（そんなことはごく稀である）、成人になっても残るのである。

このことの確証のために、我々はプルタルコスやイソクラテスの様々な証言を、子供の教育が内政すなわち政治的統治に関わるという理由でこの論点を扱ったさらに多くの哲学者や雄弁家たちの証言とともに、引証してもよいかもしれない。しかし、これ以上の骨を折らずに、我々はそれを自明のこととみなそう。生き方や行動に関する人間のあらゆる関心事において、それが大変な影響力を持つことを、誰も否定しないと思うからである。

この点の必要性は理性からだけでなく、次のことからも明らかである。すなわち、共和国の青年をその［統治］形態に相応しい諸原理と気質で錬成する配慮がなされなければ、確かな安定と平和は決して期待できない。これがなければ、青年の学校や学園などのあらゆる育成機関、そして神学校は、その数の分だけ反乱や公の敵、そして母国の腸を引きちぎる残忍な怪物の温床になるだけであろう。そしてこの点での怠慢が内戦後の統治の改変に続いて起これば、ますますもって危険になる。若者たちが、不平を持つ昔ながらの教育者たちによる古いやり方と基本原理に擦り寄っているあいだは、古い統治体制への憧れが常に生じるからである。新しい世代が「自由な国家」の体制に反して、古い信条や感情を教理問答式に教え込まれるとき、古い統治体制が復帰する蓋然性はかなり高くなるに違いない。それがこの国の公然たる利益と受け取られるからである。それゆえに、こうした怠慢の結果は自明である。すなわち、敵意が不滅となり、安定は不可能となるであろう。政治社会ではなく、内戦への永遠の性向が生まれるに違いない。

プルタルコスやイソクラテスのなかに、ギリシアのあらゆる「自由な国家」がこの点で示した偉大な配慮

(45)　原語は 'Common-Weal' である。
(46)　ニーダムの欄外注には次のようにある。「子供たちが自由の諸原理において教育され、これを教えられること」。
(47)　アリストテレス『政治学』第五巻第九章、二七八—九頁。なお、鍵括弧内の訳文はニーダムのテキスト（英文）からの訳出であり、右の訳書に必ずしも依拠してはいない。

の良き証言が数多く見出されるのは、このためであった。「自由な国家」は教育者や教師たちを一定の準則に縛り、青年の教導のために古典として読まれるべき一定の著者を厳選した。ユリウス・カエサルの時代、ガリアのあの野蛮な地方においてさえそうであったことは、カエサル自身の記録によって明らかになっている。彼が語るところでは、彼らのなかのドルイド僧と呼ばれる名高い人たちの主要な職務は、青年たちに宗教教育を施すだけでなく、共和国の性質を教えて、彼らをその統治体制の役に立つ諸原理によって育成することであった(48)。

ローマにおける国家の二大転換期について考察するならば、最初は王制から「自由な国家」への、次は再び「自由な国家」から王制への転換であった。彼らはこの点における注目すべき観察内容を提供してくれている。

最初の転換期に見出されるのは、ローマ人が自由を得たときに、それを保全することがいかに難しかったかということである。ほとんどの青年が王制的諸原理で教育されていたからである。そのような指導者たちが自由の道に気持ちが向いていることなど、ごく稀であった。よって、(彼らの自由の創設者であった)ブルトゥス自身の息子たちでさえ、父と祖国のお陰で懐いたあの自然的な愛着を捨てた。彼らは腐敗した教育の王制的諸原理に惑わされ、タルクィニウス家を王国に連れ戻す計画に自分たちとともに参加するようにと、(彼ら自身に似た)ローマの青年たちの大部分を誘い込んだのであった。

また、古い教育の蓄積の何物かが生きていたあいだに、その共和国がどんなことを解決せねばならなかったのかが、実によく見て取れる。彼らが若い頃に染まった規律と統治の腐敗した特徴が年齢を重ねても薄れることがなく、彼らの多くを急き立てて、公の敵のあらゆる蜂起と侵略の嵐に加担させたのである。

他方、「自由な国家」から再び王制へと向かう転換期では、カエサルが「自由な国家」と自由の諸原理を教育された人民に対して支配を確立する際に、どんな困難に出遭ったかがわかる。それで結局のところ、カエサルは自らの簒奪行為のために提携した何人かの元老院議員たちに刺されて命を落とす破目になった。その出来事は人民のみならず、キケロ[49]やすべてのローマの文筆家のほか、自由の［統治］形態の下で育った人々に称賛されたのであった。

その後、アウグストゥスが伯父カエサルの遺産と権限を担ったとき、彼は *'lento pede'*［ゆっくりした歩みで］、すなわち大変ゆっくりと用心深く、それを行った。人民の自由を強姦した伯父への復讐に流れ込んだ、あの人民の魂を呼び起こすことを恐れたためである。

またタキトゥスは、その他アウグストゥスの体制にとって好都合であった点として、次のことに注意している。彼は手中にした権力を持続させようと、逡巡や紆余曲折を繰り返したあげく、無意識のうちに王座に就いた。彼が声明を発したのはその後であった。そのときには老齢の者はほとんど死んでおり、かなりの教育を施されて彼の王制的な支配に慣らされた若い世代が成長していた。タキトゥスの言葉は次のようなものであった。「（彼が言うには）ローマ市内は静穏だった。政務官たちの旧来の名称も変わっていなかった。若い

(48) カエサル『ガリア戦記』第六巻一四、一九八―九頁。ただし、ここでカエサルは共和国や統治体制に関わるドルイド僧の職務について全く触れていない。

(49) キケロー『義務について』第二巻七、一三六頁。

人たちはすべてアクティウムでのアウグストゥスの勝利の後に、また老齢の者の大半も内戦の最中に生まれた。それは『自由な国家』が紛糾し簒奪されたときであった（実際には、有力で野心的な者たちによって名目上は維持されていたが）。よって、アウグストゥスが帝国を担い、所有したときに、『自由な国家』の古来の統治形態を見たことがある者はひとりとして生きていなかった。このことは実際、彼の計画を非常に楽にした。当時生きていた世代は、彼の策略と権力によって、彼自身の王制への関心と情熱に従うように躾けられたからである」[50]。

さらに議論を広げることもできようが、青年に対する統治体制の注意深い教育がどんなに重要かを示すには、これで十分である。それゆえに、あらゆる方法と手段を尽くして、人民を自由の諸原理で染め上げ、彼らにこれを教えることは、疑いもなく「自由な国家」の体制において注視されるべき要諦のひとつである。

【一〇四号、一六五二年五月二十七日―六月三日】

第八の準則は、振舞いの点で、人民自身にさらに関りのあるものである。すなわち、人民はひとたび自由を持ったら、それが放縦に向かわないように、それを穏やかに用いるべきである。放縦は暴政そのものであるから、結局それは大抵の場合「自由な国家」を腐敗させ、それを王制的暴政へと転換させてしまう。それゆえに、（防止のために）少々警告を記しておく必要がある[51]。

第一に、「自由な国家」では国内不和を避けることが何よりも必要である。よって、次のことを銘記すべきである。すなわち、人民の権力と権威を信託される人たちの不調や怠慢のすべてに対して、いちいち極端な療法を用いるべきではない。[52]というのも、統治においてひとつの不都合が起こるとき、それを暴力で矯正したり規正したりすれば、千もの不都合を引き起こすからである。また、内戦すなわち剣こそが病んだ国家を回復させる通常の方法だと考える者がいるとすれば、それは高熱のときに蒸留酒を与えるくらいの狂気の沙汰であろう。あるいは頭痛を治すために、自分で心臓から放血するようなものである。

それゆえに、騒乱や不和や暴動の非道さが暴君とその手下たちによって人民の統治体制に向けられた論難の要因であることを考えれば、それを論駁する手段は次のことをおいてほかにはない。すなわち、自由の国家に定住している人民、あるいは今後定住する人民は、すべての出来事において慎重で穏やかに振舞うことによって、また自らがひとたび上位者に選んだ人たちには正当な敬意を払うことによって、(あらゆる機会に)その論難を虚偽にしてしまうことである。

以上のことが最も必要である一方で、共和国の治療のために激しい迅速な療法を用いる正当な(それが正当なものであることを確信していなければならない)理由があるのなら、そのときには(すべての至上権と権威は実際的

---

(50) タキトゥス(国原吉之助訳)『年代記(上)』岩波文庫、一九八六年(初版一九八一年)、第一章三―四、一六―七頁。なお、鍵括弧内の訳文はニーダムのテキスト(英文)からの訳出であり、右の訳書に必ずしも依拠してはいない。

(51) ニーダムの欄外注には次のようにある。「人民が遵守すべき諸警告」。

(52) ニーダムの欄外注には次のようにある。「人民は悪政のすべての事例に究極の療法を用いるべきではない」。

かつ基本的に人民に存し、受託者や代表者には奉仕職としてそれらが置かれていることを考えれば）人民は何としてでもその治療を引き受けることが重要である。

それは一言でいえば、権力者たちによる、人民の自由の基本的ないし本質的要素への明らかな侵害（計画であれ現行犯であれ）に思われる場合に限ってのことである。そうした要素なくして自由は成り立たないからである。

この本質的要素が何であるかは、これまでの議論からまとめられるかもしれない。そのすべての意味はひとつの実例によって例証されるであろう。それは、ローマにおいて元老院と人民とのあいだに三〇〇年間持続した、敵から収奪された土地の分割をめぐる有名な争いである。

元老院議員たちは自分たちのあいだで土地を分けてしまい、人民にはほとんど、あるいは全く土地を割り当てなかった。それは大変な不満を引き起こした。人民はその不満を抑えるために、元老院議員は五〇〇エーカーを超えた土地を所有できないと規定する法[53]を作るまでになった。

元老院議員たちは、人民によってこのような削減を受けるのは、自分たちの自由に反すると叫んだ。すると人民は、元老院議員たちが富と権力を自らの手に独占することで、かように大物と化すことは自由と相容れないと叫んだ。リウィウスが言うには、この点では人民の言うことが正しく元老院議員たちが間違っていたが、それを国内不和の原因にした点ではどちらも有害なことをした[54]。すなわち、時を経て、自由の偉大な後援者と考えられたグラックス兄弟が人民の側につくことを引き受けたとき、彼らは元老院議員たちを理屈で屈服させるという穏やかな手段や方法を見出さずに、大変な激情と暴力をもって突き進んだ。そのために、自らの安全を守るのに汲々とした元老院は、彼らの将軍としてスラを選ばざるをえなくなったのである。人民はこのことを見て取るや、彼らもまた軍を召集して、マリウスを自分たちの将軍にした。その結果はご承知のとおり、紛れもない内戦に至ったのであった。

実際、その事態を生じさせたのは元老院議員たちである（というのも、彼らにはあれほど無作法なやり方で自己を強大化すべき理由はなかったからである）。しかし、それは人民が取ったようなやり方で対処されるべきではなかったし、あのような暴力が用いられるべきではなかった。というのも、おわかりのとおり、元老院の貴族たちの野心を抑えるのにも先祖たちはもっと節度のある方法を取っていたし、それを再び見出すことだってできたかもしれないからだ。ゆえに、人民はまずそうした方法をもう一度試すべきであったし、心得違いの激しさと猛烈さをもって武器に走るよりも、これまで実践されてきたほかの手段の限りを尽くすべきであった。武器は殊のほか窮余の救済手段であるため、ほかのすべてのやり方が徒労に終わったとき、また公共の

(53) リキニウス・セクスティウス法。

(54) リウィウスはリキニウス・セクスティウス法について、このようなことを述べてはいない。ニーダムは貴族と平民とのあいだにあったこの法をめぐる論争と後代の農地法をめぐる論争とを誤って、あるいは意図的に混同している。リウィウス『ローマ建国以来の歴史2』第四巻第四八―五一章、二五〇―九頁。この点については、以下を参照せよ。Eric Nelson, *The Greek Tradition in Republican Thought*, Cambridge U. P., 2004, pp. 92-3.

自由が差し迫った危険と揺るぎない必要性によって本当に懸念されているとき以外は、決して用いられるべきではない。というのも、疑いもなく収拾できたであろうこの諍いが、無分別によって、かくも血みどろの内戦の原因になったからである。野戦における敗亡とローマ市内における虐殺は、罰金と追放と非人間的な残虐行為を通じて両陣営に影を落としたが、そのつけを払わされたのは貴族と平民の最高の血筋の階層であった。そして最終的には、それは彼らの自由をも失わせたのであった。

この内戦の根から生じたのが、ポンペイウスとカエサルのあいだで繰り広げられたあの壮大な内戦であったことは注視に値する。それは、人民が究極的な救済手段を利用してよいのはいつなのかを示す、我々のもう一方の議論を説明するのに役立つであろう[55]。それは、公共の自由に対する侵害行為が明らかに計画され、及んだ場合なのである。というのも、カエサルは兵士たちのあいだでの彼の行為によって、それからルビコン河を兵士たちとともに渡ってローマへ露骨に行進することによって、元老院と人民に疑念をもたせる明瞭な原因を作った（これは法のうえでは反逆であった）。これは明白な簒奪であり、人民と元老院の側に、自らの自由のために武装し、ポンペイウスの指揮下で内戦を開始する揺るぎない必要性をもたらした。よって、もうひとつの「スラとマリウスの」戦いが思慮と節度の範囲に彼らが留まれたなら不要であったのに対し、この最後の戦いは必要であったのである。

我々自身の国においても、極めて注目に値する実例がある。それは振舞いの点で、全世界の正しい模範として役に立つかもしれない。先王の統治における義務不履行の目録にざっと目を通せば、彼の折に触れての異常な侵害行為にもかかわらず、人民が異常なほど忍耐強いことが見出される。様々な独占や賦課などの霊肉双方における人民の抑圧は公表されて全世界に知られており、数え上げるまでもなかろう。その極めつけは、議会を唐突に解散しただけでなく、人民から彼らの正当な［議会の］継承を奪うことで公然と議会の破壊を目論んだことであった。だが、このすべてにもかかわらず、武器という窮余の救済手段は、人民が自己を保全する揺るぎなき必要性から、自らの権利や自由によって武器を手に取るまでは、差し控えられたのであった。

よってこれらの範例から、自由の国家の人民は、国王派から「自由な国家」と共和国の主だった不都合として攻撃されている放縦や騒乱や国内不和を避けるための自らの身の処し方を、十分に教えられているのかもしれない。またここから、上位者を敬うからこそ生じるはずの思慮と忍耐のすべての要諦が見て取れるかもしれない。ただし、それも人民の自由に不意打ちをかけてこれを強奪する計画が歩み出だしていることが、人民にとって自明となるまでのことなのである。【一〇五号、一六五二年六月三―十日】

第二の警告は人民の選出権力に関わるものである。すなわち、人民は政務官のすべての選挙において、自由を愛しこれを確立することに最も優れた働きをなすと思われる人たちのみを選出することで、公共体に特別な注意を払うべきである。

そのような人たちの手のなかになら、自由の守護者の職務を安心して預けられるであろう。彼らは公共の

(55) ニーダムの欄外注には次のようにある。「どんな場合にローマ人は究極的な救済手段を用いたか」。

利益と自らの利益とを一体化させており、よって繁栄のなかであれ逆境のなかであれ、それを裏切ったり捨てたりはしないからである。他方、別の資質や気質の人たちが権威の座に就くならば、彼らは自分たちの得になる範囲を超えてまで、公共体に奉仕したいとは思わない。彼らは機会を見計らっては、身を引いたり乗り出したりする。まさに、次のことは確かな準則と受けとめられたい。すなわち、共和国への愛をほかの一切の配慮に優先させない人物がもし権力の座に就いたなら、そのような者は（我々が言うところの）みんなのお金[56]になる。御用商人たちはみなその者を代理商にするかもしれない。その者は十分な約因をもって、公共の利害関係を用いてしばしば利益を得るであろう。また彼はあらゆる党派に出荷する在庫、あらゆる意見の者たちと共有する在庫を持っており、（場合によっては）公共の敵と共和国の両方と同時に取引をすることであろう。

だが、私が典拠なしに語っているのではないことを、わかってもらいたい。それは私自身の意見であるとともに、アリストテレスの意見なのである。彼は『政治学』第一巻《[ママ]》で[57]、次のように翻訳できることを述べている。「現行体制を愛さない者たちが権力に就かされるとき、共和国の形態はそのとき怠慢によって改変される」（*Per negligentiam mutatur status Reipublicae, cum ad Potestates assumuntur illi qui praesentem statum non amant.*）[58]。すなわち、共和国を憎む者を避けることだけが、それを保全する方法ではない。共和国を愛さない者、つまり内面に積極的に働く愛情の原理によって共和国に熱い結びつきを持たない者も、同じように避けるのである。その理由は極めて明白である。そういう者たちの愛情は冷淡な性質を持っているため、ごく僅かな変更や衝動がある際に姿を現すどのような［統治］形態や利害関係や党派にも走りがちだからである。これについては十分過ぎる実例を示せようが、それは差し控えたい。かつて「自由な国家」で起きた擾乱や騒乱や国内不和のほとんどは、自由の利益に執着心を持たずに権力の座に就いた者たちの野心的で不誠実で歪んだ実践によって引き起こされたということで十分であろう。

これが真実であることは（ほかの多くのことは割愛するが）、自由が人民の最高会議の継承において十分に確立された後のローマ人の国家において確認することができる。というのも、元老院における貴族たちは（どんなに取り繕おうと）別の利害関心を持った人々であり、ときには狡猾さ、ときには買収によって人民から信用を取りつけ、同僚の元老院議員たちに繋がったり追従したりすることで、人民の諸事や関心事や理解を歪め、惑わし、かき乱すからである。そしてついには、彼らは敵対者として力尽くでできなかったことを友人として詐欺によって成し遂げ、人民から平穏で快適な自由の享受を奪ったのである。

第三の警告は、人民は最高法廷や評議会に何者かを選出するすべての場合において、派閥や同盟関係や偏

(56) すなわち、誰にとっても価値があり、利用できるもの。

(57) 「第五巻」の誤記である。

(58) アリストテレス『政治学』第五巻第三章、一二四四―五頁。ただし、ここで引用されている文章はニーダムによる当該箇所のかなり大雑把な要約である。なお、この鍵括弧内の訳文はニーダム自身による英訳に基づく。

愛によって歪まされてはならず、純粋に功績のみに基づいて人を選ぶべきだということである。[59]

前段のやり方は常に不満、結託、党派の原因になった。

後段の方は、ずば抜けた誠実さと英知を持っているという明確な評判を得ている人が権威の座に就くのを目の当たりにすれば、正反対の精神を持つと思しき者の口を噤ませるし、全世界の同意と賛同を引き出す。

第四の警告は以下のとおりである。自由の秘訣は、すべての為政者と官吏を自己の振舞いと行為についての説明を負う答責性の状態に置き続けること、そしてまた、人民が誰でも好む者を告発する自由を持つことである。しかし他方で、権威者に対する誤った攻撃や告発や中傷を避けることが、人民にとっては何よりも重要である。[60] それは自由の最大の誤用にして汚点であり、騒乱や不和の原因としては最も頻度の高いものであった。

アテナイ人たちのあいだのオストラシズムと呼ばれた追放は、（当初は）正当で気高い理由に基づいて制定された。ラケダイモン人たちのあいだのペタティズム《ママ》と呼ばれたものも同様であった。[61] それは、公共の自由に敵対したという嫌疑をかけられた者を共和国から追い出すためのものであった。しかし後に、それが誤用されると最も有害になることが判明した。それが短気な精神の持ち主たちに悪用され、彼らのなかの最高の評価に値する少数の（ほんの少数の）公民たちの反対が起こると、国内不和による国家の紛糾を招いたのである。

ローマ人たちも自由の状態にあったとき、すべての人物の答責性を保ち、誰でも好きなように告発できるこの自由も維持していた。しかしその後、すべての中傷者と虚偽の告発者に厳しい罰金を科すトゥルピリアヌスと呼ばれる元老院の布告(62)が完全に施行されて効力を持つようになると、彼らも極めて控えめになった。この規則の適正な遵守は、一方では権力者たちによる簒奪から、他方では民衆の喧騒や騒乱からその国家を長期にわたって保全したのであった。

第五の警告は以下のことである。人民は、共和国に顕著な奉仕をなした人に対する忘恩や無礼な応答には是が非でも気をつけるべきである。まただからこそ、人民がひとりもしくは複数の者の手に信託をおく際には、随意にそれを取り戻せる限度を超えないようにすることが公共の平和や安全のためには重要である。(63)

（59）ニーダムの欄外注には次のようにある。「派閥、同盟関係、偏愛はすべての選挙において避けられるべきである」。

（60）ニーダムの欄外注には次のようにある。「人民は権威者に対するすべての誤った攻撃を避けるべきである」。

（61）「ラケダイモン人たちのあいだのペタティズム」は「シュラクサイ人たちのあいだのペタリズム」の誤りである。オストラシズムが僭主になる恐れのある者の名を陶片に書いて追放したのに対し、ペタリズムはオリーブの葉（ペタロン）に名を書いた。Diodorus Siculus, *The Library of History*, transl. by C. H. Oldfather, vol. 4, Harvard U. P., 1946, Book XI, 86-87, pp.345-9.

（62）ネロ帝治下、プブリウス・ペトロニウス・トゥルピリアヌス（Publius Petronius Turpilianus, 六八没）の執政官時代の六一年に定められた法。George Long, 'Senatusconsultum,' in William Smith, ed., *A Dictionary of Greek and Roman Antiquities*, Little, Brown, and Company, 1859, p. 1027. タキトゥス（国原吉之助訳）『年代記（下）』岩波文庫、一九八六年（初版一九八一年）、第一四巻四一、二〇八頁。

（63）ニーダムの欄外注には次のようにある。「人民は忘恩を避けるべきであるのと同様に、無制限の権力を特定の者に信託しないように注意すべきである」。

その理由は、（格言に言うとおり）「名声が人間の振舞いを変える。」（*Honores mutant mores.*）からである[64]。権力や偉大さの取得と持続は、精神を誘惑に曝す。その誘惑はほとんどの人間にとって大き過ぎる帆であり、それを用いて安定した航行を行うことはできないのである。

世の王国とその栄光は、悪魔が釣りに出かけるときの餌である。その餌でしくじることはめったにない。人間を超え出た者でない限り、その餌を拒絶はできなかったであろう。いくつの「自由な国家」や共和国が、この点での経験で高い代償を払ってきたことか。自らの召使を信頼し過ぎたことで、結局は主人の方がその餌を受け取ることを余儀なくされたのである。その法外な権力が大それた野心的な考えをすぐに招き入れることを考えれば、誰もそれを不思議には思わない。そうした考えがひとたび入り込んだ所では、極めて不条理な、すなわち人間の諸原則に反する計画のうちで、人間がいささかの悔恨も考慮もなく突き進まない計画などない。というのも、野心の精神は浅薄な精神であり、それに与る人間を騙し、ワインの酒精以上に酔わせるからである。

よって、以前はどんなに賢明で正しく誠実であったとしても、後には正反対に、すなわちあらゆる自分の企てにおいて、恐怖も分別もなく突っ走る心神喪失の単なる酔っ払いになるのである。それゆえに、自らの自由を暴君の手から取り戻して救出し、「自由な国家」と宣言された人民にとって極めて重要なことは、紛れもなく、野心のあらゆる誘惑と機会が道から除去されるように事態を規制することである。さもなければ、必ずや騒乱と国内不和が起こる。その通常の帰結は、常に公共の自由の破滅であった。

こうして[65]、最初は公的な理由から武器を取って人民の指導者になったカエサルは、無拘束の権力に向かう野心的な考えを懐くと、すぐに彼の当初の仲間たちや諸原則と［別れの］握手を交わして別人になった。そして最初の好機が訪れたとき、彼は武器を公共の自由に向けたのであった。たとえば、スラは元老院に仕え、マリウスも人民に仕えたが、名称や公然たる態度においては違っていても、実質においては同じ暴君であった。

また、アテナイのペイシストラトス、シチリアのアガトクレス、フィレンツェのコジモやソデリーニやサヴォナローラ、ルッカのカストルッチョ[66]など、他の多くの地域に同様の者たちがいた。オラニエ家がオランダでなしたであろうことも忘れてはならない。全く同じ理由で、世界中の「自由な国家」において簒奪が始められたのである。【一〇六号、一六五二年六月十―十七日】

公共の自由を保全するための第九の、そして最後の準則は、人民の利益と至上権に反逆する罪を招くことを許されざる犯罪とすることである。[67]

(64) 鍵括弧内の訳文はニーダム自身による英訳に基づく。

(65) 原語は'This'であるが、MPの該当箇所は'Thus'である。ここは文脈上の意味から後者の誤記と考えて「こうして」と訳した。

(66) カストルッチョ・カストラカーニ(Castruccio Castracani, 一二八一―一三二八)は傭兵隊長出身のルッカの僭主である。マキァヴェッリ(服部文彦訳)『カストルッチョ・カストラカーニ伝』、『マキァヴェッリ全集1』筑摩書房、一九九八年。

(67) ニーダムの欄外注には次のようにある。「人民の自由に対する反逆は、許されるべきではない」。

このことを明瞭にするためには、ほかの国々の実践や意見に従って、反逆の範疇に入る様々な事項を収集することが不可欠であろう。自由の国家体制に確立された後のいにしえのローマにおける最初の反逆は、武力によってタルクィニウス家を王国に連れ戻すためのれっきとした陰謀に加わったブルトゥスの息子たちのそれであった。

このブルトゥスは、ローマの自由の創設者であった。それゆえに、その若者たちは簡単に許しを得られると思われたことであろう。しかし、自分たちの自由を保全することに対するローマ人の熱意は大変なものであって、彼らはみな無慈悲にも死刑に処された。そして今後、その他すべての者が類似の出来事の際に容赦されることを少しも望めないようにするために、その若者たちの父親が最も積極的に彼らの処刑を推進したのであった。

これは粗雑な形の反逆であった。しかし後代には、マエリウスとマンリウスの行動に取材できるような、もっと洗練された反逆が始まった。このふたりは共和国から高い評価を得るに値した。とくに後者は、ガリア人がカピトリヌスの丘を包囲したときに、共和国を破滅から救ったのであった。[68]

それにもかかわらず、彼は後に自らの並々ならぬ功績を理由に人民に付け込んだ。そして彼は良き公民の程度を超えて大物になり、人民の自由に不意打ちをかける考えや方針を懐いたために、死刑を宣告されたのであった。もっとも、これには人民も哀れみを禁じえなかった（実際、人民が自らを破滅から救った人物を滅ぼすことを余儀なくされたのは、不幸な必然であったからである）。マエリウスもまた、同様の出来事において同じ結末に至った。

その人民に対して同様に企てられた別の種類の反逆もあった。それは十人委員会と呼ばれた為政者たちによるものであった。彼らの行為と非難の根拠については、ただ以下のことを知らせておきたい。

それは私以外の文筆家たち、すなわちローマの事情や古代史について執筆したリウィウス、ポンポニウス、[69]ディオニュシオス[70]などの歴史家が十分に伝えてくれているであろう。

人民に対する第四の種類の反逆は、カエサルの時代の遥か以前から繰り返し行われてきた明瞭な簒奪であった。

その他反逆の範疇に入るも、あまり重大でないものがいくつかあった。そして、そのすべてにおいて、人民は人物を顧慮することなく、共和国の利益を擁護することに極めて厳格であった。

以上のいにしえのローマ共和国からの諸事例に、この点において言っておかねばならぬ残余のことを付け

(68) リウィウス『ローマ建国以来の歴史2』、第五巻第四七章、三七六―七頁。また、本書一三頁訳注(5)を参照せよ。

(69) ティトゥス・ポンポニウス・アッティクス(Titus Pomponius Atticus, 前一一〇―三二)はキケロの親友、文通者として知られる共和制ローマの富豪・文芸愛好家・年代記者。本書一三四頁を参照せよ。

(70) ハリカルナッソスのディオニュシオス(Dionysius Halicarnasseus)は、ローマ帝国初期の歴史家、批評家。代表作は神話時代から第一次ポエニ戦争までの歴史を扱った『ローマ古代誌』全二〇巻。Dionysius of Halicarnassus, *Roman Antiquities*, vols. 20, Loeb Classical Library, Harvard U. P., 1937-1950.

加えさせてもらいたい。今日のヴェネツィア国の実践についてである。その国家は世のなかに常に存在したそういう性質のことに対しては、細部にわたって最も厳格であった。よって、それこそが疑いもなく、その国家がかくも長きにわたって持続している最大の原因である。そこでは、何者かが共和国[71]に対する陰謀を僅かでも企てたり考えたりすれば、慈悲の余地なき死刑となる。以下に述べるその他いくつかの場合も同様である。

第二に、元老院議員が諸々の勧告に背く場合は反逆である。そこではそれは許されざる犯罪にして、慈悲の余地なき死刑をもたらす致命的な罪なのである。

この厳格さは、ローマ人の国家においても維持されていた。そこでは、この犯罪で有罪とされた者は火あぶりに処されるか曝し台の上で吊るし首にされた。(ワレリウス・マキシムスの第二巻で述べられているように)これに関する案件が述べられたり討論されたりするときには、大勢のなかで語られたことでも、まるで誰も何も聞いていなかったかのようであった[72]。このことから、彼らの元老院の布告は「タキタ[73]」すなわち「隠されたこと」と呼ばれるようになった。それらは執行されるまで、決して露見しなかったからである。

第三に、ヴェネツィアでは元老院議員やほかの官吏が、外国の君主や外国からどんな口実であれ贈物や恩給を受け取ることは、慈悲の余地なき反逆である。「神々自身が贈物の虜になるかもしれない」とは、異教徒たちの古い箴言であった。それゆえに、[外]国や[外国の]君主たちの下級裁判所になってしまえば、その結果は必ずや危険なものとならざるをえない。この場合、自国の利益や健全な理性に従って物事が運ばれることはありえず、外国からの数多の命令に追従するだけになるからである。しかし、ヴェネツィアはこうした不遜な背信とは全く無縁であるため、彼らと取引を行うすべての国家は公明正大にこれを行い、前もって財布ではなく、頭と相談しなければならない。よって、(トゥアヌスが言うように)[74] フランス王は造作もなくイタリアの君主や国家に絡む利権を買うことができたが、ヴェネツィア共和国だけはそうはいかなかった。そこでは外国に追従したり、外国から恩給を受けたりする者はみな厳罰に処されたからである。だが、ほかの地域においては、いくらでも逃げ道があったのである。

第四に、元老院議員が外国の大使や使節と私的な協議を行うことは反逆である。低地地方の我々の隣人たちのなかにもよく目につくのは、ある告発条項の存在である。バルネフェルトはこれに基づいて、スペインと敵対していた時代にスペイン大使と親交を持ち、意見を交わしたという廉で首を刎ねられたのであった[75]。

---

(71) 原語は'Common-weal'である。

(72) Valerius Maximus, *Memorable Deeds and Sayings*: *One Thousand Tales from Ancient Rome*, transl. by Henry John Walker, Hackett Publishing Company, 2004, bk. 2, chap.2, pp. 45ff.

(73)「タキタ」(Tacita)は沈黙の女神、あるいは死の女神。

(74) ジャック＝オーギュスト・ド・トゥー(Jacques-Auguste de Thou, 一五五三―一六一七)。ラテン語名、ヤコブス・アウグストゥス・トゥアヌス(Jacobus Augustus Thuanus)。フランスの歴史家でパリ高等法院司法官。Ingrid A. R. de Smet, *Thuanus: The Making of Jacques-Auguste de Thou (1553-1617)*, Librairie Droz S. A., 2006, pp.15ff.

(75) ヨハン・ファン・オルデンバルネフェルト(Johan van Oldenbarnevelt, 一五四七―一六一九)。ウィレム一世治下に反スペイン運動を指導したホラント州政治・法律顧問。彼が実現した十二年のスペインとの休戦中以上、世に存在した最も著名な「自由な国家」のうちの二国（残りのすべての国の代用となるであろう）の慣例と意見に則って、反逆の概略を、その最も注目すべき種類を示すことで記してきた。両国は、自由の保全のための主要な規則にして手段として、「自由な国家」の人民の利益と至上権に抗するこれらの種類の反逆の罪の招来を、許されざる犯罪としたのである。【一〇七号、六月十七—二十四日】

さて、この論考の先の主要論点に戻り、統治術の実践のなかで起こった残りの失策を明らかにしていこう。統治術における第四の、実際に蔓延している失策は、厳格な廉直の準則に拠らずに、国家理性によって事態を規制することである。(76) だが誤解なきようにわかっていただきたいのは、ここで国家理性を持ち出すことで、思慮と正しい理性から帰結する衡平な結論を非難しているのではないことである。というのも、すべての国家と君主の安全は、こうした性質の決定にかかっているからである。そうではなく、腐敗した原理から歪んだ目的へと流れるのが国家理性なのである。国家理性は政治家の理性である。あるいは政治家が野心を理性と認めるとき、昇進や権力や利得や復讐や好機を理性と認めるときには、むしろ彼らの意志と欲望が国家理性となる。それは当面の利益に役立ちうるどんな計画にも、政治家を乗り出させるに十分である。神の法に反しようが、共通の廉直の法にして諸国民の法に反しようが、お構いなしなのである。

国家理性と呼ばれるこの奇妙なまやかしをもっと生々しく描写すると、以下のようになる。それは最高の主権を有する命令者にして最重要の顧問官である。国家理性は船長にして羅針盤であり、国家の生命である。それは悪政についてのあらゆる異議や苦情に応答する。それは開戦をし、税を課し、犯罪者を殺したり赦免したり、大使を派遣したり接受したりする。

それは何事かを発言しては撤回し、何事かを行っては取り消す。一般道を拒絶して裏道となる直路を、最長の迂回路を拒絶して最短の近道となる直路を作ったりする。聖職者が聖書によっても、法律家が判例や先例によっても解けない困難な結び目が解かれるようになるとすれば、国家理性が、すなわち愚か者にはわからない百余の方法がそれを解くのである。それはイタリア人が'*Raggione distato*'［国益］と呼ぶ偉大な女帝である。それは兵士のように喚き散らし、フランス人のようにお世辞を言い、手品師のように誤魔化し、政治家のように誇示し、月のように様々な外見に変化するのである。

しかし、国家理性と呼ばれるこの統治術の砂の土台に対抗して、我々はもっと卓越した方法に注目してよい[77]。すなわち、廉直な人が平明な言葉で表現するあらゆる義を精力的かつ即座に行うにあたり、神を素朴に信頼することである。その趣旨は次のことにある。'*Fiat justitia, & fractus illabatur Orbis.*'［正義がなされるようにせよ。そうすれば、世は崩れ落ちる。］すなわち、実直に行動して自らの約束と原則に偽りなく沿って歩め。天と地の構造が崩壊しても、神は支えてくださり、辛子種一粒ほどの信仰を期待されるのみだからであ

にウィレムの後継者のマウリッツ公と対立し、反逆罪で処刑された。Rowen, *The Princes of Orange*, pp. 32-51.

（76）ニーダムの欄外注には次のようにある。「国家理性が廉直の準則に優先されるのは統治術における失策である」。

（77）以下、本段落全体が丸括弧で括られた部分を除いて、ほぼ下記の書物からの引用である。Charles Hotham, *Corporations Vindicated*, London, 1651, p. 25.

る。[78]さらに、ひとりひとりが正しい義なる原理に従うことで、人間は成功を慮るあまりの苦しみから心が解放されて、大胆に進めるという強みを得る（そういう人は、人間が約定を交わして決めた何事かにひとたび巻き込まれるとき、発覚や失敗を恐れるあまり永遠に苛立たせられる例の熱や寒気、発作や慄きを被ることはない）。そういう人は繁栄して自国民に大きな善をもたらすか、さもなければ名誉と勝利を得てから世を去るのである。

しかし、人間が発明した一方の原理に従って国益というイタリアの女神に仕える人々は、しばらくのあいだは神々として生きるかもしれないが、人間のごとく死に、君主のひとりのごとく滅びることになる。

だが、言葉を並べ立てても仕方がないであろうから、あらゆる時代と国々から集めて来られる多くの実例のなかから少し取り上げてみよう。ファラオをしてイスラエルを隷属状態にせしめたのは国家理性であった。後に彼らが解放されたとき、再び彼らを昔の奴隷状態に引き戻そうとさせたのも然り。だが、ファラオがどうなったかはご存じのとおりである。またサウルをしてアガグを見逃せしめ、[79]ダビデの破滅を謀らせたのは国家理性であった。

ヤラベアムをしてダンとベテルに子牛を置かしめたのは国家理性であった。[80]

アヒトペルがアブサロムをして全イスラエルの目の前で父親の妾たちを汚させたとき、それは国家理性（それも抜け目のないもの）によるものであった。[81]彼らが最後にどうなったかはご存じのとおりである。初めにアブネルをしてサウル家に加担させたのも、またアブネルが名声とダビデの寵愛の点でヨアブの対抗馬になった後で、ヨアブをしてアブネルを殺害させたのも同様であった。[82]彼らの最後はどちらも血に染まった。

アドニヤを赦したソロモンが、後に非常に些細なことで彼を討たせるのが適切だと考えたのはこれのためであった[83]。

そしてイエフは神から主君アハブの家を全滅させる許可を得ていたにもかかわらず[84]、その執行においては自らの利益に関わるところで国家理性を混ぜ合わせ、そのことによって正義の執行における神の命令と誉れ以上に、自分の立身を気にかけた。それゆえに、神はご自身の痛みのためにイエフを呪い、預言者ホセアの口を通じて、アハブの家の流血の報復をイエフの家に対して行うと威嚇された[85]。

キリストが生誕するやいなや、これを滅ぼそうとする気持ちをヘロデに起こさせたのは国家理性であった。栄光の主を十字架にかけることに加わり、やがてはユダヤ人の土地と民に降りかかった重い呪いを受けることになったのは、（ローマ人が彼らの土地と民を奪いに来ないようにしたかった）[86]ユダヤ人の場合にも、（カエサルの味方ではないと思われないようにしたかった）[87]ピラトの場合にも、国家理性のせいであった。

教皇と枢機卿たちを相互に緊密に結びつけ、彼らとキリスト教世界の王たちとをひとつの共通の利害関係に縛っているのは国家理性である。それは［彼らが］大物になって、人民を奴隷化するためである。このた

(78) マタイによる福音書一七・二〇。
(79) サムエル記上一五・九。
(80) 列王記上一二・二八―二九。
(81) サムエル記下一六・二〇―二三。
(82) サムエル記下二・八―三・二三。
(83) 列王記上一・五三、二・一三―二五。
(84) 列王記下九・四―一〇。
(85) ホセア書一・四―五。
(86) ヨハネによる福音書一一・四八。
(87) ヨハネによる福音書一九・一二。

めに、悲しい破滅が人民にもたらされるのである。

聖戦において（何と）何百万もの人を死滅させたのは国家理性であった。君主たちが教皇の簒奪に気づく間がないように、また君主たちの無拘束の暴政に対する問責を行う暇と機会を人民に与えないようにするためであった。

［チェーザレ・］ボルジアが数多の流血と害悪を通じてイタリアの君侯への道を歩む際、彼のあらゆる悪事を正当化するための弁解に申し立てられたのが国家理性であった。だが、彼は自らの苦労の成果をすべて享受するために、逃げることはしなかった。

フランスのアンリ四世をして、教皇主義者たちの復讐から身を守るために自らの宗教を捨てさせ、教皇主義者に転向させたのが、この悪魔であった。しかし、神は彼を罰し、彼の心臓を貫く教皇主義者の短剣を送ったのであった[88]。

それはイングランドのリチャード三世をして自分の甥[89]を虐殺せしめた。そのために復讐が彼を追い回し、最後には裸にされて血まみれのまま横たえられて馬の背に縛りつけられた。まるで屠畜場の子牛のようであった。

それはヘンリ七世をしてプランタジネットの家系を断絶させた。また彼の後継の息子［ヘンリ八世］は、それのために多くの血で手を染めただけでなく、教皇主義者たちを酷く攻撃しておきながらプロテスタントをも迫害した。

それは彼の娘のメアリ[90]をして父親の悪行をやり尽くさせた。後継者である妹[91]の徳によっても償えないほどであった。その妹の唯一の失敗は、主教制を支えることによって、宗教の利益以上に王国の利益に奉仕するほどまでに国家理性に従ったことであった。その結果、その王家の直系は彼女において断絶したのである。

この後、王制を持続させ、スコットランド人を我々のもとにもたらしたのは悪しき国家理性であった。これがジェームズであった。彼は国家理性の大変な信奉者であったために、それ可愛さのゆえに、帝王学の名によってそれを採用した。彼の座右の銘「主教なくして国王なし」は、彼が国家理性を宗教の利益に優先させたことを示した。余事において、それを廉直さに優先させたのと同様である。その他多くの事例のなかでも、彼がオーストリア家と友好関係を保つために、神の大義とプファルツ選帝侯を捨てたことに目を向けよ。(92)

(88) 一六一〇年五月、アンリ四世は熱狂的なカトリック教徒のフランソワ・ラヴァイヤック（François Ravaillac）によって刺殺された。福井編『フランス史』、第四章、一五六頁。

(89) エドワード五世（Edward V, 一四七〇―一四八三）。ヨーク朝のイングランド王、アイルランド領主。在位一四八三年四月九日―一四八三年六月二五日。十二歳で即位するも戴冠式挙行前に退位させられ、弟のヨーク公リチャードとともにロンドン塔に幽閉された。ふたりが暗殺されたという噂は絶えなかった。

(90) メアリ一世（Mary I, 一五一六―一五五八）。テューダー朝のイングランド女王、アイルランド女王。在位一五五三―一五五八年。

(91) エリザベス一世（Elizabeth I, 一五三三―一六〇三）。テューダー朝のイングランド女王、アイルランド女王。在位一五五八―一六〇三年。

(92) フリードリヒ五世（Friedrich V, 一五九六―一六三二）は、プファルツ選帝侯（在位一六一〇―一六二三）にしてボヘミア王フリードリヒ一世（在位一六一九―一六二〇）であった。三十年戦争勃発後の一六一九年、このことのために、そしてまた息子のチャールズが血なまぐさい戦争で宗教と自由を破壊するために実践に移した同じ国家理性のために、その王家全体に悲しい破滅がもたらされたのである。

以上の実例は、廉直の準則に優先される国家理性が統治術における甚だしい失策であることを十分に証明している。信じようとしない者も、このことを確実に感じることになるであろう。それは個々人のみならず、全家族、全国民に回避できない破滅をもたらすからである。【一〇八号、一六五二年六月二十四日―七月一日】

統治術における第五の失策はすなわち、国家の立法権力と執行権力を全く同一の人物の手に置くのを許すことである。[93] 我々が理解する立法権力とは法を作ったり、変更したり、廃止したりする権力である。よく秩序づけられたすべての統治体制の立法権力は、国の諸会議のなかでも、継承されていく最高評議会のなかに常に据えられてきた。

我々の言う執行権力とは、法執行の面での統治の運営のために、もう一方の権力から派生し、その権威によって（君主と呼ばれる）ひとりの人間、もしくは（政府とよばれる）多数の人間の手に移譲される権力である。別々の水路を流れる以上のふたつの権力の区別を保ち、一時の異常事態のときを除いて両者がひとつにならぬようにすることに、国家の安全は存するのである。

その理由は明白である。万が一立法者（最高権力を常にもつ者）が法や正義の不変の管理者にして分配者でもあれば、（結果として）人民は不正が起きたときに救済手段なきままに放置されるであろう。至高権を持つ者に不服を懐いた上訴など、地上ではありえないからである。そんなことがひとたび認められたら、それは真の統治術の意図そのものやその本来の趣旨に合致しないであろう。それは権力者たちが不義でありうることを常に想定し、よって（最悪の場合を推定しつつ）あらゆる決定において、人民のために、いつも統治の非道と救済手段とに目を向けていることだからである。

この点を明らかにするために注目に値するのは、自由の何ほどかを備えていたすべての王国や国家において、立法権力と執行権力は別々の手のなかで運用されていたことである。すなわち、法の制定者たちは統治の規則としての法を立て、その後、その規則によって統治する権力を（彼ら自身とは異なる）人々の手のなかに置いたのである。これによって立法者たちの最高評議会に対して統治の説明責任を負わない統治者がいなくなり、人民は幸福になった。他方、これに劣らずとくに真剣に注目してほしいことがある。すなわち、王や常設の政府は、法の制定と執行の両方を自らの掌中に収めるまでは、決して人民に対して絶対的にはならな

ボヘミアのプロテスタント貴族たちが神聖ローマ皇帝フェルディナント二世（ハプスブルク家あるいはオーストリア家）をボヘミア王位から廃位して、代わりにプロテスタント同盟の有力者であるフリードリヒ五世を即位させた。しかし、翌年十一月にボヘミア貴族連合軍はカトリック軍に敗北し、フリードリヒ五世はボヘミア王位を失った。彼の妃がジェームズ一世の娘エリザベスであったことから、イングランドからの支援が期待されたが、ジェームズはスペインおよびハプスブルク家との協調外交路線からこれに積極的ではなかった。W. B. Patterson, *King James VI and I and the Reunion of Christendom*, Cambridge U. P., 1997, chap. 9.

（93）　ニーダムの欄外注には次のようにある。「全く同一の手のなかに立法権力と執行権力を結びつけることは統治術における失策である」。

かったことである。そして彼らのこの簒奪が徐々に起こるにつれて、無制限の恣意的権力が王座のなかへと忍び込み、世を圧して人民の自由を無視したのである。

キケロは『義務について』第二巻と『法律について』第三巻のなかで、王の最初の擁立について述べながら、彼らが当初は法を持たずに自らの良識で統治するに任せられていたと語っている。[94] そのときは王たちの意志と言葉が法であり、法の制定と執行は全く同一の手中にあったのである。

しかし、その結果どうなったのか。不正以外の何物も起きなかった。それも救済手段なき不正である。そしてついに、人民は統治を行う際に依拠すべき規則として、法を定めることを必然的に教えられたのである。そのときから、法を立てる最高評議会に人民が継続的に参集することが始まった。これによって（王制的［統治］形態下に存続してきたような地位にある）王たちは、統治においては法に一致すること以外の何事をも実践できないように制限され抑制された。法のために、王たちはほかの統治形態の官吏たちと同様に、人民の最高評議会や最高会議に対して説明責任を負ったのである。アテナイやスパルタなどのギリシアの国々のあらゆる古い所記を見よ。そこに見出されるのは、立法権力と法執行権力がどの統治形態においても別々の手中に置かれていたことがわかるであろう。というのも、その双方が絶対的な支配権力に飲み込まれるまで（そういうことは数回あった）、彼らはどのような［統治］形態の下でも、かなりの程度の自由を維持したからである。

いにしえのローマでは、初代の王ロムルスは法の制定と執行をなすがままにしたために、元老院によって八つ裂きにされたようである。[95] そしてリウィウスが言うには、ローマ人たちが最後の王タルクィニウスを追放した理由は、彼が執行権力と立法権力の両方を手中にし、'*inconsulto Senatu*'（元老院と協議せずに）、すなわち、元老院の助言を得ずに元老院を無視して、自らを立法者であると同時に執行官にしたからであった[96]。

王たちが追い出されると、次に常設の元老院が活動し始めたが、彼らは自らの布告により法を制定し執行したために、すぐに耐え難いものになった。そのため、人民は様々な必死の敢行を試みて、彼らから立法権力を奪取してそれを自らの手のなかに、すなわち彼らの継承されていく最高評議会のなかに置いた。しかし、人民は執行権力については、これを一部は彼ら自身の官吏たちの手のなかに、また一部は元老院に置いた。その状態が数百年間持続してすべての人が大きな幸せと満足を得たが、結局は、元老院が奸智術策を弄して両権力を再び自らの所有とし、万事を混乱に陥れたのであった。

後に、ローマ人の皇帝たちは（簒奪者であったものの）、当初これらの権力を自らの無制限の意志の領分に敢えて入れようとはしなかった。彼らはもっと密かに人民から自由を奪おうと、これを徐々に行っていったのである。そしてついに、彼らは法の制定と執行を公然となすがままにし、何者にも説明責任を負わない立法者にして執行官になった。こうしてローマの自由は終焉したのであった。

もっと卑近な例として、ヨーロッパの共和国や王国の古い国制に目を向けてみよう。イタリアの諸国家に

---

(94) キケロー『義務について』、第二巻一二、二四五―六頁。キケロー（岡道男訳）『法律について』第三巻二、『キケロー選集8』岩波書店、一九九九年、二七三―四頁。

(95) リウィウス『ローマ建国以来の歴史1』、第一巻第一六章、四二頁。

(96) 前掲書、第一巻第四九章、一〇六頁。

見出されるのは次のことである。ヴェネツィアは立法権力と執行権力を元老院のなかの貴族という狭い範囲に限定しているため、かつてのフィレンツェがミラノやシエーナなどとともに自由であったときほどには自由ではない。かつてとは、これらの国々の君侯たちが両権力を我が物とすることで、その国々から自由を奪う以前のことである。

イタリアのすべての国家のなかでジェノヴァのみが、立法権力のみを最高会議のなかに保ち、法の執行は名ばかりの君侯に任せることで、自由の態勢を維持している。そして、これらの権力をそれら固有の領域に離れ離れに保つという思慮こそ、イタリアで暴政が駆けずり回るなかで、彼らが暴政を国家から排除できているひとつの主要な理由なのである。

古来、大封建領主が絶対的になったのは、偏にこれらの両権力を独占したからではなかったのか。近年のスペイン王やフランス王の場合はどうか。古い時代においては、事情は全く違っていた。というのも、アンブロシオ・モラレスの『年代記』[97]に見出されるのは、スペインにおいて立法権力は最高評議会のみに与えられており、王は彼らが立てた法を執行するために選出された官吏でしかなかったということである。王は過ちを犯した際には最高評議会に説明をし、その判断に服した。これが通常の実践であった。このことはマリアナ[98]の書にも見出されよう。事情はアラゴンにおいても同じであったが、それもフェルディナンドとイサベルの結婚によってカスティーリャに統合されるまでのことであった[99]。そのとき両国家は、法の制定権と執行権とを国王大権の所管内に取り込んだフェルディナンドとその後継者たちの計画によって、すぐに自由を失った。両権力が別々に保たれていたあいだ、両国家は自由であったが、両権力が全く同一の手のなかに独占されると、その自由は失われたのであった。

フランスも同様に、かつては地上のいかなる国にも劣らず自由であった。最近の王はしたい放題の万能状態であるが、ルイ十一世の時代までは自由であった。王は法によって規制されながら法の執行を取り計らう、国家の官吏に過ぎなかった。そして、立法権力は三部会に置かれていた。だが、ルイはこの両権力を奪い、

---

(97) アンブロシオ・デ・モラレス（Ambrosio de Morales, 一五一三—一五九一）は、スペイン王フェリペ二世に仕えた国王修史官にしてアルカラ・デ・エナレス大学の修辞学教授。『スペイン総合年代記』などを編纂した。以下を参照せよ。内村俊太「16世紀後半のスペイン王国における歴史編纂」（博士学位論文、東京外国語大学、二〇一五年）、第二章。

(98) フワン・デ・マリアナ（Juan de Mariana, 一五三六—一六二四）はスペインのイエズス会司祭で歴史家。代表作に『スペイン通史』（*Historiae de Rebus Hispaniae*, 1592-1605）、『王と王の教育について』（*De Rege et Regis Institutione*, 1599）。以下を参照せよ。Harald E. Braun, *Juan de Mariana and Early Modern Spanish Political Thought*, Routledge, 2007.

(99) フェルディナンド（Ferdinando, 一四五二—一五一六）は、シチリア王としてはフェルディナンド二世（在位 一四七九—一五一六）、カスティーリャ王（イサベルと共同統治）としてはフェルナンド五世（在位 一四七四—一五〇四）、アラゴン王としてはフェルナンド二世（在位 一四七九—一五一六）。彼は一四六九年に、トラスタマラ朝のカスティーリャ女王イサベル一世（Isabel I, 一四五一—一五〇四）と結婚する。こうして、カスティーリャの共同統治者となった彼が一四七九年にアラゴン王となることで両国の統合が進み、カスティーリャ＝アラゴン連合王国としての「スペイン王国」が実現した。関哲行・立石博高・中塚次郎編『スペイン史1』山川出版社、二〇〇八年、第五—六章（足立孝執筆分）、二四五—五五頁。

自らと自らの後継者たちとでこれを独占することにより、諸身分から彼らの自由を騙し取ったのである。彼らがそのふたつの権力を古来の、あるいはそれ以上に優れた水路へ移すほどの男気を持ちさえすれば、彼らは再びその自由を回復できるかもしれない。

このルイの方式はイングランドの先王によって仔細にわたって追従された。彼は我々の古来の法によれば、フランスでルイがそうあるべきであったのと同様に、ここでも法の執行を取り計らうという信託を受けた官吏であった。しかし、彼はルイが達成したのと同じ目的を目指し、議会を破壊して執行権力のみならず立法権力をも自らの手に移そうと必死になった。だが彼は、ルイの計画に追従したような絶対的暴君になる代わりに、瞬く間に自らと自らの家門に破滅をもたらしたのであった。

こうして、次のことは明らかだとおわかりであろう。これらのふたつの権力を別々にしておくことは、人民の利益の最高の防腐剤であった。他方、それらを統合することは、かくも多くの時代、多くの国々において常にその利益の破滅となったのである。【一〇九号、一六五二年七月一―八日】

ほかの時代、ほかの国々の実践から見て取れる統治術の第六の失策は、公共体の業務や関心事を処分する権限を特定の少数者に渡すことであった。[100] その悪しき結果は次のとおりである。物事が公平で友好的で合法的な討論によって運ばれるのではなく、謀や不意打ちによって遂行されるようになった。物事が開かれた会議における人民の自由や同意によってでなく、私的な密室会合や徒党における狡猾な謀略家たちの周到に準備された決定や先制手段に則って行われるようになった。物事が真の国益に従わずに、人の目的に奉仕するために遂行されるようになった。物事が人民の利得や改善のためではなく、人民を馬やラバのように真の自由について無知にしたまま抑えつけるために遂行されるようになった。人民を整然と統治するという頭のいい口実の下、人民に頭絡と鞍を付けて跨がろうとしているのである。しかし、なかでも由々しく、一層悪しき結果は次のことであった。権力を独占したそのような一味郎党がひとたび人民に対する偽りの実践によって自らの目的を果たすと、彼らは常に仲間内での激しい対抗心に駆られた。そして次の計画は常に仲間を欺いて、競争相手を出し抜くことであった。結果、ついに彼らは自らの死刑執行人となり、お互いに滅ぼし合うのである。それが彼ら自身の破滅だけで済めば、事は深刻ではなかった。しかし、これによって人民は国内不和と戦争の惨状に見舞われ、彼らの様々な気質や偏愛に応じて諸党派に引き入れられることで引き裂かれた。挙句の果てに人民は捕らえられて、あるひとりの暴君の餌食にされるというのが、いつものお決まりの成り行きであった。

こうした例は、三十人統治体制下のアテナイ国にあった。彼らは権力を簒奪して掌中に収め、後にはその醜悪な振舞いから三十人僭主と呼ばれた。というのも、クセノポンが述べるように、彼らはあらゆることの決定を密室に持ち込みながら、その決定を'*calculis & suffragiis Plebis*'[人民の小石と投票で]、すなわち人民の票決によって取り運んだようである。彼らは、自分たちの手続きを支持するように、会議における彼ら

(100) ニーダムの欄外注には次のようにある。「国事を少数者によって処理することは統治術における失策である」。

自身の献身ぶりにあらかじめ人民の票が入るようにしておいたのである[101]。そして彼らの慣行では、ある種の人たちが彼らの行いにぶつぶつ不平を言ったり、公共体のために立ち現れたりすれば、彼らの僭主制の治安を害する扇動的で不穏な連中という口実の下、即座にその人たちは生命や財産を奪われ、圧し折られたのである。この徒党を組んだ者たちは何か月もしないうちに諍いを始めた[102]。彼らのあいだの勝負が長引かなかった理由は、人民がその勝負を彼らの手から取り上げて、彼らが相互に向け合っていた癇癪を相互防衛の配慮へと転換させたからである。彼らは自由の回復を求めた人民の軍勢と抗議の叫びによって、全方面から襲撃を受けたのである[103]。よって、おわかりのとおり、この三十人同盟の事件は内戦と変わるところがなかった。それは彼らの追放で幕を閉じた。しかし、同じくらい大きな被害が続いた。新しい十人の徒党がこれに取って代わったからである[104]。彼らの統治は前任者たちのそれとほとんど変わらない、おぞましいものであることがわかった。それは変転することを止めない新たな変更を生じさせ、ついに単独の僭主制に陥ったのである[105]。そして、その荒っぽい性質の人たちは悲しい経験から、特定の有力者たちの欲望や党派に追従した自らの失敗の結果を感じ取って、賢明になった。彼らは誠実な性質の人たちと連携して、全員一丸となって懸命に努力し、彼らの最高会議の原初的な至上権と権威を回復したのであった[106]。

ヘロドトスは第二巻で次のように述べている。セトス王の死後、エジプトでは王制が廃止されて人民の自由が公に宣言されたのだが、すぐにすべての業務の運営が十二人の貴顕たちの手に独占された。彼らは人民から身を守っていたが、数年で（よくあるように）統治体制における役割分担をめぐって諍いになった。これにより人民は諸党派に分裂し、内戦がこれに続いた。そうしたなかで、（十二人のひとり）プサメティコスは仲間

のすべてを殺害し、人民を見捨て、「自由な国家」に代わって自らが単独の暴君の座に就いたのであった。(107)

しかし、すべての古い実例のなかで最も有名なのは、ローマにおける二度の三頭政治である。最初はポンペイウス、カエサル、クラッススのそれであり、彼らは命令権(108)と全世界とに関わる事柄を自分たちだけの手中に収めた。彼らは、ときに何らかの不愉快な計画を少しでも清いものに見せて伝えるために、元老院と人民を隠れ蓑にすることはあったが、そうでもない限り、どちらの助言も同意もなしに、すべてを自分たちの私的な徒党のなかで行い、決めてしまった。この男たちは、自分たちの気質に合うもの以外は共和国で行わ

(101) クセノポン『ギリシア史1』、第二巻第三章二一―一一、七六―八〇頁。
(102) 前掲書、第二巻第三章一五―五六、八〇―九五頁。
(103) この反抗を指揮したのは民主制派の将軍トラシュブロスである。前掲書、第二巻第四章一―二二、九五―一〇四頁。
(104) 前掲書、第二巻第四章二三、一〇四頁。アリストテレス『アテナイ人の国制』第三五章、六四―五頁。
(105) スパルタ王パウサニアス（Pausanias, 在位 前四四五／四?―四二七／六、前四〇八／七年―三九四）のこと。彼は三十人僭主制を支援するために自ら軍を率いてアテナイに出撃し、民主制派を苦戦に追い込んだ。クセノポン『ギリシア史1』第二巻第四章二九―三四節、一〇六―一一〇頁。
(106) 民主制の復活は実際にはパウサニアスによる調停に基づくものであったが、ニーダムはこの点に全く触れていない。前掲書、第二巻第四章三五―四三節、一一〇―一一二頁。
(107) ヘロドトス（松平千秋訳）『歴史（上）』岩波文庫、二〇二〇年（初版一九七一年）、第三巻一四一―一五三節、二九〇―三〇一頁。
(108) 原語は‘Empire’である。

せないという協定を自分たちのあいだで結んだが、間もなく、彼らは野望の精神のせいで真っ向からお互いを攻撃するようになった。そして、全世界はあの血まみれの悲劇が演じられる舞台と化し、その悲劇的結末はポンペイウスの死とカエサルの支配であった。第二次三頭政治は、元老院においてカエサルに見舞われた致命的な一突きの後に、オクタウィアヌス（後にアウグストゥスの名で皇帝となる）、レピドゥス、アントニウスのあいだで樹立された。この者たちはすべての事柄を自分たちの手中に収め、世界を自分たちのあいだで分け合ったが、すぐにお互いに争うようになって、その政治は崩壊した。アウグストゥスはレピドゥスに喧嘩を売り、彼から権威を取り上げて、ローマ市で投獄に近い状態に留め置いた。これをまず実行した後、彼は次にアントニウスを排除するさらなる希望と好機を得た。彼はアントニウスにも喧嘩を売り、新しい内戦を開始する。そのなかでローマと世界の大部分は、彼の野心に奉仕することに従事させられた。そして事態が戦闘の裁定に委ねられてアントニウスが滅びると、アウグストゥスは後に単独の暴君の座に身を据えたのであった。

その他の多くの実例を省いても、ここイングランドに注目に値する実例がある。ヘンリ三世[109]と封臣たちとのあいだの、彼ら自身と人民の自由をめぐる大抗争のなかで、その王はついに屈服を余儀なくされた。領主たちは実際にその国を解放する代わりに、王国の二十四人の管理者の名の下に全権力を自分たちの手に独占し、同じ数だけいる［王の］ように振舞った。それは暴政であった。それほどの数の暴君たちがすべてのことを自分たちの名、自分たちの徒党の名において行い、議会をことごとく無視するか、さもなければその発言を封じたのである。しかしその後、彼らのあいだで合意ができなくなり、彼らのなかの三、四人が残りの二十人を打ち負かして、物事の管理全体を掌中に収めた。すなわち、レスター伯、グロスター伯、ヘレフォード伯、スペンサー伯のことである。だが、それも長くは続かなかった。というのも、レスターがすべてを自らの権力に取り込んだためグロスターと仲違いになり、彼に敗れてしまったからである。[110]最後に、自らの命運を戦闘にかけたレスターは殺害された。これに伴い再び全権力を回復した王は、その機会を利用して、自らと大権を強大化したのであった。

こうしておわかりのとおり、人民が流血と平和の喪失によって獲得したものは、ひとりの暴君の代わりに二十四人の暴君、次いで四人の暴君に過ぎなかった。そしてその後はひとりの簒奪者（レスター伯モンフォール）となり、彼が逝くと、人民は再び以前の暴君ヘンリ三世に仕えることを余儀なくされた。しかも、彼はこれによっていっそう強固で確かな暴政を行えるようになったのである。他方、人民が信義を重んじる者のように行動し、この国を彼らの主張に見合うくらい自由なものにし、すべてを私人の手に独占させることをせず、継承されていく議会（これなしに、自由は単なる名目や影に過ぎない）の正当で不変のやり方のなかで、イングラ

(109) ヘンリ三世（Henry III, 一二〇七—一二七二）はプランタジネット朝のイングランド王、アイルランド領主。在位 一二一六—一二七二年。また彼はアキテーヌ公でもあった。失政を重ねて諸侯の反発を引き起こし、以下の記述に見られるような第二次バロン戦争（一二六四—七年）を招いた。以下を参照せよ。J. R. Maddicott, *Simon de Montfort*, Cambridge U. P., 1996.

(110) 一二六五年夏のイーヴシャムの戦い。このときグロスター伯は国王派に寝返って皇太子エドワード（後のエドワード一世）軍に参戦し、レスター伯を戦死せしめた。*Ibid.*, pp. 331-45.

ンドの自由を国王大権の及ばぬ至高のものと位置づけていたならば、続けざまに起こったすべての不都合は確実に防がれていた。その後の流血の論争は避けられ、彼らの人身や名誉は保全され、王たちは然るべく追放されるか規制されるかしていたであろう。そして全国民は、あのヘンリと彼の腐敗した後継者たちによって負わされたその後の統制や苦しみから、解放されていたであろう。

世にはこの種の多くの実例があるが、公的な業務や関心事を少数の特定の人物の権力のなかに独占的に置くことを認めたときに起こる致命的な結果を明らかにするには、以上のことで十分である。それは、統治術における最も有害な失策として、(ある人が言うように)黒炭で印をつけておくに値する。【一一〇号、一六五二年七月八―十五日】

統治術における第七の失策は派閥や党派を活発にすることである。[111] 今や、派閥とは何か、その疾患で苦しんでいる国家や王国のなかの派閥好みの党派とは何かを知るためには、まず、真の公然たる国益を見つけ出すことが無二の方法である。そのうえで、その真の公共の利益であるものに敵対して進む方針や意見や行為や人物を目の当たりにすれば、間違いなく派閥と派閥好みの党派が存在していると結論づけてよい。それらがますますもって危険なのは、共和国を国内において分裂と不和で苛んで引き裂くだけでなく、結局は共和国を内外の公の敵の慈悲や(あるいはむしろ)悪意に曝し、人民の財産と生命と自由に悲しき荒廃と破滅をもたらすからである。

このローマの所記には、十人委員会という著名な派閥があったことが書かれている。彼らはその統治体制から信託を受けていたが、その任期が切れても辞職する代わりに、自らの手中にしている権力の永続化を図って結託した。それは当初の選出の意図に反していたし、また十二か月前に共和国の利益だと宣言されていたことに抗うことであった。彼らのなかの大策略家はアッピウス・クラウディウスであり、彼は貴族たちに次のような約束をすることで、自らの計画を成し遂げた。すなわち、貴族たちが十人委員会に忠実であれば、十人委員会も彼らに忠実となり、ともに手を組んで人民と護民官とを抑え、人民の継承されていく会議を挫折させるという約束である。これによって、彼は元老院と人民とのあいだに永続的な憎悪の種を蒔いた。だが、それにもかかわらず、彼自身とその同僚たちは自らの体制に裏切られ、すぐにその傲慢な支配から放逐されたのであった。

また、カルタゴに何が降りかかり、どのようにしてそれが滅びるに至ったのか考えてみよう。所記によれば、それが彼らの派閥によって引き起こされたとされている。元老院全体がハンニバルとハンノというふたつの有力な家門のあいだで分裂し、これによって彼らはローマ人のような隙のない賭博師に抗するには必須の、一体となった敏速な戦闘を遂行することができなくなったのである。[112] ローマ人はカルタゴの国内不和を

(111) ニーダムの欄外注には次のようにある。「派閥や党派を活発にすることは統治術における主要な失策である」。

(112) ローマとカルタゴのあいだのポエニ戦争（前二六四―一四六年）の最中、カルタゴの元老院は将軍ハンニバルのバルカ家（党）とその政敵である大ハンノのハンノ家（党）の二大勢力のあいだで分裂していた。リウィウス（安井萌訳）『ローマ建国以来の歴史5』京都大学学術出版会、二〇一四年、第二一巻三―四、八―一一〇頁。

十分に利用して、かの有名な共和国の栄光をすぐに塵のなかに埋めたのであった。ローマ自身を、すなわちその自由を破壊し、カエサルの軛の下に屈服させたのは派閥と国内不和であった。ローマの自由が最初に確立し、タルクィニウス家が追放されたときに、タルクィニウスは彼らの分裂のせいであわや復辟するところであったことを忘れてはならない。また、もうひとりの暴君ペイシストラトスは、アテナイでの自分の目的に霞をかけていたのに、アテナイから追い出された。しかし、彼はアテナイ人たちの相互分裂のせいで帰還を果したのであった[113]。

(フィリップ・ド・コミーヌが述べるように[114]) トルコ人がハンガリーに侵入する道を作ったのは、それ以前に彼らをコンスタンティノープルに招き入れたときと同様、まさにその派閥と国内不和という悪魔であった。ゴート族やヴァンダル族をスペインやイタリアに入れたのも、最初はポンペイウス指揮下の、後にはウェスパシアヌス[115]とティトゥス[116]治下のローマ人をエルサレムに入れたのも同様であった。

それはジェノヴァが一時期、ミラノ公スフォルツァ家への服従に甘んじた原因であった。それはスペイン人をシチリアやナポリに、フランス人を一度ミラノに招き入れた。フランス人はそこで前述のスフォルツァ家を追い出したのであった。

それゆえに、以上ことから次のように結論づけよう。派閥を活発にすることほど危険な失策はなく、また共和国にとって有害な反逆はないのである。【二一一号、一六五二年七月十五―二十二日】

様々な時代や国々の実践から見て取れる第八の、そして最後にあげる失策は、時代や機運が変わるたびごとに信条や原則や約束や契約を破ることであった[117]。これは、キリスト教徒を名乗るすべての国民から排逐されるべき不敬である。だが、それは見識の足りない類の人々のあいだでは、しばしば賞賛すべき統治術として通用しているのが見受けられる。それを用いた詐欺師たちは幸運にも、無二の政治家とみなされてきた。しかし、この恐るべき虚しい行為に夢中になっている世の賢人たちが、みな理由もなくそうしているとお考えにならぬように。私の記憶では、マキァヴェッリの書には次のことが当たり前のように表明されているのが見受けられる。すなわち、世の圧倒的部分の人は邪で不正で嘘つきであり、裏切りと計略で満ち溢れているから、率直で、厳密な廉直の準則に閉じこもっている人たちは、他人の不正行為に出し抜かれることには常に注意する必要がある、と。また、次のことを確実にわきまえよ（と、彼は言う）。「あらゆる方面に対して自分が廉直な人だと証明することに努める者は、廉直ではない多くの人々のあいだでは必ずや危機に陥る」

---

(113) ヘロドトス『歴史（上）』、第一巻五九―六〇節、五二―五頁。

(114) *The Memoirs of Philip de Commines, Lord of Argenton*, vol. 2, ed. by Andrew R. Scoble, Henry G. Bohn, 1856, bk. 6, chap. 12, pp. 80-92. フィリップ・ド・コミーヌはフランス王ルイ十一世の顧問官にして年代記者。

(115) ティトゥス・フラウィウス・ウェスパシアヌス（Titus Flavius Vespasianus, 九―七九）はフライウス朝初代ローマ皇帝（在位 六九―七九年）。スエトニウス「ウェスパシアヌス」、『ローマ皇帝伝（下）』、第八巻第一節以下、二六四頁以下。

(116) 六五頁訳注(41)を参照せよ。

(117) ニーダムの欄外注には次のようにある。「誓いや約束を破ることは統治術における主要な失策である」。

(*Qui se virum bonum omnibus partibus profiteri studet, eum certè inter tot non bonos periclitari necesse est.*)[118]。邪で不誠実な者がいる以上、私もそうならねばならないからである、と。これは悲しい推論であり、彼が筆を執っていたイタリアの慣行のみに当てはまることである。

古代の異教徒たちなら、こうしたことを忌み嫌ったであろう。(彼らすべてのなかで最も高貴であった) ローマ人は、自らの全行動においてそれを嫌悪した。素朴な廉直さこそ無二の統治術であり、自らの偉大さの礎であるとみなしたからである。「敬虔と誓いを守ることで、ローマ人民は偉大さの高みに到達したのである」(*Favendo pietati fideique, populus Romanus ad tantum fastigii pervenerit.*)[119]。これについては、ひとつふたつの実例を見てみたい。

彼らとトスカーナ人のポルセンナ王との戦争において、ローマ市がポルセンナに包囲されるということが起こった。だが、トスカーナ人にとっていくつかの有利な条件で和平が結ばれ、ローマ人はその条件を果たすために数人の高貴な乙女たちを引き渡すことを余儀なくされた。

この乙女たちはしばらくしてトスカーナ人から逃れてローマに戻ったが、再び要求を受けた。ここに至って、元老院はすでに落ち着きを取り戻していて、トスカーナ人に反抗して、かかる過酷な条件の遂行を拒絶できる体制にあったにもかかわらず、そのときの利益を取るよりも自分たちの誓いを破らぬほうを選んだ。こうして彼らは乙女たちを引き渡したのであった[120]。

アティリウス・レグルス[121]の振舞いも大変記憶に残るものである。彼はカルタゴの囚人となり残忍な死刑を宣告されたにもかかわらず、ローマへ行くことを許された。元老院に対してある条件を彼の生の言葉で提議するためである。そのとき元老院がその条件を呑めば彼は自由を得ることに、呑まなければ彼は再びカルタゴに戻って、［刑を］受けることになっていた。

元老院は呑まなかった。それで彼は自らの誓いを破らずに、戻って［刑を］受けた。彼はカルタゴ人に釘を打ち込んだ桶に入れられ、丘から転げ落とされたのであった。(122) それが少数の人だけでなく、その国民全体に広く行き渡った気質であったことは、無数の実例によって示されるであろう。とくに、他国との同盟や条約の場合にはそうであった。【一一二号、一六五二年七月二十二─二十九日】

(118) *Nicholas Machiavel's Prince*, trans. by Edward Dacres, London, 1640, chap. 15, p.118. 鍵括弧内の訳文はニーダム自身による英訳に基づく。ニーダムは右のエドワード・ダクレスの訳本を参照しているはずであるが、ここでの英訳は必ずしもそれに依拠していないように見える。

(119) 鍵括弧内の訳文は主にニーダム自身による英訳に基づく。

(120) リウィウス『ローマ建国以来の歴史1』、第二巻第九─一三章、一四二─五二頁。

(121) マルクス・アティリウス・レグルス（Marcus Atilius Regulus, 前二五五没）は共和制ローマの執政官。

(122) アウグスティヌス（服部英次郎訳）『神の国（一）』岩波文庫、一九八二年、第一巻第一五章、五二─六頁。アウグスティヌスはこのエピソードに多大な関心を懐いている。ただし、彼はレグルスが「丘から転げ落とされた」とは記してはおらず、釘を打ち込まれた木箱（桶）に入れられたために睡眠が取れずに死んだとしている。

しかし、不敬な詐欺師たちのことをもっとよく知って、彼らから逃れられるようにするために、マキァヴェッリ自身の言葉で彼らを描いてみたい。マキァヴェッリは『君主論』と題する卑しむべき書物のなかで、あの手品師たちの用いた策略についての最も不幸な描写を行い、これによって教訓を記録に残した。それ以来、キリスト教世界のすべての国家のミヤマガラスたち[123]がそれを実践してきたのである。それゆえに、彼らがそれをかくも悪用してきたのであるから、その毒がこれ以上作用するのを防ぐ最善の方法は、ここでそれを提示してから（私は一切の付加や削除をせずに逐語的にこれを行うつもりである）[124]、人民の実践のために、それに関する二、三の推論を行うことであると思う。

「どんな仕方で君主は約束を守るべきか」[125]。君主においては巧妙な悪知恵を使わずに、約束を守って高潔に生きることがどれほど賞賛されるかは、誰もがよく知っている。だが、この今の時代に我々が経験から知っているのは、偉大なことを達成した君主は約束を守ることなど大して考慮せず、狡猾さによって人を操る術を心得て、最終的に真実に依拠する人々を圧倒してきたことである。

それから、戦闘や闘争には二種類あることを知らねばならない。ひとつは法的な権利によるものであり、もうひとつは単に力によるものである。前者は人間に固有のものであり、もうひとつは獣にも共通するものである。しかし、最初のものでは多くの場合に十分ではないために、第二のものに訴える必要がある。それゆえに、君主は人間に固有のものと同様に、獣に属す部分を巧く利用する術を心得るべきなのである。

この部分は、古代の著述家たちによって君主たちに密かに教えられてきた。彼らが述べるには、アキレウスなど多くの古代の君主たちはケンタウロス族のケイローンに預けられ、その躾の下で育てられた。半人半獣である者を自らの教師に持つということの話の教訓は、ほかでもない、君主は一方と他方の両性質を自分の長所にする術を心得る必要があるということである。一方は他方なくして存続しえないからだというのである。

次に、獣に属す部分の利用の仕方を心得る必要がある君主は、狐と獅子の特性を役立てるべきである。というのも、獅子は罠を避けられず、狐は狼から身を守れないからである。君主は罠に用心できるためには狐に、狼を怖がらせるためには獅子になる必要があった。獅子にことごとく依拠する者は、自分を理解していないのである。

それゆえに、賢明な君主は、自分の誓約を遵守することが不利益に向かったり、自分が約束したときの状況が過去のものになったりしたときには、既定の誓いを遵守することはできないし、またすべきではない。というのも、人間がみな善人であればこの準則は許容されないであろうが、人間は悪に満ちていて、あなたに対する誓いを果たそうとしないのであるから、あなたの方も彼らに対する誓いを遵守するように縛られて

(123) ペテン師の隠喩。

(124) 次段落から始まる『君主論』第一八章からの引用は、前出のダクレスによる翻訳に基づいている。*Nicholas Machiavel's Prince*, trans. by Dacres, chap. 18, pp. 135-41. なお、ここでの「一切の付加や削除をせずに逐語的に」という言明にもかかわらず、ニーダムは若干の修正を施している。

(125) 『君主論』第一八章の章題である。原文はイタリックス。

はいないのである。また、君主はこの侵犯に表見性を与える合法的な理由に事欠くことは決してないであろう。これについては、夥しい数の現代の実例を提示できよう。そこにおいて示されるのは、締結された講和と結ばれた約束が君主たちの不義によって実に多く侵犯され破られたということ、そして狐に最も近い特性の者が普通は最も成功を収めたということであろう。

しかし、この資質にうまい潤色を施し、徹底的に偽装して粉飾できる術を会得することが必要である。人間は極めて単純であり、当面の必要に容易に屈してしまうので、欺こうという気がある者はいつでも欺かれる者を見つけ出すことになる。私は最近あった例は何であれ隠すつもりはない。アレクサンデル六世[126]は人を欺く以外のことはせず、それ以外のことをしようとも思わなかった。そしていつも標的を見つけた。彼ほど効果的な主張を行い、厳粛な誓いを立てて何事かを断言しながら、その誓いを守らなかった者はいなかった。それにもかかわらず、彼は詐欺を見事に成功させた。彼は狡猾に自分の役割を演じる術を心得ていたからである。

それゆえに、君主は先述のすべての特質を授けられている必要はないが、授けられていると思われるようにすべきなのは至極当然である。敢えてこう言おう。それらの特質を備えていて、いつもそれらに規制されるとき、それらは有害である。しかし、それらの特質を備えているように思われるとき、それは慈悲深く、信義に厚く、穏やかで、敬虔であるように思われるのと同じくらい、否それどころか、実際にそうであるのと同じくらい（尤も同時に、正反対の特質を用いる必要が生じた際にはそれが可能であり、その必要に対応する術を心得ている、といった構えができていればの話である）有益なのである。そして、次のように考えておいてちょうどいい。すなわち、君主は、とくに新しい君主は立派だと思われることすべてを遵守するわけにはいかない。自分の国家を維持するためには、自らの信義や慈悲や思いやりや宗教に背くことをしばしば余儀なくされるからである。それゆえに、君主はあらゆる風向きや運の利を得て、これを利用するような気構えを持つべきである。先述のとおり、可能な限り善を捨ててはならないが、必要なときには悪を利用することを知らねばならない。それから君主は、上記の五つの特質[127]を帯びていること以外はいかなることも決して口に出さないように、特別に配慮すべきである。そして自分を見知っている人には、自分が極めて慈悲深く、信義に厚く、誠実で、思いやりがあり、敬虔であるように思わせなくてはならない。とくに最後にあげた特質は、何にもまして君主が備えていると思わせる必要がある。というのも、人は誰でもそのことについて手で触れて判断するのではなく、見た目で判断するのが一般的だからである。誰もが君主を目にすることはできるかも知れないが、触れたり感じたりできる者は少数である。また、誰もがあなたの上辺を目にすることができるかもしれないが、あなたそのものを理解し知覚できる者は少数である。そしてその少数者が、己れを保護してく

(126) アレクサンデル六世（Alexander VI, 一四三一—一五〇三）はローマ教皇（在位 一四九二—一五〇三）。息子のチェーザレ・ボルジアを右腕とし、一族の繁栄とローマ教皇庁の軍事的自立に精力を注いだ。マキアヴェッリ『君主論』、第七章、二〇九頁以下。

(127) ニーダムは「慈悲深く、信義に厚く、穏やかで、敬虔である」の四つの特質しか記していない。ダクレスの訳書にはこのほか「誠実である」ことがあげられており、ここは明らかにニーダムの書き漏らしであろう。*Nicholas Machiavel's Prince*, trans. by Dacres, chap. 18, p. 139. 実際、後続の箇所では五つの特質が遺漏なく挙げられている。

れている国家の至上権を持つ多数者の意見に敢えて反対することはない。そして誰の行動であれ、とりわけ訴えることのできる審判のいない君主の行動においては、人はとどのつまりまで非難することを差し控えるものである。それゆえに、君主にはご自身の生命と国家を維持するために、できる限りの最も確実な進路を進んでもらったとしても、その手段は常に誉ある褒むべきものと、誰もが思うことであろう。というのも、粗野な者は常に物事の外見と結果の虜になるからである。人民の大部分は粗野な者でしかなく、その他のわずかな少数者は粗野な者が存在しない所に場を占めている。名前を出すのは差し控えたいが、平和と信義ばかり説いている今日ご健在の君主がおられる。しかし、彼がその両方を守っていたなら、何度も国家と名声を奪われていた[128]。

これが重鎮たちのあいだで、ときどき何千人もの改宗者を獲得した古い宮廷の福音である。ここから生じる人民のための推論を手短に示せば、以下のとおりである。世の重鎮たちのなかでこの教義を忌避した者はほとんどいない以上、人民にとって重要なのは、彼らのすべてに厳しい統制と監視を続け、彼らのいかなる者にも過度の、あるいは長期の信任を与えないことである。

法的な権利が人間の方法、力が獣の方法であり、重鎮たちが後者を勧められているばかりか後者に傾倒しているとすれば、いかなる国民や人民にとっても重要なのは、下劣で獣的な力づくの支配方法に対抗して、法や自由や特権や生得権や選出権力を確立することで我が身を守り、重鎮たちが獣へと堕落するのを防ぐことである。

すべての獣のなかで君主がときには獅子に、ときには狐に似ているとすれば、人民はどちらを装う重鎮をも監視し、獅子は確実に檻に入れ、狐は隠れ家から追い出すべきである。そして前者は皮を剥ぎ取るまで、後者はおとなしくなるまで放任してはならない。

君主が自分の誓いを遵守することが不利益になったり、自分が約束したときの状況が過去のものになったりしたときには、誓いを既定のままにしておくことはできないし、またすべきではないとしてみよう。そのときには、いかなる君主も、また権力者たちのいかなる約定や約束も決して信頼せず、人民自身のなかに常に権力を保全することが人民の利益となる。人民が彼らを拒絶したり、また彼らの意向にかかわりなく彼らに履行を義務づけたりするためである。そして、君主がこの不履行に表見性を与える理由に事欠かないとすれば、人民にとって重要なのは、常にその事例を確かめて、潤色や影やただの口実に騙されないようにすることである。

最後に、（マキァヴェッリが言うように）人間は極めて単純であり当面の必要に容易に屈してしまうがゆえに、そしてまた欺こうという気がある者はいつでも欺かれる者を見つけ出すがゆえに、重鎮たちは徹底的に偽装して粉飾することが必要になるのであるとすれば、いかなる人民や国民にとっても重要なのは、その者たちが偽装しているのか否かについて、彼らを、また彼らの言う口実と必要性とを、常に綿密に調べあげることである。そして何らかの欺きが用いられてることを発見しても、そのうえさらに欺かれようとする者がいるとすれば、そういう者はもはや欺かれずに済む奴隷となるに相応しいのである。これまで、私は主要な統治

（128）　ここで『君主論』第一八章からの引用は終わる。

の失策と統治術の準則について記してきた。以下、最高会議の選出のための助言をもって締めくくりたい。(129)

【一一三号、一六五二年七月二十九日―八月五日】

人民の権利と自由と福祉と安全が人民の最高会議の正当な継承に存することは自明である。よって、紛れもなく、その会議の正しい構成と秩序だった運営ほど重大なことはありえない。この船舶に積み込まれたものは莫大であるから、万が一失敗すれば、混沌の海から回収できない限り、すべてが取り返しのつかない形で失われてしまうからである。それゆえに、この大会議の平静と様相には始終特別な注意が払われるべきであるが、内戦の混乱後においては尚のことである。そこでは、共和国の安定と安全を掘り崩すために、人民全体に懸命に取り入ろうと働きかける多くの悶々とした気質の者たちの活動が常に想定されるからである。彼らは最高権威にある優越した人たちといっしょに利益や分け前に与ることで、権力によって喪失させられた統治術の腐敗した目的を達成しようとしているのである。

この場合、疑いもなく、真剣に考慮しておくべき者たちがいる。新旧の悪党たちだ。彼らに対しては扉が閉ざされるだけでなく、権威のなかに忍び込んで来ないように、すべての穴と割れ目を塞いでおくべきである。同様に、飼い慣らされた獣がおり、これは前二者よりも危険である。彼らは水陸両生動物であり、ラオディキアの中立者である。(130)彼らはいずれの環境でも生きることができ、羅針盤の指し示すどの地点にも風に乗って帆走し、あらゆる種類の悪党とともにいつでも攻め込んでくるのである。

彼らを遠ざけないと、彼らは何でも破壊しようとする者たちである。彼らは光の天使の格好をして、このうえなく巧妙に闇の業を行う[131]。それで我々の当面の件に関して言えば、選挙では彼らの名前は出すことさえしてはいけないのである。かくして、最高会議の構成、すなわち内戦終結時における自由の回復のための権威の確立方法については終わりにしたい。そうなると、残っているのは以下のことだけである。すなわち、野生の雁と飼い慣らされた雁、すなわち悪党と中立者の排除を求めた正当な警告に基づいて、そのような人民が理に従って立法権力のなかに自らの権利と利益を持ち、継承されていく彼らの最高会議においてそのすべてを享受できるようにすること、がそれである。

人民が剣によって獲得した自由を自らの手のなかに保全する唯一の方法は、その自由を人民の手のなかに、すなわち財源や兵力や助言において貢献することで始終一点の腐敗も動揺も背信もなく自由を主張してきた人たちの手のなかに置くことである。この場合、こういう人たちのみが人民とみなされるべきだからである。残りの者たちは、反逆への関与であれ、追従であれ、中立であれ、背信であれ、それぞれに応じた程度において人民を害した。その結果、彼らは人民の構成員としての自らの権利と特典をすべて喪失したのである。

(129) 後続のMP七十四号の論説記事を本書全体の「締めくくり」の節に敢えて置いたのは、本書の出版意図が一六五六年九月に開会される護国卿体制第二議会の選挙に向けた共和派の支援にあったからだ、というのがウォーデンの推定である。詳細は訳者解説（二二三—四頁）を参照せよ。

(130) ヨハネの黙示録三・一四—一七。

(131) コリント人への第二の手紙一一・一四。エペソ人への手紙五・一一。

したがってこの場合、勇気をもって選挙のやり方に注意を払い、正しい行動の成功を神に委ねるべきである。というのも、人民が生まれながらの権利と自由を持つようになることほど、正しく必要なことはないからである。人民がそれをどのように誤用することがあっても、それを持つことは人民の権利である。それの欠如は、それの享受から生じると主張されうるいかなる不都合をも凌ぐ大きな不都合であり、その後もさらに大きな不都合を引き起こす。もっとも、そうした不都合は眼識のある人たちの眼には、［これまでも］拡大鏡を使って提示されていたことであった。しかし今や、このことは新たに自由が獲得された同様の状況にあるすべての国に始終当てはまる。だとすれば、継承されていく人民の会議に存する自由こそ共和国の利益であることを、かつて厳粛に承認し宣言した国であれば、尚更である。そんなときに、人民から正当なものを奪うことは、擾乱と分裂の基だからである。キケロが派閥を国家の利益だと宣言されたものからの逸脱と規定するように、(132) この場合、何者かが共和国をその利益だと宣言されたものにおいて見捨てることが起これば、その者は即座に愛国者の名と名誉を失い、派閥の加担者になるのである。【七四号、一六五一年十月三十日―十一月六日】

(132) キケロー（岡道男訳）『国家について』第二巻三一、『キケロー選集8』、一三〇頁。

一七六七年版への序文

統治を主題とするものとしては、我が国ほど多くの価値ある著作を生み出してきた国はない。その主題は、あらゆる時代に名を知られたミルトン、ハリントン、シドニー、ロックといった最高の才と最も包括的な知性を備えた人たちによって培われ、彩られてきたからである[1]。

しかし、彼らの比類なき著作のほかにも、同じテーマを扱ったほとんど無名の小著がたくさんある。ごく稀ではあるが、読むに値し、保存しておく価値を持ったものもある。そうしたもののなかに、私がこの度刊行するマーチャモント・ニーダムによって書かれた小品があると見てよかろう。彼が引けを取るのはミルトンくらいだと、判断する人たちもいるほどの人物である。

それは当初、「共和国の防衛と人民への情報提供のために」出版された著名な政府関係紙『メルクリウス・ポリティクス』(*Mercurius Politicus*) に掲載され、間もなく十二折判で次の書名の下に再版された。『「自由な国家」の卓越性。すなわち共和国の正しい国制。ここにおいてすべての反対論に回答が与えられ、人民の諸権利を確保する最善の方法が、統治の失策および統治術の準則とともに、明らかにされる。子孫の幸せを願う者による出版。ロンドン、トマス・ブルースター刊、ポールのウェスト・エンド近くのスリー・バイブルズ、

(1) 強調(傍点)は原文キャピタル。次段落の強調(傍点)も同様である。

一六五六年』。

著者についての考察は、激しい憤怒をもって描かれてはいるものの、A・ウッドの『オックスフォードの学び舎：オックスフォード大学出身の文士・主教人名事典』で読むことができよう。[2] 本書が好評を得られたら、編集者の所有する統治についてのほかの希少本も出版して、日の目を見られるようにしていければと考えている。

読者の皆様、ご機嫌よろしく。

リチャード・バロン

ブラックヒース下、一七六七年一月一日

---

(2) Anthony Wood, *Athenae Oxonienses : An Exact History of All the Writers and Bishops Who Have Had Their Education in the Most Ancient and Famous University of Oxford*, vol. 2, London, 1692, pp. 465-71.

訳者解説

マーチャモント・ニーダムと『「自由な国家」の卓越性』

はじめに

本書は、ピューリタン革命期に活躍したジャーナリストにして政論家マーチャモント・ニーダム（Marchamont Nedham, bap. 1620, d. 1678）の代表作『「自由な国家」の卓越性』（*The Excellencie of a Free-State ; Or, The Right Constitution of a Commonwealth*, 1656）の全訳である。底本には、凡例一に示したとおり、ブレア・ウォーデン（Blair Worden）によって二〇一一年にリバティ・ファンド（Liberty Fund）から刊行されたテキストを使用した。

底本の編者ウォーデンはオックスフォード大学セント・エドマンド・ホール名誉フェローであり、今日のピューリタン革命研究およびイギリス共和主義研究の指導的な研究者のひとりである。彼が当該分野において残した数多くの傑出した業績のひとつが、（誇張を恐れずに言えば、）オリヴァ・クロムウェルをイギリス史上の「悪漢」から「英雄」へと転身させたトマス・カーライルの仕事を彷彿とさせる、無節操な「風見鶏」から十七世紀イギリス共和主義の「定番」（standard）へのニーダム評価の転換であった。本書は翻訳作業においても以下に述べる「解説」においても、ウォーデンのニーダム研究に負うところが大きい。その主なものを挙げれば以下のとおりである。

・'Marchamont Nedham and the Beginnings of English Republicanism,1649-1656,' in David Wootton ed., *Republicanism, Liberty, and Commercial Society, 1649-1776*, Stanford U. P., 1994.

・'"Wit in a Roundhead": The Dilemma of Marchamont Nedham,' in Susan D. Amussen and Mark A. Kishlansky, eds., *Political Culture and Cultural Politics in Early Modern England: Essays Presented to David Underdown*, Manchester U. P., 1995.

・'Milton and Marchamont Nedham,' in David Armitage, Armand Himy, and Quentin Skinner, eds., *Milton and Republicanism*, Cambridge U. P., 1995.

・*Literature and Politics in Cromwellian England: John Milton, Andrew Marvell, Marchamont Nedham*, Oxford U. P., 2007.

・Introduction to Marchamont Nedham, *The Excellencie of a Free-State; Or, The Right Constitution of a Commonwealth*, Liberty Fund, 2011.

その他の研究文献としては、以下のものから多くの示唆を受けた。なお、末尾の拙論は近年公表した訳者によるニーダム論であるが、以下の「解説」と重複する部分もあることから、便宜上ここに記した。

・J. Milton French, 'Milton, Needham, and "Mercurius Politicus",' *Studies in Philology*, 33-2, 1936.
・Philip A. Knachel, Introduction to Marchamont Nedham, *The Case of the Commonwealth of England, Stated*, ed. by Philip A. Knachel, The University Press of Virginia, 1969.
・Joseph Frank, *The Beginnings of the English Newspaper 1620-1660*, Harvard U. P., 1961.
・――――, *Cromwell's Press Agent : Critical Biography of Marchamont Nedham, 1620-78*, Rowman & Littlefield, 1980.
・Joad Raymond, 'Nedham [Needham], Marchamont,' in *Oxford Dictionary of National Biography*, online, 17 September 2015.
・大澤麦「マーチャモント・ニーダムの共和国論：ジャーナリズムのなかの『自由な国家』」、『法学会雑誌』六二―一、二〇二一年。

翻訳がすでに訳語の選択を通じた訳者によるテキスト解釈の一形態であるとすれば、「解説」の名による訳者のさらなる「解釈」の押し付けは読者を辟易させるばかりか、テキストそれ自体の持つ豊かな奥行と広がりを覆い隠すことになりかねないであろう。しかしこのことを念頭に置きつつも、『「自由な国家」の卓越性』の複雑で特異な成立経緯は、本書を手に取るあらゆる読者に対して、決して等閑に付すことのできない多くの重要な背景知識を要求している。以下の「解説」はこの点での最小限の情報を読者に提供し、本書を紐解く際の便宜を図る以上のことを意図してはいない。訳者のお節介がニーダムの魅力を減じることにならないことを祈るばかりである。

なお、本書には「解説」も含め、以下の科学研究費基盤研究（C）によって得た知見が用いられていることを付記する。

・「十七世紀イングランドにおける護国卿体制の政治理念に関する研究」（JP26380176）：二〇一四年度～二〇一六年度。

・「ピューリタン革命における共和主義思想の研究：国家論と教会論の相互関係の視角から」（JP17K03546）：二〇一七年度～二〇一九年度。

・「ジャーナリズムの中の共和国：革命期イングランドにおける共和主義の動態に関する研究」（JP20K01450）：二〇二〇年度～二〇二二年度。

・「十七世紀イングランドにおける共和国の理念：「古来の国制」論を手掛かりに」（JP23K01234）：二〇二三年度～二〇二五年度。

ピューリタン革命における「自由な国家」（共和国）の出現

一六四〇年十一月の革命議会たる長期議会（以後、単に議会と記す）の召集から一六六〇年五月の王政復古まで、およそ十九年半に及ぶピューリタン革命は、ちょうどその半ばの一六四九年一月の国王チャールズ一世処刑を分水嶺に、王制（古来の国制）から共和制（共和国にして「自由な国家」a Commonwealth and Free State）への政体の変革を経験した。『「自由な国家」の卓越性』は、新生・共和国政府が発行した週刊の政府広報誌である『メルクリウス・ポリティクス』（*Mercurius Politicus*）の巻頭に掲載された編集者（政府広報官）マーチャモント・ニーダム執筆の論説記事（editorial）を、後に単行本の形態に編集して出版した匿名刊行物であった。よって、本書の意義を考えるにあたっては、このイギリス史上未曽有の共和政体の基本性格を知ることから始めなければならない。

一六四二年の夏以降、チャールズ一世の国王軍との二度の内戦に勝利したイングランド議会軍（ニューモデル軍）であったが、議会の多数派を形成した長老派（保守派）の議員たちは国王との和解の道を執拗に探り続けた。彼らの政治目標は内乱に陥ったイングランドの伝統的な王制（古来の国制）を如何に自派に有利な条件で修復させるかにあり、国王を裁判にかけて処刑すること、いわんや国制を共和制に改変することなどは彼らの夢想だにすることではなかった。しかし、こうした長老派の姿勢に業を煮やした軍は、「プライド大佐の粛清」として知られる軍事クーデタを決行する。すなわち、一六四八年十二月六日、トマス・プライド（Thomas Pride）大佐率いる兵士がウェストミンスターの議場に突如現れ、登院してくる長老派下院議員を武力によって追放するという暴挙に出たのである。ウォーデンによれば、「粛清」以前の長期議会に選出されていた者は二〇二名、「粛清」後に選出された者は九名、実際に追放された議員は投獄された四十五名を含めて一一〇名弱だとされる。ただし、追放を受けなかった議員でも議場に寄りつかなくなった者の数はかなりに上ると推定され、その後の議事は実質六十〜七十名ほどの議員で運営されるようになった（Blair Worden, *The Rump*

Parliament 1648-1653, Cambridge U. P., 1974, pp.26, 387-92.)。軍の意向に同調する少数の独立派（抗戦派）議員によって運営されるこの議会は、「残りかす」の議会という意味でランプ議会（Rump Parliament）と揶揄されるようになった。とはいえ、その後の国王裁判所設置（一六四九年元日）、国王裁判開始（同一月二十日）、国王への大逆罪判決（同一月二十七日）、国王処刑（同一月三十日）、王制および貴族院廃止（同三月十七、十九日）、共和国宣言（同五月十九日）という一連の政体改変の措置は紛れもなくこの政権下で断行されたのであって、この一院制のランプ議会は「人民により選出され、人民を代表し、人民によって共通善のために信託され権威づけられている」と自称しながら、イングランド共和国の「最高権力」として暫く支配を続けることになるのである。

しかし、突発的な軍事クーデタに起源を持つこの共和国が確固たる青写真を基に設計されたものでなかったことは言うまでもない。このことは、右に述べた共和制への政体改変の完了に至るぎこちない経過が如実に物語っている。国王処刑後、王制と貴族院の廃止を公式に宣言するまでに要した四十日超という時間は、王制への未練の表れと言える。しかも、三月十七日の「王制廃止宣言」では、チャールズ一世個人の行った悪政が糾弾されたものの、「古来の国制」の制度的欠陥への攻撃が行われたわけではない。また十九日の「貴族院廃止宣言」も貴族身分の廃止どころか貴族の参政権をも損なうものではなく、その意味では貴族院の復活の可能性が注意深く残されていた。共和国政府が「古来の国制」と決別する決意を持ち、自ら「国王も貴族院もない共和国にして『自由な国家』」と公式に名乗るまでには、さらに二か月を要するのであった。

「共和国臣従契約」

自らのレジームの基礎の脆弱性を自覚していたランプ議会は、ふたつの対策を打ち出した。ひとつが現行共和国体制への服従を国民に誓約させる「共和国臣従契約」(Engagement)の強制であり、もうひとつが政府広報誌『メルクリウス・ポリティクス』発行によるプロパガンダ戦略である。まず前者から検討してみたい。

「共和国臣従契約」は当初、共和国の行政機関である国務会議(Council of State)の構成員の忠誠宣誓として一六四九年二月十七日に始められたものであったが、その後軍人、ロンドン市長および市会議員、公務員、大学人、聖職者へと徐々に対象範囲を拡げていき、最終的には一六五〇年一月二日、イングランドの十八歳以上の全男性にまで署名を要求するに至った。だが、署名は思うように集まらず、政府の思惑は外れた。そのため署名の期限として当初設定されていた一六五〇年一月一日が三月二十五日にまで延長されただけでなく、当初は「プライド大佐の粛清」、国王裁判、国王処刑の三項目の承認が盛り込まれていた「契約」内容が徐々に削り落とされていき、最終的には署名者の良心的葛藤を最小限に抑えるために、次の文言にまで簡素化された。「私は現在樹立されている国王や貴族院のないイングランド共和国に対して、誠実にして忠実であることを宣言し約束する」。しかし、この措置は功を奏さなかったばかりか、「契約」の強制の是非をめぐった一大論争を招くことになってしまった。

そもそもその「契約」は、デ・ファクトに存在する共和国の正当性を国民の事後的な同意によって調達せんとする構想であった。よって、その実践的な目的は共和国の敵となりかねない国王派と長老派をいたずらに排斥するのではなく、彼らのうちの穏健派を可能な限り体制内に包摂することで、イングランドの国民的一体性を保った共和国を形成することに置かれていた。だが無情にも、この政策の失敗は共和国の支持層がいかに狭隘であるかをかえって露呈させることになった。もとより、暴君への嫌悪と王制への嫌悪は同日の談ではない。それどころか、共和国の押し付けは国民の王制に対する哀惜の念を深め、それが暴君を明君とは言わずとも、殉教者に祭り上げることになりかねなかった。国王処刑の翌月に国王の遺書の触れ込みで出版された『エイコン・バシリケ：国王の孤独と苦難の姿』(*Eikon Basilike*: *The Pourtraicture of His Sacred Majestie in His Solitudes and Sufferings*) の好調な売れ行きは、共和国政府に焦燥感をもたらすに十分であった。

共和国の理論的基礎

このような社会的雰囲気のなかにあって、新生の共和国を擁護するふたつの重要な著作が現れた。最初のものは国王処刑の翌月に出版された詩人ジョン・ミルトンの『国王と為政者の保有権』(*The Tenure of Kings and Magistrates*) であった。同書の基調はモナルコマキの人民主権論に立脚した暴君への抵抗権と国制変更権の弁証であり、これによって国王処刑と共和制の樹立を正当化することが著者の目的であった。彼によれば、政治権力の源泉は人民(共同体)にあり、為政者の行使する権力は人民の信託に由来する。国王がその信託を受ける場が戴冠式宣誓であり、それは人民の同意によって制定される法に国王が従うという契約にほかならない。よって、国王が人民の付託に応えられないとき、人民は服従から解除され国王に抵抗することができる。また、根源的権力を持つ人民は自ら最善と考えるように国制を変更する権利を有する。ランプ議会による共和制への政体の改変は、人民の直接的な権力の発動として説明できるのであった。

しかし、この理論は当時の時代状況においては諸刃の剣であった。内戦中オランダのハーグに亡命していたチャールズ一世の皇太子チャールズ（ウェールズ大公）は、父王処刑の翌月にフランスに移り、そこでスコットランド議会によりチャールズ二世に推戴されていた。この行動はアイルランド議会によって追認された。イングランドにおいても先述のような王制への強い未練が残っているとすれば、ステュアート朝の王政復古も人民の国制変更権によって正当化されかねない。ミルトンの人民主権論は必ずしも共和国の弁護にはならないのであった。

ところが、翌一六五〇年の五月、ミルトンの著作とは異なる理論を説く共和国擁護論が出版された。ニーダムの『共和国の主張』（*The Case of the Commonwealth of England, Stated*）である。この著作の基調をなすのはデ・ファクト理論であった。それによれば、すべての政治権力の礎は「剣の力」にあり、人々の服従義務は統治権力が現存し秩序を維持しているという事実に負っている。ニーダムは、フーゴ・グロティウス『戦争と平和の法』（Hugo Grotius, *De Jure Belli ac Pacis*）に引照しつつ、征服者は被征服者の意志を考慮する必要も、それ以前にその地域で機能していた法や国制に従う必要もなく、ただ自らの保全に最も役立つ統治形態を樹立してよいとする。彼はこの原則に基いてイングランドの内戦の勝者を征服者と位置づけ、戦争の法によって彼らは自らの好むがままの統治を行う権利を持つと主張する。すなわち、軍事クーデタによるランプ議会の現行支配体制としての共和国は、征服者（勝利者）の権利によって確立されたのである。

デ・ファクト理論は、先述の「共和国臣従契約」をめぐる論争において主流をなした理論のひとつであり、ニーダムのほかフランシス・ラウス（Francis Rous）、アンソニー・アスカム（Anthony Ascham）、フランシス・オズボーン（Francis Osborne）など、現行の共和国体制への臣従を是とする理論家たちに共有されていた。しかし、この理論を「契約」の正当性根拠とするにはやはり無視しえぬ問題点があった。もし現行体制の「剣の力」が無秩序を回避している事実においてその支配の正当性が確立されるのであれば、「契約」などという面倒な手続きは不要なはずである。また、長老派牧師エドワード・ジー（Edward Gee）が指摘するとおり、強制権力の所有と権力の正当な資格とを同一視するデ・ファクト理論は「十分な力を持つ者の武装蜂起」を合法化し、結果的に共和国政府への反乱を誘発することになるであろう。しかし、ニーダムの『共和国の主張』はこの論難を突き抜けるルートを用意していた。それが同書の最終章「王制的統治体制に優る『自由な国家』の卓越性論」である。その目的は文字どおり「現行の統治形態の卓越性を明らかにすること」、すなわち王制（あるいは貴族制）に対する共和制の政体としての優越性を理論的、歴史的に論証することであった。これが成功すれば、王政復古論を封じ込めることができるかもしれない。そして、本書『「自由な国家」の卓越性』はこの章を大幅に拡充したものにほかならなかった。

革命期ジャーナリズムの発展とニーダム

自らのレジームとしての正当性を早急に確立したい共和国政府は国務会議を通じて、ミルトンとニーダムを政府広報官として雇用した。一六四九年三月にミルトンが就任したのは外国語担当秘書官という職務で、古典的教養と外国語に精通した彼の主な役割は、イングランド共和国の正当性を諸外国に向けて訴えることであった。対して、ニーダムが担ったのは専らイングランド国内に向けたプロパガンダであったが、これにはミルトンには見られない彼のジャーナリストとしての特異な才能への期待が込められていた。このことの意味を理解するために、我々はここでピューリタン革命期のジャーナリズムの進展とともに、そこにおけるニーダムの経歴を確認しておきたい。

メディア史においてピューリタン革命がなした重要な貢献のひとつは、後に新聞として普及するニュース媒体の原型となる多くのニュース誌（newsbook）を生み出したことである。ニュース誌は第一次内戦勃発後、宗教および政治論争の媒体として普及していたパンフレット（トラクト）と国内外のニュース報道とが結びついて誕生した新しい活字媒体であった。内戦後の複雑な利害対立を背景にした政治情勢への関心の高まりは、各々の勢力の主義主張を国民に訴えるプロパガンダ戦略の必要性を増大させたが、このことはニュース誌の需要を急騰させた。ここにジャーナリストという新しい職業が生まれる条件が整ったのであり、まさにニーダムはこのニュース誌の最も成功した編集（執筆）者として、その先駆的役割を果たしたのである。

ニーダムは一六二〇年八月二十一日にオックスフォードシャーのバーフォードにて、貴族の館の従者として仕えるマーチャモント・ニーダムの息子として幼児洗礼を受けた。彼は一六三四年にオックスフォード大学オール・ソールズ・カレッジに入学し、一六三七年十月二十四日にそこで学士の学位を取得した後、セント・メアリ・ホールに移っている。その後彼はロンドンの名門マーチャント・テイラーズ・スクールに職を得るようであるが、間もなくそこを退職した後、グレイ法曹院の下級事務官職に就き、法律の知識を習得した。そして、その時期に医学の勉強も行っていたらしく、王政復古後は医師としての本格的な活動を行っている。

彼のジャーナリストとしての経歴は、一六四三年八月にトマス・オードリ（Thomas Audley）創刊の議会派の急進的なニュース誌『メルクリウス・ブリタニクス』（*Mercurius Britanicus*）からの誘いを受けたときに始まった。すぐに彼は同誌の編集（執筆）者として、国王派の代表的ニュース誌『メルクリウス・アウリクス』（*Mercurius Aulicus*）の編集（執筆）者ジョン・バーケンヘッド（John Birkenhead）とのあいだでの激しい論戦を開始した。彼はこの時期、急進主義政治集団レヴェラーズの指導者として知られるジョン・リルバーン（John Lilburne）との緊密な連携を取って、彼の行動を支援している。こうしたなか一六四六年五月発行の『メルクリウス・ブリタニクス』第一三〇号での過激な国王批判により、ニーダムは貴族院に逮捕・投獄され、二〇〇ポンドの保釈金の支払いと無許可での文筆活動を行わない旨の誓約書の提出を命ぜられた。これがもとで同誌は廃刊に追い込まれることになる。ジャーナリストとしての仕事を失ったニーダムは、約一年間、医師で生計を立てることになったようである。

だが、政局は間もなく新しい段階に突入することになった。第一次内戦が議会軍の勝利で終結すると、監視下に置いた国王の処遇を含め、戦後処理をどのような形で収束させるかをめぐって議会と軍との対立は深まっていった。文筆活動から遠ざかっていたニーダムも沈黙を破った。一六四七年九月、彼は突如として国王派支持への転向を示す政治パンフレット『王国の主張』（*The Case of the Kingdom Stated*）を出版する。そこには、国王に軍との提携を勧める内容がしたためられていた。このことはニーダムに、同月創刊となる国王派のニュース誌『メルクリウス・プラグマティクス』（*Mercurius Pragmaticus*）の編集（執筆）者就任という申し出をもたらした。これを受諾したニーダムは、同誌において王制の復興を実現するための論陣を張る。しかし、翌一六四八年十二月の「プライド大佐の粛清」は彼の命運を途絶えさせたかに思える出来事であった。実際、一六五〇年五月の共和国宣言の翌月、ニーダムは国王派のイデオローグとして国務会議に逮捕され、ニューゲート監獄に送られることになった。彼は死刑を覚悟していたに違いない。

しかし、ここで共和国政府のふたりの重鎮がニーダムに救いの手を差し伸べる。彼の同郷の名士、共和国議会議長ウィリアム・レンソール（William Lenthall）とチャールズ一世に反逆罪の死刑判決を下した特別裁判所裁判長にして新生・共和国政府の国務会議議長ジョン・ブラッドショー（John Bradshaw）である。十一月、ニーダムは両名の助力によって釈放されただけでなく、以下のような経緯で、共和国政府の広報官として雇用されたのである。すなわち、釈放されたニーダムは一六五〇年五月、おそらく共和国政府の意向を受けて先述の『共和国の主張』を執筆・出版する。そしてその後まもなく、国務会議はそのことで彼に五十ポンドの報償を渡しただけでなく、年給一〇〇ポンドで彼を政府広報官に雇用した。そして、翌六月に創刊される政府広報誌（ニュース誌）『メルクリウス・ポリティクス』の編集（執筆）を、外国語担当秘書官と出版物検閲官を兼任するミルトン監査役の下でニーダムに委ねた。以後、ミルトンとニーダムは二人三脚で共和国を強力に弁護する職責を担うことになるのである。

このように政治的変節を目まぐるしく繰り返すニーダムを、世間は保身と金銭のためならいかなる党派に与することをも厭わない「斑点模様のカメレオン」にして「傭兵の権化（金の亡者）」（mercenary soul）と罵った。しかし、忘れてはならないのは、この時代の思想家、文筆家という職業がそもそも後援者（雇用主）なしには成り立ちえず、彼らの意向を疎かにすることが極めて難しかったことである。ジョン・ロック（John Locke）の思想がホイッグの創設者アンソニー・アシュリ＝クーパー（Anthony Ashley-Cooper）の私設秘書として雇用されて以後、大きく変化していくことは格好の例であろう。まさにニーダムは雇用主の政治体制を擁護する職業アポロジストであった。無節操な変節ぶりを批判される彼であるが、そもそも雇用されないことには変節もできない。相異なるイデオロギーの諸党派が競ってニーダムに声を掛けたのは、彼の文筆家・編集者としての卓越した状況判断と発信能力、そして何よりも相手を説き伏せる抜群の説得力を必要とし、また恐れたからである。この能力は、新生・共和国が確固たる政治原理に基づいて建設されたものではなく、突発的な軍事クーデタに起源を持っていたことに鑑みれば、一際重要なものであった。デ・ファクトに存在する共和国に対してどう正当性と意味づけを与えるかが、共和国政府の喫緊の課題であったからである。J・G・A・ポーコックはイングランド共和国が内戦の結果として偶然的に成立したものだとし、「イデオロギー的な共和主義が王制の没落の原因として働いたというより、ある意味で王制の没落が人々を共和主義者にした」と述べている（J.G.A. Pocock, Historical Introductions to *The Political Works of James Harrington*, Cambridge U. P., 1977, p.5.）。この指摘が正しければ、まさにニーダムの担った仕事こそ、イングランド共和主義の形成であったのである。

『メルクリウス・ポリティクス』

先述のとおり、軍事クーデタを起源とするランプ議会体制が自らの存立基盤を強化するために採った政策のひとつは「共和国臣従契約」の強制であった。そしてもうひとつの重要政策が、これから述べる政府広報誌『メルクリウス・ポリティクス』によるプロパガンダ戦略である。

同誌の副題には「共和国の防衛と人民への情報提供のために、イングランド、アイルランド、スコットランド三国において現在進行中の諸事情と諸計画を含めたすべての情報が盛り込まれている」とあるが、その発行目的は一六五〇年六月八日にニーダムが提示した同誌の創刊趣意書のなかで示唆されていた（J. Milton French, ed., *The Life Records of John Milton*, vol. 2, Gordian Press, 1966, p. 311.）。ひとつは民衆の啓発である。そのためには記事は民衆から敬遠されるような堅苦しいものであってはならず、「面白おかしいスタイルで」書かれなくてはならない。理性よりも人々の「共通意識に合った音楽」を奏で、「空想力を魅了する」ことが重要なのであった。そしてもうひとつが、現行の共和国体制の秀逸性のアピールである。ニーダムによれば、誌名のなかの「ポリティクス」の語は、現行の統治体制が「専制的統治形態（despotick forme）の対極にあるがゆえに真の国制（verā πολιτεία）」であることを意味する。よって、同誌の叙述スタイルは「スキュラとカリュブディスのあいだ」を航行するように、「下品と冒涜」を避けた「中庸」を心掛けなければならない。そして、この創刊趣意書に現れる専制支配体制（暴政）の対極としての共和国の位置づけは、『「自由な国家」の卓越性』の序文「読者へ」においても現れることになるのである（本書三―四頁）。

『メルクリウス・ポリティクス』は毎号全文十六頁、約五、〇〇〇語で書かれた木曜日発行の週刊誌であり、題字下に掲載された論説と当該週のニュースのふたつの部分から成るレイアウトで作成されていた。論説はミルトンの筆が入ることも時にはあったであろうが、ほとんどがニーダムの執筆と考えて間違いはない。共和国政府の広報誌であった同誌は、一六五〇年六月十三日発行の創刊第一号から王政復古直前の一六六〇年四月十二日発行の最終第六一五号まで十年近く生きながらえるが、その間の政治情勢の変転に応じて性格を変化させていく。第一号から第十五号（一六五〇年九月十九日）までの論説は冗漫で俗語を多用した揶揄表現による国王派批判が目立ち、とくにまとまったニーダムの見解らしきものは見当たらない。ところが、第十六号（九月二十六日）から第一一四号（一六五二年八月十二日）まで、彼の重厚な共和主義政治理論が論説のなかに連載されることになる。そして、第一一五号以後（八月十九日）、同誌から論説は消え、ニーダムの見解は個々のニュース報道に対するコメントの挿入程度のものに縮小されることになるのであった。

だとすれば、我々にとって重要なのは、第十六号から第一一四号までの論説である。しかもここの部分の論説は、『「自由な国家」の卓越性』のみならず、先に論じたニーダムの『共和国の主張』のなかで展開されていた議論を含み込んでいたのである。しかし、そのやり方は正反対であった。『共和国の主張』の場合、単行本として先行して出版された内容が後から、時には抜粋という仕方で切り取られて論説のなかに展開されたのに対し、『「自由な国家」の卓越性』は論説欄に連載されていた記事を、逆に後から単行本の形に編集して出版したものであったからである。また、執筆時期においても重要な相違があった。前者の内容が一六五〇年九月の第十六号から約一年間に発行された各号の論説として掲載されていったのに対し、後者は一六五一年九月の第六十八号から一六五二年八月の第一一三号に掲載された論説を編集し直して、一六五六年六月末頃に単行本として出版されている。両者を分ける一六五一年九月は共和国政府の政策にとってひとつの転換点であった。既述のとおり、一六四九年五月に共和国を宣言したイングランドであったが、アイルランドとスコットランドの議会と貴族層はこれを認めず、先王の皇太子チャールズ（後のチャールズ二世）の王位の正当性を主張していた。このため、一六五〇年六月に総司令官に就任したクロムウェル率いる軍はまずアイルランド、次いでスコットランドの国王派の制圧に乗り出すことになったが、一六五一年九月三日のウスターでの勝利は反革命、すなわちステュアート王制復興の脅威を大幅に減退させたことを意味した。この前後の文脈の相違がニーダムの論説の基調の相違、よって彼の両著作の性格の相違をもたらすことになったのである。

先に述べたとおり、『共和国の主張』の目的は軍事クーデタと国王処刑、すなわち暴力を起源に持つ共和国を正当化することにあった。デ・ファクト理論は揺籃期の共和国のおぼつかない足取りを支えるにはある意味必要な理屈であった。しかし、安定期に向かおうとする共和国には自らの黒歴史である暗い暴力的起源をそろそろ世間に忘れさせ、その体制と人民の自由とを積極的に結びつける戦略転換が要求された。それは『共和国の主張』最終章の「王制的統治体制に優る『自由な国家』の卓越性論」の拡張であり、イングランド共和国を古典古代の都市国家（共和国）の理想と結び付けることで、共和制という政体の比類なき秀逸性を国民に訴える方法であった。ここに古典的共和主義が体制イデオロギーとして登場することになったのである。

十七世紀イングランドの古典的共和主義

ここで言う古典的共和主義とは、古典古代の都市国家、典型的には古代ギリシアのアテナイやスパルタに代表されるポリス、そして共和制ローマの歴史や先例から抽出される政治的英知や教訓を国政に適用せんとする思想を指す。よって、その限りにおいては、ルネサンス期イタリアのヴェネツィア、フィレンツェなどの自治都市国家共同体（comune）のような小規模の都市国家のみならず、「王のいる共和国」論などに見られるとおり、封建王制の政治論のなかにその理念が読み込まれることも妨げられない。この最後の点は『「自由な国家」の卓越性』の意義を考えるうえで大変重要である。

イングランドではルネサンス期以降、アリストテレスやポリュビオスの混合政体論の受容が始まっていた。また十七世紀において著名な共和主義者として活躍する人々、たとえばアルジャノン・シドニー（Algernon Sidney）、ヘンリ・ネヴィル（Henry Neville）、トマス・チャロナー（Thomas Chaloner）らの家系には、十六世紀中葉以来、古典的教養が蓄積されていたという実証的な研究もある。こうした事情を背景に、エリザベスの時代には王国を共通善の保たれた良き政治的共同体という意味で古典古代のポリスやキウィタスの系譜にある‘commonweal(th)’や‘republic’という国家概念で理解する政治思想が存在していたことは、パトリック・コリンソンらの強調するとおりである（Cf. John F. McDiarmid, ed., *The Monarchial Republic of Early Modern England : Essays in Response to Patrick Collinson*, Ashgate, 2007）。そしてその有力な典拠になったのがトマス・スミス『イングランド国制論』（Thomas Smith, *De Republica Anglorum*, 1583）であった。十七世紀に入っても〝commonweal(th)〟や〝republic〟は国家一般を表すとともに、「共通善あるいは公共善」（common or public good）という前世紀以来の意味を依然として有していたが、その概念と伝統的王制（古来の国制）との連関を断ち切ろうとする政治思想は少なくとも革命期までは現れなかった。J・G・A・ポーコックが共和主義を「言語でありプログラムではなかった」と述べたのは、この点に関わっている（Pocock, *op.cit.*, p.15.）。しかし、一六四九年一月の「王なき政体」（kingless polity）の突如の出現は、この概念に新しい、より実践的な意味を持たせることになった。

一六四九年五月の共和国宣言のなかの「共和国にして『自由な国家』」（a Commonwealth and Free State）、そして先述の「共和国臣従契約」に現れる「現在樹立されている国王や貴族院のないイングランド共和国」（the Commonwealth of England, as it is now established, without a King or House of Lords）は、「王のいる共和国」との決別の表明である。以後、イングランドにおいては、一六六〇年の王政復古までのあいだ、〝commonweal(th)〟は王制を表象することを止め、専ら「王なき政体」として、すなわち王制ローマ最後の王にして暴君タルクィニウス追放後に現れる「自由な国家」（free-state）でイメージされるようになる。もとより、これを共通善の保たれた良き政治的共同体と考えるか、無秩序状態と考えるかは論者次第であるが、ピューリタン革命期の古典的共和主義者はこの現行の「国王も貴族院もない共和国にして『自由な国家』」を古典古代の歴史や事例から抽出される理念や教訓で基礎づけようとしたのである。

しかし、古典古代の都市国家文化とは異質の、長く強力な封建王制の伝統に拠ってきたイングランドに、古典的共和主義を根付かせることが至難の業であったことは想像に難くない。それがデ・ファクト理論を卒業しようとする新生・共和国政府に立ちはだかった難題であり、その克服に取り組んだのが後に『「自由な国家」の卓越性』に編集される『メルクリウス・ポリティクス』の第六十八号（一六五一年九月）以降の論説記事であった。本書を一読すれば気づかれるとおり、ニーダムが好んで引証した古典古代の文人は、哲学者ではアリストテレスやキケロ、歴史家ではプルタルコスやリウィウスなどである。その他、数々の書物、史料、聖書、歴史的事例の引証が散りばめられるが、そのすべてにおいて典拠が明確に示されることもなければ、引用も極めてぞんざいである。しかも、その解釈は我田引水的なものも少なくない。これが共和主義をイングランドに定着させるために有効な技法であったと言えるのか否かは、読者の判断に委ねたい。

護国卿体制とニーダム

さて、『メルクリウス・ポリティクス』の論説が打ち切られた後も、ニーダムは共和国政府を支え続けた。イギリスの領海を正当化するジョン・セルデン『海洋閉鎖論』の訳書（John Selden, *Of the Dominion, or, Ownership of the Sea*, 1652）の刊行も重要な仕事のひとつであった。しかし、アイルランドとスコットランドの反革命勢力の制圧を終えた共和国政府は、ランプ議会の早期解散を主張する軍と、逆に軍の削減計画を進めようとするランプ議会とのあいだの激しい対立に悩むことになる。そうしたなか、一六五三年四月、激高したクロムウェルはランプ議会の武力解散を断行する。これは二度目の軍事クーデタにほかならなかった。同年七月には、彼と軍の士官会議とが指名する一四〇名の「敬虔で高潔」で「神の民の利益」を解する「大いなる魂」を持った議員から成るとされた「指名議会」(「聖徒議会」または「ベアボーン議会」)が成立するが、この議会の活動にも満足できない軍は同年十二月十二日に三度目のクーデタを起こし、全権力を総司令官クロムウェルに移譲する決定を行った。その四日後、彼はイングランド史上初の成文憲法「統治章典」(The Instrument of Government)によって、護国卿(Lord Protector)に就任するのであった。

護国卿体制は通俗的にはクロムウェルの独裁的な軍事政権として単純に描かれることがあるが、近年の実証的な研究によれば、それは軍の高級将校、議員、顧問官等々、クロムウェルを取り巻く様々な集団の利害調整のうえに成り立つバランス型の体制であったとされている。また、「統治章典」の規定によれば、護国卿は議会と最高立法権を共有し、評議会(council 従来の国務会議から改称)の補佐により執行権を行使する終身の官職であるとされているが、ここに現れる「護国卿」と一院制「議会」と「評議会」の三者は抑制と均衡の関係に置かれており、そこからクロムウェルの「独裁」を導き出すことは難しい。ただし、その体制が共和国政府に対する軍事クーデタで樹立されたものであることは事実であり、この点をどう弁護するのかが喫緊の課題であった。まさに広報官ニーダムの出番なのであった。

ニーダムの『共和国の真実の主張』(*A True State of the Case of the Commonwealth*, 1654)によれば、軍の行動原理は内戦中から一貫して「人民の自由と安全」の確保と「法を逸脱した恣意的支配」を行う暴政(tyranny)の抑制にあった。暴政という点ではチャールズ一世もランプ議会も変わらなかった。共和国の存立基盤が脆弱であるがゆえに早期の総選挙による統治の正当性の回復は必須であったにもかかわらず、ランプ議会はすでに四年以上の長期政権を築きながらも解散を拒んで権力の永続化を図っていると、ニーダムは言う。また、一院制ランプ議会は地上における唯一の公的権力として万能性、絶対性を主張している。だから、ランプ議会の武力解散は、暴君の処刑と同じ大義により正当化できるのであった。また、彼によれば、指名議会の解散もやむを得なかった。その議員たちは聖徒であるとの強い自負から、自らの基準に満たない人々を非聖徒と断じ、「宗教改革の敵として断罪」した。こういう態度の根底には、議員たちのなかに聖俗の領域の混同があったとニーダムは見る。聖徒であることは、世俗統治の領域において何ら特別な権利や権限を生み出すことを意味しない。霊的な利益と世俗的な利益、教会と国家を混同した指名議会は、教皇制や主教制と変わらぬ神政政治を敷いていた。彼によれば、それはランプ議会から権力の万能性という悪しき性質を受け継ぎ、これによって国民の生命・自由・財産を危機に曝していた。よって、これを解散させたのは正当な措置であったのである。

ここで重要なのは、軍事クーデタがすべて共和主義の原理で正当化されていることである。人民の自由と安全、法の支配、頻繁な選挙、権力の分立、政教分離（反神政政治）は『メルクリウス・ポリティクス』、よって『「自由な国家」の卓越性』のなかで共和国の原則の要諦として強調されていた。つまり、共和国の大義を裏切ったのは議会の方だとニーダムは主張するのである。そのうえで彼は、護国卿体制を次のように説明する。

我々はここにおいて、三種類すべての統治の善さが取り入れられ、ひとつに結びつけられているのを見出す。戦いがあれば、それに立ち向かうための王制の（唯一無二の）結合の徳がある。またここには、それに対処するための貴族制の見事な評議会がある。平和であれば、ここにはそれを拡充するための民主制の勤勉と勇気がある。現行の憲法においては、立法権力と執行権力は分離されている。前者は人民によって選出される議会の不断の継承のなかに、後者は評議会に補佐される選挙制の護国卿およびその継承者たちのなかに置かれる。我々は共和国の状態がこれによって正常になり、一方においては執行権力と立法権力の両方を備えた継承制ないし永続制議会の害悪（それは分裂、党争、混乱のことである）が回避され、また他方においては絶対的な君主的権力が回避されるのを見る。統治の枠組みはアナーキーと暴政に対して両脇がしっかりと固められているので、我々は今やそれが（神の恵みを通して）この錯乱した国に平和と安定をもたらす時宜を得た中庸であるとわかるのである（*Ibid.*, pp. 51-2.）。

これはアリストテレスやポリヴィオスの説く古典古代の混合政体論にほかならない。護国卿体制は、ニーダムによれば、共和国の理想的な国制なのである。

『「自由な国家」の卓越性』のコンテキスト

しかし、護国卿体制は粛清を受けた長老派や独立派の議員たちの目からすれば正当性の欠片もない軍事政権であり、また共和派（Commonwealth-men）の目からすれば「古き良き大義」（good old cause）への反逆者にして共和国の簒奪者であった。この体制の不人気は、一六五四年九月三日に召集された護国卿体制第一議会における「統治章典」の承認拒否という形で顕在化した。また、一六五五年三月に未然に発覚した国王派の武装蜂起計画は、共和国成立期から社会全体に根強く残っている王制への未練を象徴する具体的で危険な出来事であった。護国卿政権は治安の維持に神経を尖らせた。その対策が同年八月に施行された少将制である。それは全国を十一（後には十二）の区域に分けて、それぞれに中央から少将の階級の将校を派遣して治安や行政に携わらせる制度であったが、その財源となったのが年収一〇〇ポンド以上の国王派の土地財産から収益の一割を税として徴収する「絶滅税」（decimation tax）であった。しかし、この政策はランプ議会が一六五二年に出した国王派への大赦令に違反していたのみならず、国王派と疑われることへの地方ジェントリ（治安判事）たちの恐怖心を惹起し、現政権への反発を増幅させることになった。

王制への未練は別の形でも現れた。クロムウェルへの王位提供である。「唯一人」（one single person）としての護国卿は強大な権力を与えられたものの世襲ではなく、後任は評議会での選挙で選出されることになっていた。よって、護国卿体制は古典古代の都市国家で普通に見られた選挙王制の一変種とみなすことができ、その意味ではニーダムの『共和国の真実の主張』に見られたとおり、共和国の理念のなかで捉えることも妨げられなかった。クロムウェルを王にするという言説はそれまでもなかったわけではない。しかし、この時期の王位提供の動きはクロムウェルを世襲の君主に祭り上げて「王制復古」を実現しようとする、政権内部からの極めて具体的で現実味を帯びた提案という形をとった。

軍事政権というイメージが付きまとう護国卿体制ではあるが、その政権を支えたのは軍人だけではなかった。確かに「統治章典」を起草したのはジョン・ランバート（John Lambert）を中心にした高級将校たちであったが、評議会ではチャールズ・ウルズリ（Charles Wolseley）、エドワード・モンタギュ（Edward Montagu）、ウォルター・ストリックランド（Walter Strickland）、フィリップ・ジョーンズ（Philip Jones）らの文官たちが存在感を示し、その他、人民訴訟裁判所、王座裁判所で主席判事を務めたオリヴァ・セント・ジョン（Oliver St. John）やアイルランド政策に長じたブログヒル卿ロジャー・ボイル（Roger Boyle, Lord Broghill）、国務会議秘書官ジョン・サーロー（John Thurloe）らが重要な顧問官の役割を果たした。これらの文民の有力者たちは第一議会の段階では軍に協力したものの、少将制の導入以後、軍の勢力伸長に反発した。彼らはクロムウェルへの王位提供に積極的であった。それはイングランドの古来の統治方式を復活させることで軍の発言権を後退させ、政権の文民化を推し進めると判断されたのである。

こうした状況のなか、高級将校たちは絶滅税の維持と少将制の恒久化の承認を議会に求めるために、護国卿に議会召集を進言した。一六五六年五月末に選挙の実施が決定されると、『メルクリウス・ポリティクス』第三一六号（一六五六年六月二十六日—七月三日）に同年九月に議会が召集されることが告知された。『自由な国家』の卓越性』が匿名で出版されたのは（六月二十九日前後刊）まさにこのタイミングであった。ウォーデンが同書をこの選挙のための共和派のマニフェストと性格づける所以である。ニーダムは同書の最終節を『メルクリウス・ポリティクス』第七十四号の論説記事で締めくくる編集を施すが、そこには参政権から「悪党と中立者」（国王派、長老派、日和見主義者）を締め出すことが提唱されている。すなわち、共和国の議会は共和派、すなわち「始終一点の腐敗も動揺も背信もなく自由を主張してきた人たち」で構成されなければならなかった（本書一九五頁）。『「自由な国家」の卓越性』の刊行は、王制への復帰を促す、時の趨勢への抵抗であったのである。

しかし、これは決してニーダムの孤軍奮闘ではなかった。この一六五六年には名うての共和主義者ヘンリ・ヴェーン（Henry Vane the Younger）がすでに五月に『癒しの案件』（*A Healing Question*）を出版していたし、十一月にはジェームズ・ハリントン（James Harrington）の『オシアナ共和国』（*The Commonwealth of Oceana*）が共和主義ジャーナリストで出版者のジョン・ストリーター（John Streater）の手を通じて刊行された。そして『「自由な国家」の卓越性』の巻末には、ヴェーン『隠遁者の熟慮』（Henry Vane the Younger, *The Retired Mans Meditations*, 1655/6）とトマス・メイ『イングランド議会史概説』（Thomas May, *A Breviary of the History of the Parliament of England*, 1655/6）の広告が掲載された。また、実践面においても、ハリントンの門弟とも言えるヘンリ・ネヴィルが共和派の選挙キャンペーンを精力的に展開した。一六五六年は共和派のモメントとも言うべき様相を呈していたのである。

しかし、九月十七日に開会した護国卿体制第二議会は選出されたかなりの数（五十～六十名とも推定される）の議員を排除することから始まった。そして、翌年一月、絶滅税の継続と少将制の恒久化を含んだ「民兵法案」（Militia Bill）が提案されるが、文民派は長老派を抱き込んでこれを否決しただけでなく、軍事色の強い「統治章典」に代わる新しい憲法の策定を目指し始めた。その最初の具体的な形が二月に作成された「抗議」と呼ばれる文書であった。その骨子は護国卿体制を王制に変革すること、そして第二院（the Other House）を新設して議会を二院制にすることである。王位に就くのはもちろんクロムウェルである。高級将校たちの危機意識は絶頂を極め、クロムウェルに「抗議」を撥ねつけるように働き掛けた。四月、彼は軍の意向を踏まえて、王位を拒否する。しかし、文民派は諦めず、五月に「抗議」を「謙虚な請願と勧告」(Humble Petition and Advice)という精緻な成文憲法草案にまとめ、これの承認を勝ち得た。それは護国卿の官職を残したものの、それを従来の選挙制から後継指名制へと変更した。また第二院が設置され、評議会を枢密院に改称した。王制の復活は回避されたものの、共和派の目標とは裏腹に、護国卿体制は「古来の国制」にますます類似していくのであった。

ところで、『「自由な国家」の卓越性』の内容を構成する『メルクリウス・ポリティクス』の論説は、先述のとおり、「古来の国制」から共和制への体制変更を正当化するために執筆されたものであった。しかし、『「自由な国家」の卓越性』の目的は、共和制から王制への再度の体制変更を妨げることにあった。このふたつのコンテキストの相違は、『「自由な国家」の卓越性』に両義的な意味を与えることとなった。先述のとおり、ニーダムは一六五四年出版の『共和国の真実の主張』において護国卿体制を共和主義の原理で弁護した。この立場の延長で考えれば、『「自由な国家」の卓越性』の出版はクロムウェルに王位を受諾せずに護国卿体制に留まることを進言していると、単純に解すことも可能かも知れない。しかし、『メルクリウス・ポリティクス』が擁護した共和制は、軍がクーデタによって崩壊させたランプ議会体制であったことを忘れてはならない。一六五六年を「唯一人」クロムウェルの権力の絶頂期と考えるなら、『メルクリウス・ポリティクス』の言語は彼を長期議会に対して挙兵したチャールズ一世と同じ暴君と描き出しかねない。それればかりか、そこに登場するペイシストラトス、ディオニュシオス、アガトクレス、アッピウス・クラウディウス、スラ、そしてカエサル等々の歴史上の名だたる暴君たちは、おしなべて「自由な国家」の大義を裏切り、その対極としての暴政（tyranny）を築き上げた。カエサルをクロムウェルの隠喩に用いるのは、共和主義者たちの常套手段であった。共和国を裏切ってランプ議会を武力解散したクロムウェルを真っ向から批判し、自らのニュース誌のなかで彼をカエサルと揶揄したストリーターは、弾圧されて投獄された。ニーダムがこのことに無自覚であったとは考えられない。匿名『「自由な国家」の卓越性』の刊行は真摯な共和主義者の薄氷を踏む思いの英断であったのか、それともテキストの両義性を巧みに操る職業アポロジストの自信の表れであったのか。いずれにしても、ニーダムはこの政局をも共和主義の言説で乗り越えようとしたのである。

『「自由な国家」の卓越性』の構成と基本概念

ここで少々『「自由な国家」の卓越性』の中身に目を向けてみたい。

本書は「表紙（タイトル・ページ）」を除けば、「読者へ」、「序論」、「共和国の正しい国制」、「人民の統治体制に向けられたすべての反対論に答える」、「すべての正しい権力の起源は人民に存する」、「統治の失策および統治術の準則」の六部構成をとっているが、章節の番号は全く付されてはいない。「共和国の正しい国制」では共和政体が最善である十四の理由が、「人民の統治体制に向けられたすべての反対論に答える」では六つの反対論が、「統治の失策および統治術の準則」では八つの失策と九つの準則と五つの警告が論じられる。よって、これらに「序論」と「すべての正しい権力の起源は人民に存する」を加えて単純に数えれば計四十四の論点に分類されて論旨が展開されることになり、それなりに議論が構造化されているようにも見えるが、実際は各部における論点や事例の重複が甚だしく、同じことを、ただ目先を変えて論じただけのことが実に多い。総じて、本書は全体として非常にまとまりの悪い仕上がりになっているという印象を拭うことはできない。

しかし翻ってみるに、本書のこうした特徴は、共和政体の卓越性を支える中心的テーゼを国民に広く普及させるという目的を持った『メルクリウス・ポリティクス』の実践的性格をそのまま継承していることに由来しているとも言える。すなわち、対象となる読者が一般国民である以上、概念の厳密性や行論の体系性よりも明快さが重要なのであり、少数の印象深い単純な事例を繰り返し用いて説きつけるスタイルがこの目的には適っていよう。本書のなかの新たな書下ろし部分は「表紙」と「読者へ」のみで、残りの部分は一六五一年九月の第六十八号から一六五二年八月の第一一三号に掲載された『メルクリウス・ポリティクス』の論説で構成されている。しかも当該部分の編集段階での修正は僅かであり、大半がほぼ原形をとどめているのである。私はこれを杜撰な編集とは思わない。冒頭の「読者へ」で表明される王政復古論者台頭への懸念を懐きつつ、再び国民に『メルクリウス・ポリティクス』の共和主義を思い出させることの緊急性を自覚したニーダム一流の状況判断だと考えるからである。

本書の構図は極めて単純である。それは私的で党派的で世襲制をはらむ王制による暴政（tyranny）と人民の自由を保障する「自由な国家」＝共和国（commonwealth）の公共善との対照であり、前者への堕落をいかにして阻止するかが本書全体のモチーフになっている。このふたつの政体の中間に置かれそうな貴族制ないし寡頭制（少数者支配）は、その本質が「王的な権力」にあると認識されて王制の一変種とみなされるため、独立した考察の対象にはされない。先にニーダムが護国卿体制を混合政体論で擁護したことを確認したが、ここでの共和国が貴族院を廃止した後の一院制のランプ議会体制、すなわち「国王も貴族院もない共和国にして『自由な国家』」が念頭に置かれたものであることを忘れてはならない。貴族（貴顕）は共和国において国制の構成要素として存在感を示す余地はなくなっていた。それどころか貴族は人民の利益（公共の利益）に対立するところの少数の特殊利益を体現する徒党や派閥と同一視され、共和国を分裂、そして内乱に導くものとして常に警戒されるのである。

「自由な国家」＝共和国はまた、「人民による統治体制」と言い換えられる。その所以は、その体制が「すべての正しい権力と統治の起源は人民に存する」という不問の前提から、人民の選挙によって選ばれる代議院（人民の代表）のなかに国家の最高権力（至高権、至上権）を置いているからである。そして、その代議院はしばしば「人民の最高会議に存する人民」と表現される。「古来の国制」において「議会のなかの王」（King-in-Parliament）にあった最高権力は、共和国では「議会のなかの人民」にあると認識されるからである。ここで重要なのは、権力の起源として能動性を発揮する人民が常に代議院のなかに置かれた状態で、あるいはまた代議院と同一視されて現れることである。そもそも共和主義には、トマス・ホッブズ（Thomas Hobbes）やレヴェラーズのような契約説論者の立論とは異なり、自然状態のなかの人間、すなわち人間の本性の考察を国制論に先行させようとする発想がない。先述のように、共和国の成立を理論レベルにおいてデ・ファクト論に頼らざるを得なかったのはこのためである。国家の正当性をその起源論から説き起こせない共和主義は、それを既存の共和国体制の卓越性に求めざるをえないのである。

そして国家の最高権力を有する「人民の最高会議に存する人民」であるが、その権力を信託された個々の議員たちの権力の永続化と万能化はともに厳しい批判に曝される。永続化は派閥を生み、最終的には国を分断して崩壊させる。だから、「人民の最高会議」は頻繁な選挙による「正当で秩序ある継承」によって、常に刷新されていく必要がある。これが議員や官吏の交替を生むことで彼らの説明責任を確保し、腐敗を防止するのである。また、権力の万能化は人民の自由を奪う。これを防止するためには権力の分立が、すなわち立法権力と執行権力とを区別して、それぞれを別の機関に置いて運用することが重要である。興味深いことに、解散総選挙を拒んで自らの万能の権力の永続化を図った現実のランプ議会の議員たちは、このニーダムの警告を完全に無視した。これが軍と議会との抗争を生んで、軍事クーデタを帰結したことは先述のとおりである。現行共和国体制の擁護者ニーダムの思想が現状肯定のための詭弁ではなく、共和主義の原理であったことの証左と言えるであろう。

以上のようなニーダムの思想を支えていたのが、主にリウィウス『ローマ建国以来の歴史』で描かれる古代ローマ史であった。暴君タルクィニウスがブルトゥスらに追放された結果、ローマは「自由な国家」＝共和国になった。だが、王制の実質は決して放逐されてはおらず、その権力は常設の元老院のなかに残った。元老院の貴族たちからは毎年二名の執政官が選出されたが、それは万能の暴君と変わらなかった。こうした元老院の暴政に耐えかねて起こした平民たちの抵抗が聖山事件であった。それによって平民は護民官とトリブス民会という、自らの自由を守る新しい機関（＝人民の代議院）を手に入れた。このとき初めて人民は自由になった。しかし、その後アッピウス・クラウディウスを中心にした貴族たちの十人委員会が設立されると、再び貴族の暴政が始まった。平民はその後反乱を起こして十人委員会を解散に追い込む。だが、この出来事は後のローマ内戦の遠因になった。元老院派のスラと平民派のマリウスとのあいだの派閥抗争は、この線上に現れた出来事であったからである。両者はともに人民のためと主張して権力を私物化した。その結果は、ローマに未曽有の騒乱と殺戮をもたらしただけであった。人民の福祉を口実にした派閥勢力による権力の恣意的な行使は、その後の二度の三頭政治に引き継がれた。そしてその後はカエサル、そして最終的にはアウグストゥスの暴政の永続化を帰結したのであった。

ニーダムにとって、ここに見られる歴史観とそこから得られる知見はローマ固有のものではなかった。それはアテナイやスパルタに代表される古代ギリシアの共和国（都市国家）、旧約聖書に示されるイスラエル、さらにはフィレンツェ、ヴェネツィア、ジェノヴァなどのルネサンス期イタリアの自治都市国家共同体、そしてイングランドを含む封建王制のヨーロッパ諸国にまで無差別に適用されうる普遍史的な歴史の評価基準であった。またそれは、ニーダムの考える古典的共和主義に基づく「自由な国家」の原理にほかならなかった。しかし、古代の都市国家を範型とする古典的共和主義を、都市国家の政治文化とは懸け離れた、長く強力な世襲の封建王制の伝統に拠ってきたイングランドに定着させることは一筋縄にはいかない。そのための第一歩は、古典古代以来の共和主義思想史の連続性のなかにイングランドを位置づけることであった。

その鍵となるのが people（人民）という概念であった。『「自由な国家」の卓越性』に現れる people は実に多義的である。それは共和国それ自体、あるいは共和国の最高権力の所在である公民団体全体を指すこともあれば、共和国の最高決定機関としての公民の代議院を表すこともある。また、それは貴族と対立する階層としての平民やその代表機関である民会や下院を意味することもある。その場合に厄介なのは、この貴族に対抗する平民という階層が、それの属する時代や地域や社会構造の差異を全く度外視されて、すべて同質的なものとして扱われていることである。これはアナクロニズムの誹りを免れないであろう。さらにまた、その語はときに民衆や群衆という姿で現れることもある。さすがにニーダム自身も、自らの‘people’の曖昧さを自覚していた。それは突如思い直したように、平民を固有に表すために‘Plebis’‘Commons’‘commoner’‘common people’といった言葉を使いだすことに示されていようし、はっきりとまとまった説明（釈明?）をしている箇所もある（本書二二、五三、六六―七頁）。しかし、このアナクロニズムなしに、イギリス史は古典古代史に接続されることが難しかったに違いない。また、封建制の身分制議会の下院に過ぎなかった‘House of Commons’を共和国の「人民の代議院」として擁護するアクロバットも不可能であったであろう。そこにどこまで共和主義の原理の普遍性を見出せるのか、これは極めて難しい問題であると思う。

本書の訳出作業において、私は当初‘people’を文脈に応じて訳し分けることを試みた。しかし、ニーダムの狙いが上記の点にあったとすれば、これは著者の意図を害うことになりかねない。そこで本書においては日本語としての意味が通る範囲内で、その語に可能な限り「人民」という訳語を与えることにした。その適否については読者の判断に委ねたいと思う。

王制復古とニーダム

一六五八年九月三日、時代のカリスマ、クロムウェルは病死し、第二代護国卿にはクロムウェルの三男リチャードが就任した。しかし、一六五九年一月二十五日から始まった護国卿体制第三議会では、今後の政局が王政復古（古来の国制）と議会主権（共和制）のどちらに移行するかが真剣に討議され始めた。ここから政治情勢の急激な流動化が始まる。四月二十二日に軍は護国卿に圧力をかけて議会を解散させ、五月七日には軍の士官総評議会の決定でランプ議会を復活させ、二十五日にはリチャードの辞任により護国卿体制があえなく崩壊する。ここに一六五三年四月以前のランプ議会体制が再生されたのである。

軍の高級将校たちは主導権を取ろうと躍起になった。彼らは、一六五九年十月十四日、ジョン・ランバートを中心にした軍事クーデタにより再度ランプ議会を解散すると、俄か仕立てで設立した公安委員会によるデ・ファクトな軍事支配を樹立した。しかし、これに対抗したのがスコットランド方面軍事司令官で王政復古の立役者となるジョージ・マンク（George Monck）であった。大陸の国王派と連携したマンクが、一六六〇年一月初頭にイングランドに軍を進めるとランバートはこれを迎え撃とうとするも、軍内の統率が取れず、二月三日にマンクのロンドン入城を許した。この背景には初代ニュー・モーデル軍総司令官トマス・フェアファックス（Thomas Fairfax）のマンクへの協力もあった。マンクは二月二十一日に「プライド大佐の粛清」で追放された長老派議員を呼び戻して元の長期議会を復活させる。そして、同議会が三月に解散した後、総選挙によって四月二十五日にチャールズ二世を迎えるための仮議会（Convention）が成立した。そして、翌五月に王制復古が成就するのであった。

この間、ニーダムは政府広報官として護国卿政権の側につき、王制復古にも反対の態度を取り続けていた。そのため、一六六〇年四月九日に国務会議によって解任されたニーダムは、オランダに身を隠すことを余儀なくされた。しかし、このときもまた、彼の文筆力と発信力は彼の命を救った。彼は一六六〇年八月の大赦令の対象から除外されることはなく、正式な赦免を受けてロンドンに戻ることができた。彼は王政復古政府に雇用されたのである。間もなく、彼は三冊の国王派擁護の冊子を出版し、プロパガンダを開始する。けれども、一六六〇年代中葉以降、彼の政治論は鳴りを潜め、医師としての比較的穏やかな暮らしに入ったようである。一六七〇年代に入っても、政論家としてはホィッグの指導者シャフツベリ伯への批判文書数点と対仏戦争を説く冊子を公刊したのみである。そして、一六七八年十一月、彼は妻エリザベスを遺して波乱の生涯を閉じたのであった。

おわりに――後世への影響

金銭のためなら如何なる党派にも与する無節操な変節者としてのイメージは、長い間、ニーダムに纏わりつき、彼の政治思想への冷静な評価を妨げ続けた。だが翻ってみるに、革命や内乱期における変節や転向は極めて普通に見られる現象である。なぜその非難がニーダムばかりに集中したのであろうか。我々は彼の否定的な人物像の雛形が、アンソニー・ウッド『オックスフォード大学出身文士・主教人名事典』(Anthony Wood, *Athenae Oxonienses: An Exact History of All the Writers and Bishops Who Have Had Their Education in the Most Ancient and Famous University of Oxford*, vol. 2, London, 1692)に収められたニーダムの最初の伝記にあったことに気づく。ウッドはそのなかで、ニーダムの文筆家としての頭脳の明晰さと人文主義的素養の高さを認めつつも、「欲得づくで、良心や友情や君主への愛よりも金銭や下劣な利益を重んじる」その性格を悔やんだ(*Ibid.*, p. 467.)。名誉革命後、その革命の妥協的体制に満足しなかったウィッグ急進派のジョン・トーランド(John Toland)は、後に「真正ウィッグ」のカノンと呼ばれるジョン・ミルトン、アルジャノン・シドニー、ジェームズ・ハリントン、ヘンリ・ネヴィル、エドマンド・ラドロー(Edmund Ludlow)らピューリタン革命期の代表的な共和主義者の著作の再販・刊行事業に取り組むが、そこにニーダムの作品は含まれていなかった。当時酣となっていた常備軍論争において、中央(court)の腐敗に対する地方(country)の徳性を強調するイデオロギーに、ウッドが定着させたニーダム像は全くそぐわぬものと判断されたのであった。ニーダムの著作は、共和主義思想としてのそれ固有の作品価値ではなく、著者の不埒な振る舞いのゆえに覆い隠されたのである。それが再び日の目を見るのは一七六七年、イギリス共和主義思想の第二の隆盛をもたらしたトマス・ホリス(Thomas Hollis)とリチャード・バロン(Richard Baron)の出版事業によるものであった。この点については本書に収めた「一七六七年版への序文」(本書一九七—八頁)を参照していただきたい。

しかし、この再版によって、思想家としてのニーダム評価の上昇が直ちに見出されることはなかった。彼の人間性に関する悪評が持続していたこともあったが、さらに重要なのは『「自由な国家」の卓越性』で提示された共和国が王制との二分法的対立の下で提示されたため、「王のいる共和国」が存在する余地を残さなかったことである。名誉革命以後の立憲君主制の下でのイギリス政治思想は、十七世紀の共和主義を受容する素地が十分にあった。十七世紀後半に活躍した代表的共和主義者であるシドニーもネヴィルも、共和主義と「古来の国制」との結節の道を探求しようとした。また十八世紀の反暴政論は、混合政体のなかに制度化された三身分構成のなかに権力の分立と抑制への期待を寄せた。ニーダムの「国王も貴族院もない共和国」は、こうした議論に乗っていくことはできなかったのである。

それでは、アメリカでの評価はどうであったのか。この点で注目されるべきは、合衆国第二代大統領ジョン・アダムズ（John Adams）への影響である。彼は『「自由な国家」の卓越性』が再版される前から、ヴェーン、ミルトン、ハリントン、ネヴィル、シドニー、ロックらとともにニーダムを革命期イングランドの優れた政論家のひとりに選定していた。そして、アダムズが一七八七～八年に出版した『アメリカ諸邦憲法の擁護』（*A Defense of the Constitutions of Government of the United States of America*, 1787-8）の第二巻と三巻には、『「自由な国家」の卓越性』への長文の注釈が含まれていた。だが、そこにおいてもニーダムの不誠実、そして文章の散漫さと引用の杜撰さが批判された。またフランス革命の波及が強く意識される状況において、頻繁な選挙や一院制議会から惹起されるポピュリズムも警戒された。そして、合衆国諸邦憲法のほとんどが二院制モデルを採っていたこともニーダムの議論との不整合を顕在化させた。近年の共和主義研究において、十七世紀イングランドの共和主義者たちの建国期アメリカへの顕著な影響が確認されているが、ニーダムに特定する限り、そこにおける具体的かつ積極的な影響を見つけるのはなかなか難しいようである。

けれども、近年フランス革命におけるニーダムの関わりについて、興味深い研究が進められている。それによれば、トーランドによって再版された十七世紀イギリスの共和主義者たちの著作とともに、『「自由な国家」の卓越性』もその革命に一定の影響力を持ったようである。同書の最初の仏訳が一七七四年刊のフランス外交官シュヴァリエ・デオン（Chevalier d'Éon）の作品集のなかに収められ、二番目の仏訳が一七九〇年にテオフィル・マンダール（Théophile Mandar）によって刊行された。マンダールはジャン＝ジャック・ルソー（Jean-Jacques Rousseau）の政治理論によってフランス社会を改変しようとする急進的活動家であり、イギリス共和主義に強い関心を懐く政治結社コルドリエ・クラブ（Cordeliers Club）のメンバーであった。そして、彼はルソーとニーダムを極めて近しい理論家とみなしていたようである。この辺りの研究はレイチェル・ハマースレイが精力的に行っている（Rachel Hammersley, *French Revolutionaries and English Republicans: The Cordeliers Club, 1790-1794*, Boydell Press, 2011）。英仏両革命の関係に新たな光を当てるものとしても、注目に値する研究だと思う。

もちろん『「自由な国家」の卓越性』は、以上のような実証レベルでの後世への影響関係を考慮せずとも、それ自体として十分読みごたえのある一冊である。ニーダムの共和主義の言説は、長期政権、派閥政治、宗教組織との癒着、世襲制原理が権力と官職の独占をもたらし、権力者の説明責任の回避を許し、政治を腐敗させていくメカニズムを明快に語り、これを痛快に斬る。そして腐敗の行き着く先は国家の分裂と内乱である。これを回避するためには、選挙によって人民の代議院を不断に継承していくことで生まれる政権交代の制度化以外にないのであった。ニーダムが素朴に当然視したように、共和主義思想は古典古代の都市国家という故地から離れても、十分通用する普遍性を持ってはいないであろうか。

謝　辞

本書が完成するまでに、複数の方々から暖かいご支援とご鞭撻を賜った。

私に本書の翻訳を勧めてくださったのは、東京医科歯科大学名誉教授の佐々木武先生であった。先生は十七世紀イギリスの共和主義政治思想におけるマーチャモント・ニーダムの重要性を私に再認識させてくださっただけでなく、本書の底本の編者であるブレア・ウォーデン先生と意見交換をすることを強く促された。先生から賜った貴重なご示唆と助言、そして親身な励ましなしに本書の完成はありえず、心から感謝申し上げたい。

二〇一八年四月から一年間、私は奉職する東京都立大学からサバティカル・リーブを与えられた。佐々木先生に背中を押されるままに連絡を取ったブレア・ウォーデン先生は、それまで一面識もなかった私をこの間オックスフォード大学セント・エドマンド・ホールおよび歴史学部に受け入れてくださったばかりか、様々な研究上のご助言を惜しまれなかった。それまでの研究生活のなかで経験することのなかった最高の研究環境のなかで、私は心置きなく十七世紀イギリス共和主義についての考察を深めることができた。この場を借りて、改めて厚く御礼申し上げたい。

そして、京都大学名誉教授の故・田中秀夫先生には本書の刊行に向けた様々なご支援と激励を賜った。本書の完成を楽しみにされていただけに、本書の上梓が間近となった二〇二四年一月に接した突然の訃報にはただ愕然とするばかりであった。先生に本書をご覧いただけなかったことは、私にとって痛恨の極みと言うほかはない。生前に賜わったご厚情に深く感謝するとともに、先生のご冥福を心からお祈り申し上げる。
また、京都大学学術出版会の國方栄二氏には企画から刊行に至るまで大変お世話になった。記して感謝の意を表したい。

*

本書を元東京大学大学院法学政治学研究科助教授の故・福田有広さんに捧げる。ウォーデン先生は有広さんが約四半世紀前の助手時代に留学されたセント・エドマンド・ホールでの指導教員であった。若き日に有広さんと出会うことがなければ、私がウォーデン先生と、そしてまたニーダムと逢うこともなかったであろう。

二〇二四年三月三十一日

大澤　麦

<れ>

暦書　25, 27
レグルス（エゲリウス）、マルクス・アティリウス（Marcus Atilius Regulus）　48, 186
レピドゥス、マルクス・アエミリウス（Marcus Aemilius Lepidus）　34, 38, 180

<ろ>

ロシア人　143
ロストラ　33
ロック、ジョン（John Locke）　197
ローマ帝国　70
ロムルス　172
ロレーヌ　117

<わ>

ワレリウス・マキシムス（Valerius Maximus）　162

＜も＞
モスクワ人　143
モーセ　114
ド・モンフォール、第六代レスター伯シモン（Simon de Montfort, 6th Earl of Leicester）181

＜ゆ＞
唯一人（Single Person）24, 80, 124, 128, 143
ユダヤ人　120, 167
ユッルス、ガイウス・ユリウス（Gaius Julius Iulus）18

＜よ＞
ヨアブ　166
傭兵軍　61
ヨーク家　30, 66
ヨシュア　114

＜ら＞
ラオディキアの中立者　194
ラケダイモン人　60, 80, 82, 156
ランカスター家　30, 66

＜り＞
リウィウス、ティトゥス（Titus Livius）93, 108, 125, 126, 132, 150, 161, 172
理性　37, 52, 53, 59, 62–64, 66, 75, 76, 85, 90, 91, 115–117, 144, 145, 162, 164
リチャード三世（Richard III）40, 168
立法権（力）18, 24, 60, 89, 170–176, 195
リナルド（パッセリーノ）・ディ・ボナコルシ（Rinaldo《Passerino》dei Bonacolsi）84
リュクルゴス（Lycurgus）60

＜る＞
ルイ十一世（Louis XI）78, 175
ルクレティア（Lucretia）125
ルター、マルティン（Martin Luther）122
ルッカ　159
ルビコン河　143, 152

コルンバ)
ポーランド　66
ボルジア、チェーザレ（Cesare Borgia）　168
ホルシュタイン国　51
ポルトガル　110, 117
ポンペイウス・マグヌス、グナエウス（Gnaeus Pompeius Magnus）　38, 39, 104, 127, 152, 179, 180, 184
ポンポニウス・アッティクス、ティトゥス（Titus Pomponius Atticus）　161

＜ま＞

マエリウス、スプリウス（Spurius Maelius）　12, 36, 50, 70, 131, 160
マカニダス（Machanidas）　81, 94
マキァヴェッリ、ニッコロ（Niccolò Machiavelli）　26, 185, 188, 193
マームズベリ　6
デ・マリアナ、フワン（Juan de Mariana）　174
マリウス、ガイウス（Gaius Marius）　38, 54, 82, 104, 127, 142, 151, 152, 159
マルキウス・ルティルス・ケンソリヌス、ガイウス（Gaius Marcius Rutilus Censorinus）　134
マントヴァ　84, 117
マンリウス・カピトリヌス、マルクス（Marcus Manlius Capitolinus）　12, 36, 45, 50, 70, 131, 132, 160

＜み＞

ミヤマガラス　131, 188
ミラノ　70, 87, 174, 184
ミルティアデス（Miltiades）　107
ミルトン、ジョン（John Milton）　197
民兵　140-144

＜め＞

メアリ一世（Mary I）　168
命令権（empire）　38, 46, 56, 104, 132, 136, 143, 179
命令権保持者（emperor）　24, 36
メディチ家　128, 136
メネニウス・ラナトゥス、アグリッパ（Agrippa Menenius Lanatus）　14, 40, 96
『メルクリウス・ポリティクス』（*Mercurius Politicus*）　197

ブルゴーニュ家　105
ブルースター、トマス（Thomas Brewster）　1, 2, 197
ブルターニュ　117
プルタルコス（Plutarchus）　108, 134, 144, 145
『プルタルコス英雄伝』　28
ブルトゥス、マルクス・ユニウス（Marcus Junius Brutus）　24
ブルトゥス、ルキウス・ユニウス（Lucius Iunius Brutus）　14, 19, 39, 93, 130, 131, 146, 160
プロテスタント　123, 168

＜へ＞
ペイシストラトス（Peisistratos）　28, 54, 69, 159, 184
平民　4, 6, 22, 33, 60, 152
平民派　94
ペタリズム　156（文中では、ペタティズム）
ペテロの第一の手紙　116
ペリクレス（Pericles）　28
ヘルウェティア人　87
ベルガエ人　87
ヘロデ大王　167
ヘロドトス（Herodotos）　178
ペロポネソス戦争　50
ヘンリ一世（Henry I）　4, 8
ヘンリ三世（Henry III）　180–182
ヘンリ六世（Henry VI）　30
ヘンリ七世（Henry VII）　59, 110, 168
ヘンリ八世（Henry VIII）　59（文中では、ハリー）, 131, 168

＜ほ＞
暴君（tyrant）　30, 42, 45, 68, 70, 72, 86, 106, 118, 149, 158, 159, 176, 177, 179–181
暴政（tyranny）　3, 4, 18, 33, 34, 36, 38, 39, 52–55, 65–67, 70–74, 77, 94, 106, 119, 123, 148, 180, 181
『法律について』（キケロ著）　172
ポキオン（Phokion）　107
ホセア　167
オヴ・ホーデン、ロジャー（Roger of Hoveden）　6
ボヘミア　66
ポンペオ・コロンナ（Pompeo Colonna）　137（文中では、ポンペイウス・

派閥　26, 37-40, 45, 46, 104, 105, 155, 182-184, 196
ハミルカル・バルカ（Hamilcar Barca）　28
ハリカルナッソスのディオニュシオス（Dionysius Halicarnasseus）　161
ハリントン、ジェームズ（James Harrington）　197
バルセロナ　117
パルマ　117
パルメニオン（Parmenion）　110
バロン、リチャード（Richard Baron）　198
ハンガリー　66, 184
ハンニバル・バルカ（Hannibal Barca）　57, 183
ハンノ家　183

＜ひ＞
ヒエロン一世（Hieron I）　69
ピューリタン（Puritan）　123
平等化　76-79, 81-84
平等派（Levellers）　78-82, 84
ピラト　167

＜ふ＞
ファビウス・マクシムス・ウェルコスス、クィントゥス（Quintus Fabius Maximus Verrucosus）　28, 35
ファラオ　166
ファラモン（Pharamond）　117
フィリップ・ド・コミーヌ（Philippe de Commynes）　184
フィレンツェ　50, 70, 82, 91, 102, 106, 117, 128, 136, 139, 159, 174
フェラーラ　117
フェリペ二世（Felipe II）　24, 78, 130
フェルディナンド二世（Ferdinando II）　174
フェルナンド二世（Fernando II）　110
プサメティコス一世（Psammeticus I）　178
腐敗　36, 37, 45, 47, 52 - 54, 72, 98, 106, 132, 144, 146, 148, 164, 182, 194, 195
プファルツ選帝侯フリードリヒ五世（Kurfürst Friedrich V. von der Pfalz）　169
プブリコラ、プブリウス・ウァレリウス（Publius Valerius Publicola）　14, 93
フランス（人）　65, 78, 105, 117, 143, 163, 165, 168, 174-176, 184
ブルゴーニュ　117

＜と＞
ドイツ　117, 122, 144
ド・トゥー、ジャック＝オーギュスト（Jacques-Auguste de Thou）　163
（文中では、トゥアヌス）
答責性　73, 156
党派　20, 36, 76, 80–82, 85, 105, 125, 136, 137, 154, 156, 177, 178, 182
トゥルピリアヌス　156
統領［ドージェ］　18, 60
徳（有徳）　20, 22, 28, 42, 45, 46, 55, 56, 65, 168
独裁官　21, 35, 38, 47, 58, 70, 127, 128, 133, 138
特殊利益　30, 36
トスカーナ（人）　50, 57, 143, 186
徒党　36, 61, 176, 178–180
［トリブス］民会　24, 142
ドルイド僧　146
トルコ（人）　61, 184
奴隷　4, 18, 20, 21, 36, 51, 86, 87, 166, 167, 193

＜な＞
内戦　85, 86, 88, 123, 145, 148, 149, 151, 152, 178, 180, 194, 195
ナビス（Nabis）　81, 94
ナポリ　117, 184

＜に＞
ニーダム、マーチャモント（Nedham, Marchamont）　197
ニムロデ　114

＜ね＞
ネヴィル、第十六代ウォリック伯リチャード（Richard Neville, 16th Earl of Warwick）　30–32
［ネーデルラント］連邦共和国　26, 128, 138

＜の＞
ノア　113

＜は＞
ハウエル、ジェームズ（James Howell）　3, 4, 9
ハーザクヌート（Harthacnut）　6
パトリツィアン　60

<せ>
政治的身体　36, 121
征服　46, 48, 56, 86, 88
世襲　64-66, 91, 126
絶対王制　124, 128
説明責任　66, 71-74, 80, 90-92, 100, 124, 126, 171-173
セティ一世（Seti I）178（文中では、セトス王）
選挙　16, 36, 63, 66, 71, 84-86, 88, 91, 106, 113-115, 117, 133, 153, 195, 196
僭主（制）　28, 50, 54, 69, 81, 96, 114, 143, 177, 178

<そ>
属州　142
ソデリーニ、ピエロ（Piero Soderini）　83（文中では、ゴデリーノ）, 102, 128, 159
ソロモン　166
ソロン（Solon）　12, 18

<た>
代議院（Representatives）　3, 8, 53, 63, 66
大権（prerogative）　3, 45, 49, 59, 68, 77, 115, 125, 129, 130, 174, 181, 182
タキトゥス、コルネリウス（Cornelius Tacitus）　109, 147
タタール人　143
ダビデ　166
タルクィニウス・スペルブス、ルキウス（Lucius Tarquinius Superbus）　17, 46, 54, 125, 126, 172, 184

<ち>
チャールズ一世（Charles I）または先王　4, 60, 107, 144, 152, 170, 176
長期議会（Long Parliament）　4

<て>
ディオニュシオス一世（Dionysios I）　69
ディオニュシオス二世（Dionysios II）　94
帝国（empire）　56, 58, 84, 96, 142, 148
ティトゥス帝（Titus Flavius Vespasianus）　65, 184
ティベリウス帝（Tiberius Julius Caesar）　139
テミストクレス（Themistocles）　28, 99, 107
デンマーク　51

シケリア（シチリア） 69
至高権（Supremacy） 18, 26, 60, 124, 170
時効取得 136
士師 114, 115
至上権（Majesty） 64, 86, 141, 149, 159, 164, 178, 192
自然的身体 36, 40
自然の光 62, 88, 90
執行権（力） 60, 170-174, 176
執政官 12, 14, 20, 35, 45, 47, 125-128, 132
シドニー・アルジャーノン（Algernon Sidney） 197
十二表法 96
十人委員会（decemviri） 20, 36, 70, 82, 96, 101, 126, 161, 182, 183
主権（sovereighty） 12, 24, 77, 113, 140, 164
シュラクサイ 69, 94
ジューリオ・デ・メディチ（Giulio de' Medici） 137
諸国民の法 86, 164
所有権 8, 76-82, 84, 86, 97, 100
［神聖ローマ］帝国 66
信託 26, 31, 39, 66, 71, 87, 90, 140, 148, 157, 176, 183
臣民 61, 71, 77, 109

＜す＞

スイス（人） 58, 70, 73, 87, 91
スウェーデン 66
スエトニウス・トランクィッルス、ガイウス（Gaius Suetonius Tranquillus） 34
スキピオ・アシアティクス、スルキウス・コルネリウス（Lucius Cornelius Scipio Asiaticus） 99, 108
スキピオ・アフリカヌス（大スキピオ）、プブリウス・コルネリウス（Publius Cornelius Scipio Africanus） 28, 39, 99, 108
スコットランド人 169
スタンリー、初代ダービー伯トマス（Thomas Stanley, 1st Earl of Derby） 110
ステュアート家 4
スパルタ 18, 60, 91, 94, 172
スフォルツァ家 184
スペイン（人） 24, 57, 65, 102, 117, 163, 174, 184
スラ、ルキウス・コルネリウス（Lucius Cornelius Sulla） 38, 40, 54, 70, 82, 94, 104, 110, 127, 138, 142, 151, 152, 159

＜こ＞
公共善　16, 34, 96, 106
公共体（the Public）　30, 56, 92, 101, 109, 153, 154, 176, 178
皇帝（emperor）　58, 65, 82, 98, 121, 122, 173, 180
皇帝派（Ghibelline）　105
コカトリス　3, 71, 138
国民教会　119, 120, 122
コジモ一世・デ・メディチ（Cosimo I de' Medici）　50, 51, 70, 83, 136, 139, 143, 159
「国家の機密」（*Arcana Imperii*）　89–91
「国家の法令」（*Acta Imperii*）　89
国家理性　164–170
ゴート族　184
護民官　21, 22, 24, 44, 96, 101, 102, 106, 127, 128, 134, 138, 140, 142, 183
コラティヌス、ルキウス・タルクィニウス（Lucius Tarquinius Collatinus）　12, 47
コリオラヌス、グナエウス・マルキウス（Gnaeus Marcius Coriolanus）　101, 102, 108
コンクラーベ　137
ゴンザーガ家　84
ゴンサロ・フェルナンデス・デ・コルドバ（Gonzalo Fernández de Córdoba）　110
コンスタンティヌス帝（Gaius Flavius Valerius Constantinus）　121
コンスタンティノープル　184

＜さ＞
サヴォナローラ、ジロラモ（Girolamo Savonarola）　83, 128, 159
サヴォワ　117
サウル　116, 166
サドラー、ジョン（John Sadler）　6（文中では、私の読んだ書物の著者）
サムエル　115, 116
サムニウム人　57
サルスティウス・クリスプス、ガイウス（Gaius Sallustius Crispus）　28
三頭政治　34, 36, 105, 179, 180

＜し＞
シエーナ　174
ジェノヴァ　117, 174, 184
ジェームズ六世・一世（James VI and I）　60, 169

貴顕　20, 34, 36, 40, 42, 46, 49, 50, 52–55, 60, 69, 96, 98, 105, 109, 110, 129, 178
ギーズ家　105
貴族　4, 6, 24, 26, 60, 68, 96, 106, 108, 143, 151, 152, 155, 174, 183
『義務について』（キケロ著）　172
教会国家　123
教皇　117, 122, 123, 129, 136, 137, 167, 168
教皇派（Guelph）　105
郷紳　4
共通善（common good）　28, 30, 40, 45
ギリシア　50, 54, 68, 73, 86, 134, 140, 145, 172
キリスト教（徒）　61, 78, 119–121, 123, 167, 185, 188
キンキナトゥス、ルキウス・クインクティウス（Lucius Quinctius Cincinnatus）　35, 45, 47, 134
キンナ、ルキウス・コルネリウス（Lucius Cornelius Cinna）　82, 127, 142

<く>
グイッチャルディーニ、フランチェスコ（Francesco Guicciardini）　28
グスタフ1世（Gustav I）　66（文中では、グスタフ・エリク）
クセノポン（Xenophon）　177
クヌート（Cnut）　6
グラックス、ティベリウス・センプロニウス（Tiberius Sempronius Gracchus）　11, 16, 150
クラッスス、マルクス・リキニウス（Marcus Licinius Crassus）　34, 179
クリウス・デンタトゥス、マニウス（Manius Curius Dentatus）　28, 35
ド・クレア、第七代グロスター伯ギルバート（Gilbert de Clare, 7th Earl of Gloucester）　181
グレート・ブリテン　65
クロムウェル、オリヴァ（Oliver Cromwell）　4（文中では、閣下）, 9（同左）

<け>
ケイローン　188
ケルキラ島　50
ケンタウロス族　188
元老院　16, 18, 20, 24, 26, 38, 40, 46, 54, 60, 63, 70, 82, 91, 93, 94, 125, 126, 138–140, 142, 150–152, 155, 162, 172–174, 179, 183, 186, 187
元老院派　94

＜お＞
王制　3, 4, 30, 33, 59, 64, 66, 75–77, 79, 115, 124–128, 130, 146–148, 169, 178
オストラシズム（陶片追放）　156
オーストリア家　66, 169
『オックスフォードの学び舎』（*Athenae Oxonienses*）　198
オラニエ家　70, 132, 138, 159
オランダ（人）　24, 58, 70, 87, 91, 130, 159
ファン・オルデンバルネフェルト、ヨハン（Johan van Oldenbarnevelt） 163
オルレアン家　105

＜か＞
下院　4, 6, 8
カエサル、ガイウス・ユリウス（Gaius Iulius Caesar）　24, 26, 34, 38, 40, 50, 54, 70, 82, 87, 95, 104, 127, 134, 136, 139, 143, 146, 147, 152, 158, 161, 167, 179, 180, 184
カジミェシュ家　66
ガスコーニュ　117
カティリーナ、ルキウス・セルギウス（Lucius Sergius Catilina）　87
カスティーリヤ　117, 174
カストルッチョ・カストラカーニ（Castruccio Castracani）　159
カトー・ウティケンシス（小カトー）、マルクス・ポルキウス（Marcus Porcius Cato Uticensis）　39, 54, 55, 96
カトー・ケンソリウス（大カトー）、マルクス・ポルキウス（Marcus Porcius Cato Censorius）　28
カピトリヌスの丘　33, 57, 160
家父長制　114
カミルス、マルクス・フリウス（Marcus Furius Camillus）　14, 35, 39, 107, 108
家門　4, 26, 65, 66, 80, 107, 132, 135–138, 176, 183
カヌレイウス、ガイウス（Gaius Canuleius）　21
ガリア　38, 57, 146, 160
カルタゴ　48, 57, 183, 186, 187

＜き＞
議会（Parliament）　4, 6, 8, 16, 78, 144, 153, 176, 180, 181
キケロ、マルクス・トゥッリウス（Marcus Tullius Cicero）　12, 62, 110, 134, 136, 147, 172, 196

アレッサンドロ・デ・メディチ（Alessandro de' Medici） 136
アンティパトロス（Antipatros） 110
アントニウス、マルクス（Marcus Antonius） 34, 38, 110, 136, 180
アントニウス・プリムス、マルクス（Marcus Antonius Primus） 110
アンブロシオ・デ・モラレス（Ambrosio de Morales） 174
アンモン人 116（文中では、アモリ人）
アンリ四世（Henri IV） 168

＜い＞
イエフ 167
イサベル一世（Isabel I） 174
イスラエル 114, 120, 166
イソクラテス（Isocrates） 144, 145
イタリア 46, 57, 105, 117, 136, 137, 142, 163, 165, 166, 168, 173, 174, 184, 186
イングランド 4, 6, 8, 14, 30, 37, 66, 78, 105, 118, 123, 144, 168, 176, 180, 181

＜う＞
ヴァローリ、フランチェスコ（Francesco Varoli） 102（文中では、ヴァレシウス）
ヴァンダル族 184
ウィリアム征服王（William the Conqueror） 9
ウェスパシアヌス帝（Titus Flavius Vespasianus） 110, 184
ヴェネツィア 18, 24, 60, 61, 117, 138, 162, 163, 174
ウェルギニウス・ルフス、ルキウス（Lucius Verginius Rufus） 39（文中では、ウィルギヌス）, 96
ウッド、アンソニー（Anthony Wood） 198

＜え＞
エゼルレッド二世（Æthelred II） 6
エドマンド二世（Edmund II） 6
エドワード証聖王（Edward the Confessor） 6
エドワード四世（Edward IV） 30
エパメイノンダス（Epameinondas） 28（文中では、エピパノンダス）
エフォロイ官 81
エリザベス一世（Elizabeth I） 168（文中では、妹）
エルサレム 184

索　引

＊本文全体にわたって頻出する「共和国」「自由な国家」「ローマ（人）」は除いた。

＜あ＞
愛国者　8, 12, 22, 44-46, 73, 196
アウグストゥス（オクタウィアヌス）、ガイウス・ユリウス・カエサル（Gaius Julius Caesar Augustus）　34, 36, 38, 70, 110, 136, 143, 147, 148, 180
アウグル　33
アエクイ族　47
アエミリウス・パウルス・マケドニクス、ルキウス（Lucius Aemilius Paullus Macedonicus）　48
アエミリウス法　132, 133
アガグ　166
アガトクレス（Agathokles）　69, 159
アキレウス　188
アクティウム　148
アジア　38, 48
アダム　113
『アッティクス宛書簡』（キケロ著）　134
アッピウス・クラウディウス（Appius Claudius）　18, 38, 45, 183
アテナイ（人）　12, 18, 28, 50, 54, 68, 79, 81, 82, 91, 94, 96, 99, 106, 107, 124, 156, 159, 172, 177, 184
アドニヤ　166
アハブ　167
アヒトペル　166
アフォンソ・デ・アルブケルケ（Afonso de Albuquerque）　110
アブサロム　166
アブネル　166
アフリカ　57
アラゴン（人）　78, 110, 117, 174
アリストテレス　98, 134, 140, 144, 154
アルキビアデス（Alkibiades）　99, 107
アレオパゴス（会議）　18, 91
アレクサンデル六世（Alexander VI）　190
アレクサンドロス（Alexandros）　110

訳者紹介
大澤　麦（おおさわ　むぎ）
東京都立大学法学部、同大学院法学政治学研究科教授
西洋政治思想史専攻
1963年生まれ
1987年　慶應義塾大学法学部政治学科卒業
1993年　明治学院大学大学院法学研究科博士後期課程修了、博士（法学）
日本学術振興会特別研究員（PD）、聖学院大学総合研究所特任研究員、同専任講師、同助教授、首都大学東京大学院社会科学研究科教授を経て2020年より現職
2018年～2019年　オックスフォード大学歴史学部客員研究員

主な著訳書
『自然権としてのプロパティ――イングランド革命における急進主義政治思想の展開』（成文堂、1995年）、『イギリス・デモクラシーの擁護者Ａ・Ｄ・リンゼイ――その人と思想』（共著、聖学院大学出版会、1998年）、『デモクラシーにおける討論の生誕――ピューリタン革命におけるパトニー討論』（共訳、聖学院大学出版会、1999年）、『岩波講座 政治哲学１ 主権と自由』（共著、岩波書店、2014年）ほか

「自由《じゆう》な国家《こっか》」の卓越性《たくえつせい》　近代社会思想コレクション37

2024年 11 月 15 日　初版第一刷発行

著　者　マーチャモント・ニーダム
訳　者　大《おお》　澤《さわ》　麦《むぎ》
発行者　黒　澤　隆　文
発行所　京都大学学術出版会
京都市左京区吉田近衛町69
京都大学吉田南構内（606-8315）
電話　075（761）6182
FAX　075（761）6190
http://www.kyoto-up.or.jp/
印刷･製本　亜細亜印刷株式会社

ISBN978-4-8140-0556-7　定価はカバーに表示してあります

近代社会思想コレクション刊行書目（既刊書）

01 ホッブズ 『市民論』
02 J・メーザー 『郷土愛の夢』
03 F・ハチスン 『道徳哲学序説』
04 D・ヒューム 『政治論集』
05 J・S・ミル 『功利主義論集』
06／07 W・トンプソン 『富の分配の諸原理1～2』
08 ホッブズ 『人間論』
09 シモン・ランゲ 『市民法理論』
10／11 サン－ピエール 『永久平和論1～2』
12 マブリ 『市民の権利と義務』
13 ホッブズ 『物体論』
14 ムロン 『商業についての政治的試論』
15 ロビンズ 『経済学の本質と意義』
16 ケイムズ 『道徳と自然宗教の原理』
17 フリードリヒ二世 『反マキアヴェッリ論』
18 プーフェンドルフ 『自然法にもとづく人間と市民の義務』
19 フィルマー 『フィルマー著作集』
20 バルベラック 『道徳哲学史』
21 ガリアーニ 『貨幣論』
22 ファーガスン 『市民社会史論』
23 トクヴィル 『合衆国滞在記』
24 D・ヒューム 『人間知性研究』
25 ヴィーコ 『新しい学の諸原理〔一七二五年版〕』
26 フンボルト 『国家活動の限界』
27 D・ヒューム 『道徳について――人間本性論3』
28 J・S・ミル 『論理学体系4』
29 M・ウルストンクラフト 『人間の権利の擁護／娘達の教育について』
30 ネッケル 『穀物立法と穀物取引について』
31／32 グロティウス／セルデン 『海洋自由論／海洋閉鎖論1～2』

33 ディドロ 『オランダ旅行』

34 ロック 『寛容書簡』

35 フィヒテ 『ドイツ国民への講和』

36 エルヴェシウス 『精神論』